Markus Dick • Andreas Simon

Tamubasi

Das Mainzer Liederbuch der Familienarbeit

Herausgeber
und alleinverantwortlich für den Inhalt:
Markus Dick • Andreas Simon

Illustrationen und
Gestaltung des Umschlagbildes:
Steffi Neumann

ISBN 3 – 89544 – 057 – 4

1. Auflage

Der Druck dieser Sammlung erfolgte aus Gründen des Umweltschutzes auf chlorfrei gebleichtem Papier

Verlag gruppenpädagogischer Literatur
Postfach 12 52 • 61269 Wehrheim
Telefon 06081 – 56740
Telefax 06081 – 57438

Vorwort

So ist es also nun da! Das Mainzer Liederbuch für die Familien(arbeit). Lange und von vielen ist daran gearbeitet worden.

Zunächst von all den Familien, die seit 25 Jahren im Rahmen der Familienseelsorge und Familienbildung zum Singen, Spielen, Sprechen, Nachdenken und Beten zusammenkommen. Da waren die Beiträge und das Mittun von Eltern und Kindern, sowie von älteren und jüngeren Mitarbeitern und Referenten. Da gab es Erfahrungen, Ideen, Wünsche. Da gab es Lieblingslieder und Ohrwürmer. Da war immer wieder die Frage, ob man die Lieder nicht irgendwie mit nach Hause nehmen könne für die Pfarrei, für die Gruppe, für Feste und Feiern oder einfach zum Singen in den eigenen vier Wänden.

Der Titel des jetzt vorliegenden Liederbuches geht auf eine Familientagung zurück: „**TA**nzen, **MU**sik machen, **BA**steln, **SI**ngen". Das Basteln paßt jetzt nicht direkt, aber es wäre schade gewesen, eine so gut singbare Silbe wie BA herauszulassen. Man kann es übertragen verstehen: ein Programm basteln, ein Liederbuch basteln ...

Im Januar 1993 entstand aus dem Kreis der Dekanatsreferenten im Bistum Mainz die Idee zu einer Liedersammlung. Eine Gruppe von Experten aus der Praxis traf sich über mehr als zwei Jahre in einer „Liederkommission", bald salopper und familiärer LINA = Liedernachmittage genannt.

Eine Menge von in den Familientagungen und Gemeinden erprobten Liedern kam zusammen. An den Liedernachmittagen wurden sie gesungen, Bewegungen und Spiellieder geprobt, Sinnfragen und Anwendungsfragen diskutiert und vieles mehr.

Das Ergebnis liegt nun vor.

Leider können nicht alle Lieder, die wir gerne hineingenommen hätten, schließlich im **TAMUBASI** erscheinen. Manche scheitern an den Bedingungen des Copyrights, des Preises oder des Umfanges.

„**TAMUBASI**" ist ein Liederbuch der Familienarbeit. Auch das setzt Grenzen. Es soll weder das „Gotteslob" oder andere Gebet- und Gesangbücher der Kirchen noch die Singe- und Musikbücher der „Neuen geistlichen Lieder" und der Jugendarbeit ersetzen. Das „Beiheft zum Gotteslob" für das Bistum Mainz, das 1997 erschienen ist, sei in dem Zusammenhang besonders erwähnt. Auch Liedgut, das speziell der Religionspädagogik besonders zur Begleitung des Kirchenjahres dient, konnte kaum berücksichtigt werden. „TAMUBASI" ist eine bunte Mischung von Bewährtem. Wir hoffen, es kann in der Familienarbeit über weite Strecken das Feld abdecken, so daß bei einer Veranstaltung nicht weiterhin drei bis vier verschiedene Liederbücher verteilt werden müssen, was eine erhebliche Störung bedeutet.

(Fortsetzung nächste Seite)

„Singt und jubelt aus vollem Herzen zum Lob des Herrn" schreibt der Apostel Paulus an die Christen in Ephesus. Singen ist ein Ausdruck von und eine Einladung zum Glauben und zur Liebe unter den Mitmenschen. Wir haben es erfahren: eine frohe familiäre Singerunde ergänzt die tiefschürfenden Gespräche und fördert das Lösen von Problemen auf ungeahnte Weise.

Ein herzliches Dankeschön gebührt an diesem Platz vor allem denen, die in der Arbeitsgruppe „LINA" die Grundlage zu diesem Liederbuch gelegt haben: Georg Blank, Beate Glania, Ulrich Janson, Wilfried Röhrig, Winfried Späth, Michael Stefan, Burghard Nichell, Gerhard Trunk.

Vielen Dank auch an alle Dekanatsreferenten, besonders Jürgen Nikolay, von dem die erste Anregung ausging. Danken möchten wir auch Herrn Ordinariatsrat Herrmann Mayer, Leiter der Abteilung Erwachsenenseelsorge, und dem Seelsorgeamtsleiter Herrn Domkapitular Heinz Heckwolf und den Kollegen im Bischöflichen Ordinariat für wohlwollendes Interesse und wertvolle Anregungen.

Dank auch dem Verlag und Herrn Wolfgang Künne, Dank dem Familienreferat Speyer für kollegiale Hilfe beim Auffinden der Rechtsträger.

Dank besonders auch Irmgard Simon und Steffi Neumann für unermüdliche Hilfe bei der Herstellung der Druckvorlagen.

Wieviel von ihrer Arbeitskraft und Zeit, vor allem aber auch wieviel von ihrer musischen Kreativität, ihrer Sensibilität für Menschen und für Gruppen und ihrer Erfahrung in der Arbeit mit Familien die beiden Herausgeber hineingegeben haben, dafür spricht das Buch selber.

Und so möchten wir **TAMUBASI** einen guten Start wünschen und viele, viele Freunde.

Gefion Forderer
(Diözesanfamilienreferentin i.R., Mainz)

Klaus Heizmann
(Diözesanfamilienreferent, Mainz)

Lieber **TAMUBASI** Käufer, Leser und Freund,

ein lange gehegter Wunsch ist in Erfüllung gegangen und nach „Jahren" der Vorbereitung ist „unser" Liederbuch jetzt fertig geworden. Es enthält im größtmöglichen Umfang all die Lieder, welche in über ca. 25 Jahren Familienarbeit gesammelt und gehortet wurden.

Oftmals nur in loser Blattsammlung, in kaum noch lesbaren Kopien oder sogar nur in mündlich überlieferter Form lagen uns die Lieder und Texte vor und wir haben unser möglichstes getan, sie in der ursprünglichen Fassung abzudrucken.

Wir sind natürlich auf den Erfolg von **TAMUBASI** gespannt und unser Dank gilt zuallererst denen, die uns immer wieder ermuntert haben, mit der Arbeit weiter zu machen, weil sie vom Erfolg des Unternehmens überzeugt waren.

Dank sagen wir auch den Frauen an unserer Seite, die in den letzten Wochen und Monaten nicht viel von uns hatten und trotzdem Geduld aufgebracht haben.

Wir wünschen allen, die **TAMUBASI** nun in der Hand halten, daß sie beim Benutzen den Spaß und die Freude erleben, die wir uns für dieses Liederbuch erhofft haben.

Andreas Simon [illegible]

Herr, wir freuen uns

001

T: Gertrud Lorenz / M: Gertrud Lorenz
mündlich überliefert

2 Herr, wir freuen uns; der Tag ist schön.
Schön ist es, Morgen und Abend zu sehn.
Schön ist's, zu schlafen und aufzustehn.

Herr, wir freuen uns; der Tag ist schön.
Herr, wir freuen uns; der Tag ist schön.

Eignet sich gut als Ergänzung (oder auch Ersatz) des Morgengebets. Tauscht man „ist" gegen „war" aus, kann man auch den Abend damit gestalten.

Gut geeignet gerade für kleinere Kinder.

Guten Morgen, wir nicken uns zu

T: Rolf Krenzer / M: Rolf Krenzer

002

Auf den ersten Blick scheint dieses Lied nur für kleinere Kinder geeignet zu sein. Weit gefehlt:
Je größer die Altersspanne einer Gruppe ist, die motiviert werden soll, um so größer ist der Widerstand durch Schüchternheit, der überwunden werden will. Ganz besonders Erwachsene tun sich oft schwer damit, sich auf gemeinsame große Runden mit allen einzulassen.
Mit etwas Geschick und Glück integriert man mit diesem Lied die Schüchternen ganz allmählich und mit viel Erfolg.
Übrigens: Um sinnlose Diskussionen zu vermeiden, kann man das Lied der Tageszeit durchaus anpassen. Singt man in einer Kennenlernrunde um 19.00 Uhr „Guten Morgen", regt sich ganz bestimmt der Widerspruch einiger Teilnehmer.
Hier empfiehlt es sich, frühzeitig auf „Guten Abend" umzuschwenken, es sei denn, man möchte ganz gezielt die „Beschwerden" der realitätsnahen Teilnehmer als erste Auflokkerung der Atmosphäre einsetzen.

Es werden alle aufgefordert, sich aus dem Kreis der noch fremden Menschen zu den einzelnen Strophen jeweils einen anderen Partner zu suchen, dem man zuwinkt, zulächelt, usw.

Ergänzt man die Strophen noch etwas (z.B.: Zwinkern, Nicken, Lächeln, Lachen, Winken, aufeinander Zugehen (wir geh'n aufeinander zu), usw.), kann man die anfängliche Atmosphäre recht schnell auflokkern.
Entscheidend ist dabei, die Formen der Begrüßung von der schüchternsten an bis hin zur offensten aufwärts zu sortieren.
Der Phantasie sind hierbei fast keine Grenzen gesetzt, wenn man sich traut, die wenigen Noten von „wir nicken uns zu" auf viele Silben zu verteilen.

Kostprobe gefällig?
„Guten Morgen, guten Morgen, wir geben uns die Hände nu'!"

Ein neuer Tag hat angefangen

003

T:Rolf Krenzer / M: Gerard v. Hulst

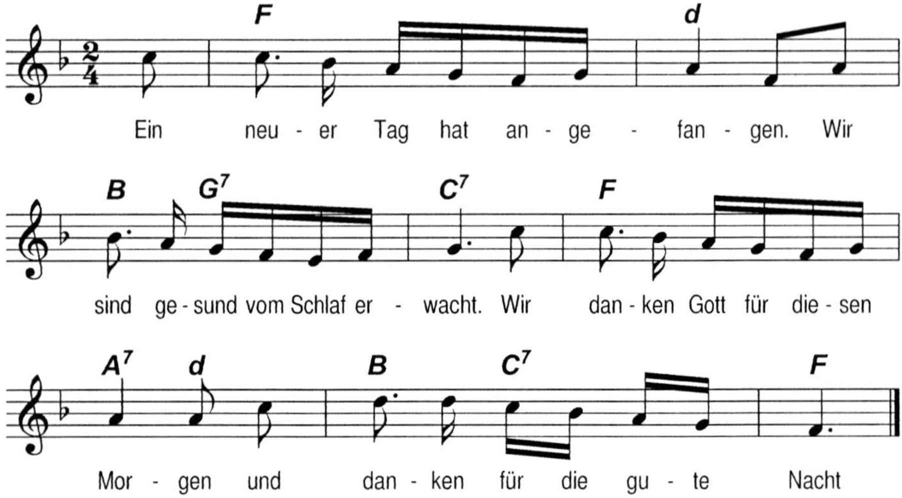

Wunderschöne Harmonien und ein Text, der kurz und griffig ein ganzes Morgengebet zusammenfaßt.
Ein Lied mit viel Energie und Dynamik: Daher bitte nicht zu langsam singen!!
Damit nicht nach ein paar Sekunden schon alles vorüber ist, kann man das Lied ja mehrmals hintereinander singen: Mal laut, mal ganz leise, mal nur die Kinder, mal nur die Mütter, mal nur die Väter …

Der Hahn ist tot

Volksweise **004**

Wenn eine Gruppe so gar nicht warm werden will, wirkt es manchmal Wunder, wenn man ein Lied einstreut, das nun praktisch jeder mitgrölen kann.

Die Tante aus Marokko

005

T: trad. / M: DP

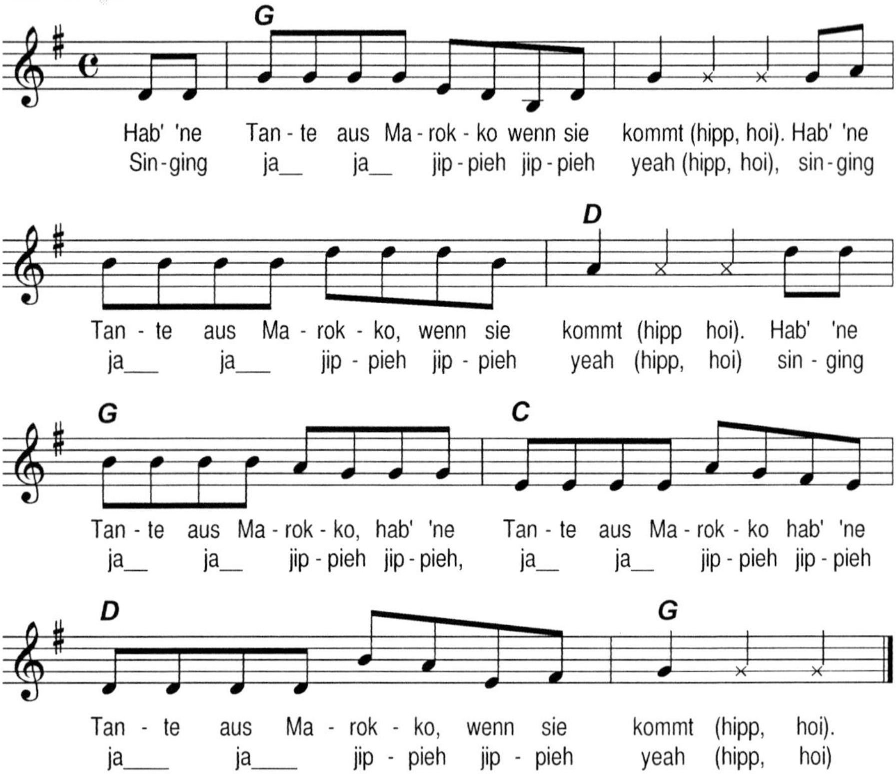

2. Und wir reiten auf Kamelen, wenn sie kommt (schwabbel-di-dabb), und wir reiten auf Kamelen, wenn sie kommt (schwabbel-di-dabb), und wir reiten auf Kamelen und wir reiten auf Kamelen und wir reiten auf Kamelen, wenn sie kommt (schwabbel-di-dabb)).

Ref.: Singing ja ja jippieh jippieh yeah (hipp. hoi, schwabbel-di-dabb), singing ja ia iippieh iippieh yeah (hipp hoi, schwabbel-di-dabb), singing ja la lippieh lippieh ja ja jippieh jippieh ja ja jippieh jippieh yeah (hipp hoi, schwabbel-di-dabb).

3. Und wir schlachten unser Schweinchen, wenn sie kommt (grunz)
4. Und wir trinken Coca-Cola (...) (gluck, gluck)
5. Und wir essen eine Torte (...) (flatsch, flatsch)
6. Und dann schrubben wir die Bude (...) (schrubb, schrubb)
7. Und auf einmal heißt es, daß sie gar nicht kommt (Oooohh)
8. Und auf einmal heißt es, daß sie doch noch kommt (Juchhuuuuh)

Und nicht vergessen: Im Refrain werden die Geräusche aller bisheriger Strophen jeweils aneinander gehängt.

Zu jedem Geräusch dürft Ihr euch noch eine charakteristische Bewegung ausdenken, die eingängig, witzig, spontan ... ach: einfach klasse ist.
Beim Schlachten des Schweins hat sich die klassische Bewegung „Kehle durchschneiden" durchgesetzt, auch wenn's schon fast grausam wirkt.
Wem zu „hip, hoi" partout nichts Eigenes einfällt: „Hip", linker Daumen über linke Schulter"; „Hoi", rechter Daumen über rechte Schulter.

Wenn möglich, singt bitte nicht die Melodie mit gleichmäßgen Achtelnoten durch: das leiert so! Etwas Pep bringt es, wenn jede dritte Achtel „punktiert" gesungen wird.

Miau, hörst du mich schreien

T: Lieselotte Holzmeister / M: Kanon aus Frankreich
Aus: „Der Zündschlüssel" / Fidula-Verlag Boppard/Rhein und Salzburg

006

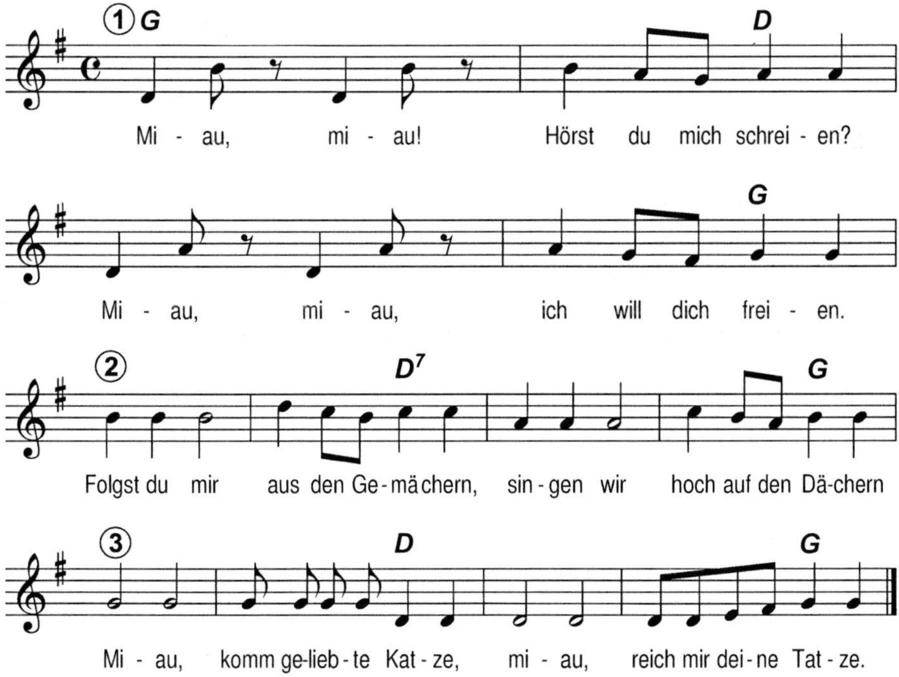

Auf ihr Freunde, kommt und singt

007

T: Karl Hering / M: Karl Hering

Quelle unbekannt

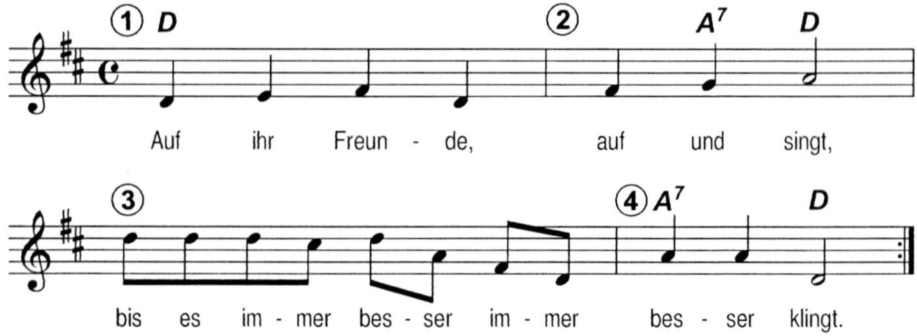

Zu Beginn von gemeinsamen Runden ist ein Kanon wie dieser ideal, um die erste Scheu vor dem gemeinsamen Singen zu überwinden.

In Varianten gesungen (laut, leise, lauter werdend, gesummt, etc.) läßt sich dieser Kanon dramaturgisch ausschlachten.

Tumba, Tumba [Affentanz]

Worte und Weise mündlich überliefert **008**

3 in 1: Kanon, Affentanz und Pinguintanz!

Bei dieser optimalen Liedausnutzung kommt kein anderes Lied mit!

Der Affentanz:
Aufstellung in drei konzentrischen (ein tolles Wort) Kreisen.
Der Innenkreis beginnt den Kanon zu singen und zu tanzen, die beiden anderen Kreise beginnen bei 2 bzw. 3.

Bewegung zur 1. Zeile: *Affenartig die Arme baumeln lassen und langsam tiefer gehen.*

Bewegung zur 2. Zeile: *Die Affenhorde geht mit hängenden Gorillaarmen seitwärts im Kreis.*

Bewegung zur 3. Zeile: *Wie Zeile 2., jedoch in Gegenrichtung und doppelt so schnell.*

Das letzte „la" kann man auch durch ein „Hey" ersetzen, bei dem die Affen einen Sprung in die Höhe machen.

Der Pinguintanz
Aufstellung wie Affentanz.

Zeile 1: In typischer Pinguinhaltung (Beine zusammen, Fußspitzen so weit wie möglich nach außen gedreht, Arme an Körper angelegt und Hände am Oberschenkel abgespreizt, Handflächen nach unten) auf der Stelle watscheln.
Zeile 2: „Pinguinfrierhaltung""(das kriegt ihr schon hin!)
Zeile 3: Die Pinguine drehen sich auf der Stelle watschelnd im Kreis.

Aufstehn, aufstehn, es ist höchste Zeit

009

T: Rolf Krenzer / M: Rolf Krenzer

2. Jetzt wasche ich mir das Gesicht, die Ohren die vergeß ich nicht.

3. Dann zieh' ich mir mein Hemdchen an, als nächstes kommt der Schlüpfer dran.

4. Ein Strumpf gehört an jedes Bein, nun steig' ich in die Hose rein.

5. Ein Schuh paßt auch an jeden Fuß, aufs Frühstücksbrot kommt Pflaumenmus.

… weiterdichten erwünscht!

Ein fröhliches Lied für müde Geister am frühen Morgen.
Das gemeinsame Aufstehn trainiert nicht nur die Stimmmuskulatur, sondern nötigt die Teilnehmer einer gemeinsamen Runde zu ersten zaghaften Bewegungen.
Zuerst wird ein lebender Wecker gesucht (sollte schon ein Kind in der passenden Größe sein), der sich neben dem Vorsänger plaziert und auf Kommando ziemlich lauten Krach macht.
Stoppen kann man den Wecker übrigens, in dem man ihm leicht (leicht !!!) auf den Aus-K(n)opf schlägt.
Nun kommen die einzelnen Strophen, bei denen sich die notwendigen Bewegungen eigentlich von selbst erklären.
Nicht vergessen: Nach jeder Strophe werden alle Bewegungen der vorangegangenen Strophen aneinandergehängt.
Muster (3. Strophe): Ich steige aus dem Bett heraus und ziehe mir das Nachthemd aus, jetzt wasche ich mir das Gesicht ..., dann zieh' ich mir mein Hemdchen an ...

Beispiel:

Ich steige aus dem Bett heraus (mühsame Aufstehbewegungen), und ziehe mir das Nachthemd aus (imaginäres Nachthemdausziehen) usw.

U gonni, gonni ßa

010

T: Johannes Holzmeister / M: überliefert

Aus: „DIE MAULTROMMEL" / Fidula-Verlag Boppard/Rhein und Salzburg

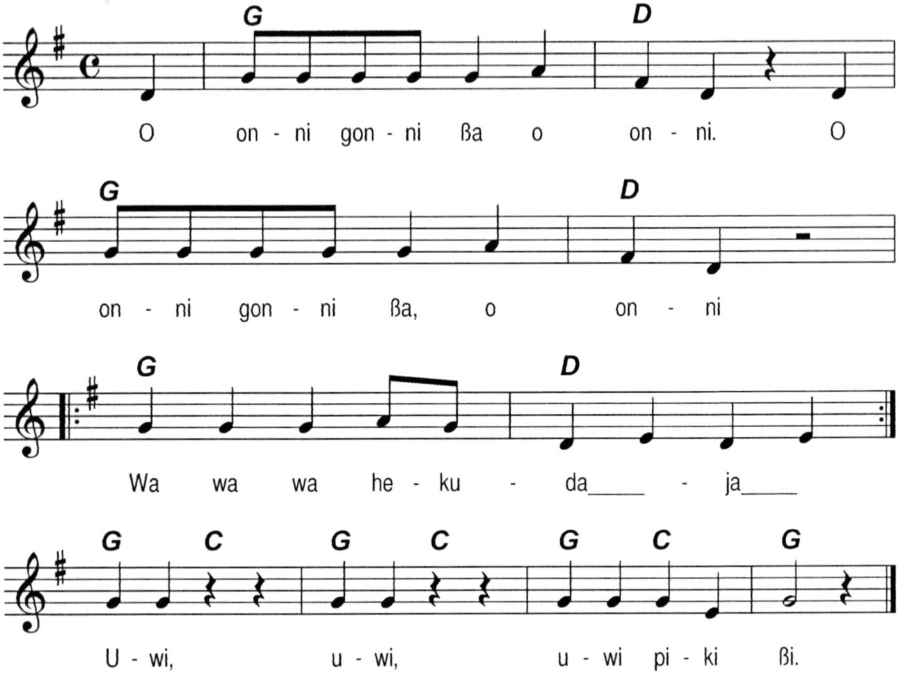

Neben dem anspruchsvollen Text hat dieses Lied auch eine Koordinationsübung zu bieten: Auf jede Viertelnote wird jeweils eine der in eckige Klammern gesetzten Bewegungsfolgen ausgeführt.
Den Auftakt in der ersten Zeile laßt Ihr dabei aus.
Selbstredend, daß das Lied zum Üben erst ohne und bei Erfolg dann mit Bewegungen gesungen wird. Wenn alle sich eingewöhnt haben, wird langsam das Tempo verschärft, bis die Gitarre qualmt und niemand mehr der Geschwindigkeit folgen kann.
Dann ist die nächste Bewegung an der Reihe.

1. Figur …
- *Beide Hände schlagen auf die eigenen Knie.*
- *Beide Hände schlagen (sanft) auf die Knie des linken(!) Nachbarn.*
- *Beide Hände schlagen auf die eigenen Knie.*
- *Beide Hände schlagen auf die Knie des rechten Nachbarn.*

Wiederholung von vorne, solange die Noten reichen.

2. Figur …
- *Der linke Arm wird nach vorne ausgestreckt (Handrücken oben), die rechte Hand schlägt auf den linken Handrücken.*
- *Die rechte Hand schlägt auf den linken Arm in Höhe des Ellenbogens und bleibt dort liegen.*
- *Der linke Arm knickt im Ellenbogen ein, bis die linke Hand auf dem rechten Arm in Höhe des Ellenbogens zum Liegen kommt.*

… Ergebnis sollte jetzt die typische Kasatschok-Haltung sein …

- *Die rechte Hand taucht unter dem linken Arm durch, bis der rechte Arm gerade ausgestreckt ist (Handrücken oben).*
- *Die linke Hand schlägt auf den rechten Handrücken.*
- *Die linke Hand schlägt auf den rechten Arm in Höhe des Ellenbogens und bleibt dort liegen.*
- *Der linke Arm wird nach vorne ausgestreckt.*
- *Wiederholung von vorne, solange die Noten reichen.*

3. Figur

- *Das allseits beliebte Kniechen, Näschen, Öhrchen: Auf die eigenen Knie schlagen.*
- *Rechte Hand ans linke Ohr, linke Hand an die Nase Auf die eigenen Knie schlagen.*
- *Linke Hand ans rechte Ohr, rechte Hand an die Nase Wiederholen, solange die Noten reichen.*

Wir gehen rundherum im Kreis

011

T: Rolf Krenzer / M: Inge Lotz

Aus: Krenzer, „Ein Strumpf gehört an jedes Bein" / © Verlag Ernst Kaufmann, Lahr

2. Wir geben uns die Hände nun …
3. Wir gehen alle rechtsherum …
4. Wir gehen alle linksherum …
5. Wir laufen rundherum im Kreis …
   … hat jemand noch eine Idee?

Bei der Textstelle „und du gehst mit …" kann man sich zu jedem „du" jeweils einen Partner suchen auf den man mit dem Zeigefinger deutet und ihm freundlich zulächelt.

Alle Kinder können so schön singen

012

Aus: „Ich gebe dir die Hände" (IMP 1017) / T: Rolf Krenzer / M: Ludger Edelkötter

2. Alle Kinder klatschen in die Hände …
3. Alle Kinder stampfen mit den Füßen …
4. Alle Kinder können so schön pfeifen …

… Ihr habt bestimmt noch eine Menge eigener Ideen, oder?

Ich gebe dir die Hände

Aus: „Ich gebe Dir die Hände" (IMP 1017) u.a. / T: Ludger Edelkötter / M: Ludger Edelkötter

013

2. Wir bauen eine Brücke vom Mensch zum Menschen dann. Mit Liebe und mit Zuversicht. Vertraue dich mir an! Wir halten uns die Hände und woll'n die Brücke bau'n, daß du und ich, daß ich und du einander stets vertrau'n.

   La la la ...

3. So stark wird diese Brücke vom Mensch zum Menschen sein. Und wenn wir fest zusammenstehn, dann stürzt sie niemals ein. Wir halten uns die Hände und woll'n die Brücke baun, daß du und ich, daß ich und du einander stets vertraun'.

   La la la ...

Er hat die ganze Welt in seiner Hand

014

T: trad. / M: trad.

Er hat den Tag und die Nacht …
Er hat die Erde und den Himmel …
Er hat das Land und das Meer …
Er hat die Sonne und den Mond …
Er hat den Wind und den Regen …
Er hat die Vögel und die Fische …
Er hat auch dich und mich …
Er hat die Großen und die Kleinen …
Er hat die Dicken und die Dünnen …
Er hat das kleine, kleine Baby …

„Er hat die ganze Welt …":	*Beide Hände formen in ausladender Bewegung vor dem Körper eine Weltkugel.*
„ …in seiner Hand":	*Wir legen die Hände in Brusthöhe in Form einer Schale zusammen.*
"Er hat den Tag …":	*z.B.: Wir recken uns, als wären wir gerade aufgestanden.*
„ … und die Nacht":	*z.B.: Wir legen den Kopf auf unsere, in Ohrhöhe gefalteten Hände und schließen die Augen.*
„Er hat die Erde…":	*Wie „Er hat die ganze Welt".*
„ … und den Himmel":	*Wir recken beide Arme gen Himmel.*

Bitte laßt Eure Phantasie spielen. Am besten aber vor(!) dem gemeinsamen Singen.

T:trad. / M: trad. **015**

1. Da kom-men zwei ge - rit - ten, ge - rit - ten, ge - rit - ten, da
2. Sie strei-ten sich um Ma - xel um Ma - xel um Ma - xel, sie
3. Der Ma - xel der ist mei - ner, mei - ner, mei - ner, der
4. Du kannst den Max - el ha - ben, ha - ben, ha - ben, du
5. Ich such mir ei - nen an - dern, an - dern, an - dern, ich

1. kom-men zwei ge - rit - ten,
2. strei - ten sich um Ma - xel,
3. Ma - xel der ist mei - ner, fal - le - ri fal - le - ra, fal - le - rum.
4. kannst den Ma - xel ha - ben,
5. such mir ei - nen an - dern,

Spielanleitung:

Die Bewegungen werden jeweils von zwei Mitspielem gemeinsam ausgeführt.
1. Strophe: An beiden Händen halten und im Seitgalopp durch den Saal „reiten".
2. Strophe: Stehenbleiben und sich gegenseitig an den Armen ziehen.
3. Strophe: Jeder deutet auf sich (…meiner…) und versucht sein Gegenüber durch Mimik auch davon zu überzeugen.
4. Strophe: Beide Spieler winken ab mit gönnerhafter Geste.
5. Strophe: Jeder Spieler sucht sich einen neuen Maxel.

Dank der 5. Strophe kann man mit diesem Lied alle von den Stühlen reißen. Man wiederholt das gesamte Lied bis alle im Kreis am Streit um Maxel beteiligt sind.

Froh zu sein bedarf es wenig

016

T: trad. / M: trad.

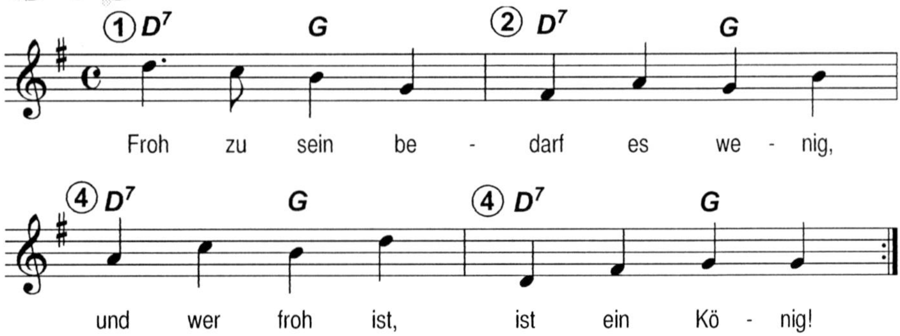

Fangt doch mal eine gemeinsame Runde mit einem Kanon an! Viele tun sich leichter, wenn das erste „Singerlebnis" in der Gruppe ein Lied ist, das sie kennen. Bei diesem Klassiker ist die Chance groß, daß alle mitsingen können.

Kleiner Käfer auf der Hand

Aus: „Biblische Spiellieder Haiti" (IMP 1015) / T: Rolf Krenzer / M: Ludger Edelkötter

017

Onkel Noah

018

T: Aus England, Übertragung ins Deutsche: Andreas Rutz / M: Aus England, mündlich überliefert

Quelle unbekannt

2. Die Tiere kamen gleich angerannt. Wir
müssen noch über den Fluß. Der
Elefant nahm's Känguru an der Hand. Wir
müssen noch über den Fluß.
Los, los, rüber...

3. Die Tiere kamen jetzt zu dritt. Wir
müssen noch über den Fluß. Die
Wespe und die Biene nahm'n die Ameise mit. Wir
müssen noch über den Fluß.
Los, los, rüber...

4. Die Tiere kamen jetzt zu viert. Wir
müssen noch über den Fluß. Das
kleine Fohlen hat ganz laut gewieh'rt. Wir
müssen noch über den Fluß.
Los, los, rüber...

5. Die Tiere kamen jetzt zu fünft. Wir
müssen noch über den Fluß.
Über's Stinktier haben sie all' die Nase gerümpft. Wir
müssen noch über den Fluß.
Los, los, rüber...

6. Die Tiere kamen jetzt zu sechst. Wir
müssen noch über den Fluß. Das
kleine Schwein dachte, das ist ja wie verhext. Wir
müssen noch über den Fluß.
Los. Los. rüber...

7. Die Tiere kamen sieben und sieben. Wir
müssen noch über den Fluß.
Das Äffchen dachte: „wär' ich doch zu Haus' geblieben". Wir
müssen noch über den
Fluß. Los, Los, rüber...

8. Die Tiere kamen acht und acht. Wir
müssen noch über den Fluß. Als es
anfing zu schaukeln, ha'm sie laut gelacht. Wir
müssen noch über den Fluß.
Los, Los, rüber...

9. Die Tiere kamen neun und neun. Wir
müssen noch über den Fluß. Onkel
Noah dachte: „Hoffentlich geh'n alle rein". Wir
müssen noch über den Fluß.
Los, Los, rüber...

10. Die Tiere kamen zehn und zehn. Wir
müssen noch über den Fluß. Zum
Schluß fingen alle an zu gähn'. Wir
müssen noch über den Fluß.
Los, Los, rüber...

Regenbogenlied

019

Aus: „Biblische Spielleider Haiti" (IMP 1015) / T: Rolf Krenzer / M: Ludger Edelkötter

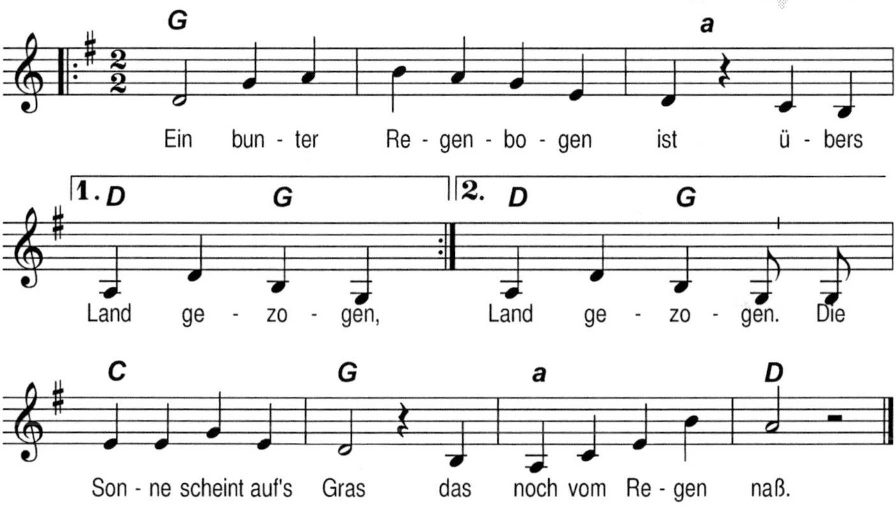

2. Ein bunter Regenbogen ist übers
Land gezogen.
Ein bunter Regenbogen ist übers
Land gezogen. Und
alle bleiben steh'n, um ihn sich anzuseh'n.

3. Ein bunter Regenbogen ist übers
Land gezogen.
Ein bunter Regenbogen ist übers
Land gezogen. Da-
mit ihr's alle wißt, daß Gott uns nicht vergißt.

Cowboysong [Cowboylied]

020

T: unbekannt / M: unbekannt

mündlich überliefert

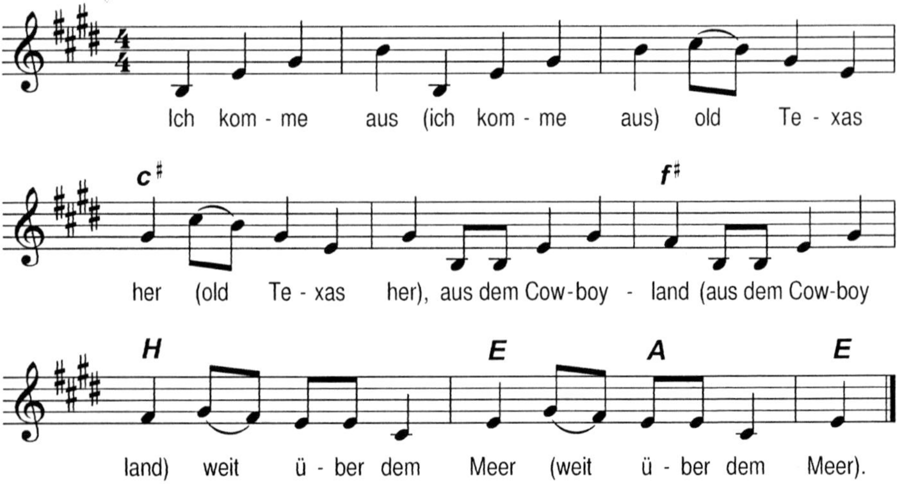

(Der Vorsänger singt immer eine Zeile, die dann von allen wiederholt wird)

2. Wo die Sonne lacht ...
den ganzen Tag ...
und in der Nacht ...
uns die Kälte plagt ...

3. Und in der Nacht ...
der Coyboy singt ...
er singt sein Lied ...
weit in die Nacht ...

4. Er singt Jippi-eijo ...
immer Jippi-eijo ...
von früh bis spät ...
immer Jippi-eijo ...

5. Da dacht' ich mir ...
das kannst du schon ...
und ritt hinweg ...
fern nach Mexiko ...

6. Dort lockte mich ...
das weite Land ... .
wo Gold und Silb...
er ich nicht fand ...

7. Und auf der Ranch ...
und in der Prärie ...
singen Jim und Joe ...
diese Melodie...

8. Singen Jippi-eijo ...
immer Jippi-eijo ...
von früh bis spät ...
immer Jippi-eijo ...

Wenn Ihr etwas Sorgfalt walten laßt, kann man mit diesem Lied für fast unglaubliche Ruhe in der Runde sorgen:
Ganz wichtiger Hinweis für den Gitarrero: Ruhig hinsetzen (am besten in die Mitte eines Kreises) und erst einmal mit einer kurzen Wildwestgeschichte von Lagerfeuerromantik, Cowboys und fernen Ländern für die richtige Atmosphäre sorgen.
Dann nicht zu schnell singen und die letzte Strophe mehrfach wiederholen. Erfahrene Sänger können dabei auch die Melodie spontan abwandeln, um ein bißchen die Konzentration herauszufordern.

Dabei wird der Vorsänger immer leiser und „blendet" das Lied zum Schluß aus, wie auf Schallplatten.

Ist das letzte Flüstern verklungen kann man sogar eine Stecknadel fallen hören.

Es war einmal eine Ziege

T: Johannes Kuhnen / M: Johannes Kuhnen

021

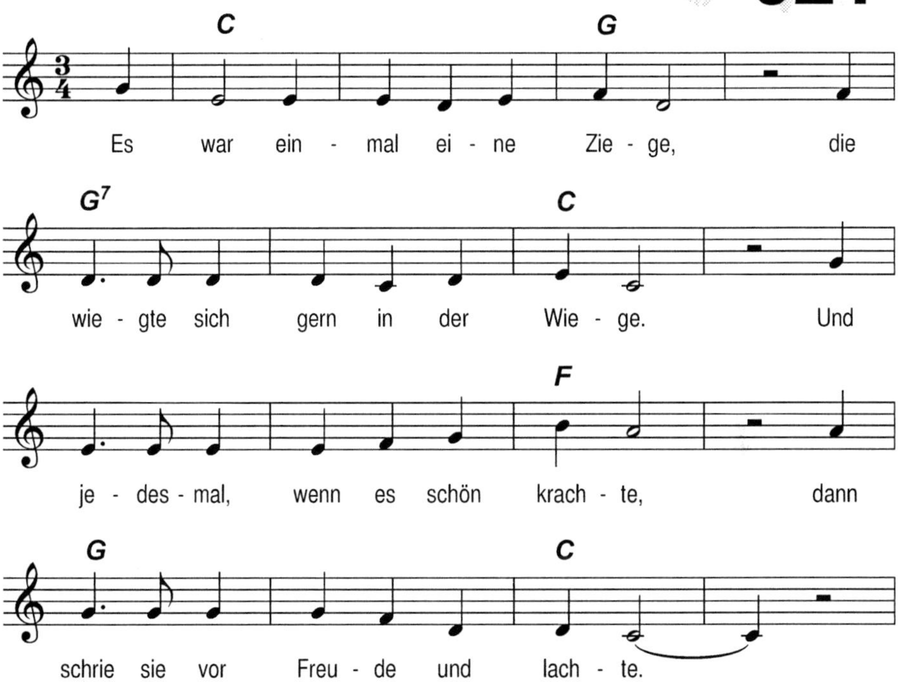

2. Es war einmal ein Karnickel, das
hatte am Po einen Pickel. Doch
wollt's dem Karnickel nicht glücken, den
Pickel am Po auszudrücken.

3. Es war einmal eine Hummel,
die fand 'nen Zigarettenstummel. Sie
wollte ihn gern gebrauchen, doch
konnte sie leider nicht rauchen.

4. Es war einmal eine Otter, die
mochte vom Ei nur den Dotter. Das
Ei sagte: „Was soll das heißen! Was
mache ich denn mit dem Weißen?"

5. Es war einmal eine Biene, die
kam unter eine Lawine. Sie
dachte voll wärmstem Vertrauen: „Im
Frühling, da wird es ja tauen."

6. Es war einmal ein Gockel, der
stellte sich auf einen Sockel. Dort
stand er als Denkmal und döste und
dachte, er wär der Größte.

7. Es waren einmal zwei Wanzen, die
gingen zum Schützenfest tanzen. Doch
kamen sie ganz ungebeten, und
wurden dazu noch zertreten.

8. Es war einmal eine Wachtel, die
brütete in einer Schachtel. Sie
meinte, das Brüten in Nestern, sei
nur noch für Wachteln von gestern.

9. Es war einmal eine Kröte, die
spielte voll Leidenschaft Flöte. Der
Kröterich klagte und fragte,
warum sie nicht doch lieber quakte.

Zehn Kamele (geh'n nach Alamein)

022

Deutscher Text: Lieselotte Holzmeister / M: Aus England

Aus: „WEIT ÜBERS LAND", Fidula-Verlag Boppard/Rhein und Salzburg

Bei jeder Strophe marschiert ein Kamel weniger; zuletzt heißt es:

Ein Kamel geht nach Alamein,
ein Kamel geht nach Alamein, und wenn
ein Kamel verknackste sich ein
Bein, dann wär kein Kamel auf dem Weg allein.

Über geistigen Tiefgang läßt sich nicht streiten, aber wenn man 10 ausgesuchte „Kamele" in der Mitte des Kreises nach Alamein gehen läßt, kommt das schon gut!
Wichtig ist nur, daß die (mehr oder weniger) freiwilligen Kamele sich gegenseitig darin überbieten, möglichst naturgetreu daherzukommen – und damit ist nicht das braune Fell gemeint.

Atte katte nuwa

Worte und Weise eines Eskimoliedes

023

Nebel liegt auf allen Wiesen

024

T: Erwin Grosche / M: Erwin Grosche

2. Und die Autofahrer trödeln,
träumen langsam hinter'nander
von Salat und Leberknödeln –
und mit Gulasch durcheinander.

3. Während bunte Blätter fallen
auf die Köpfe kleiner Kinder,
bis sie auf den Boden knallen
für ehrliche Blätterfinder.

4. Und wenn du die Blätter färbst,
ist es Herbst, ganz einfach Herbst.
Wenn du einen Drachen erbst,
laß ihn steigen, es ist Herbst.

Wenn einer sagt, ich mag Dich (Kindermutmachlied)

025

T: Andreas Ebert / M: Andreas Ebert

Aus: „Meine Lieder, deine Lieder" / Rechte bei Hänssler-Verlag, Neuhausen-Stuttgart

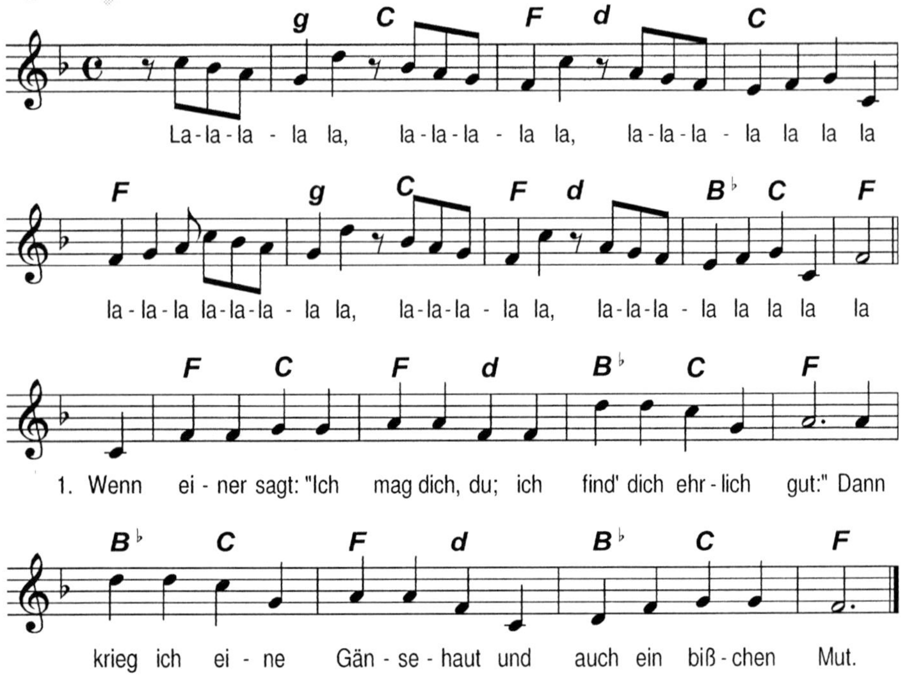

2. Wenn einer sagt: „Ich brauch' dich, du; ich schaff' es nicht allein". Dann kribbelt es in meinem Bauch, ich fühl mich nicht mehr klein.

3. Wenn einer sagt: „Komm geh mit mir; zusammen sind wir was!" Dann werd' ich rot, weil ich mich freu'. Dann macht das Leben Spaß.

4. Gott sagt zu dir: „Ich hab dich lieb. Ich wär' so gern dein Freund! Und das, was du allein nicht schaffst, das schaffen wir vereint."

Instrumentenquodlibet

M: Dr. Willi Geissler

026

Ein gutes Betätigungsfeld für den „kleinen Chorleiter”.
Wenn der Versuch mal nicht im Chaos endet, klingt dieser Satz ganz toll!
Besonderes Augenmerk sollte auf die Trompeten gerichtet werden, die immer wieder über ihren Rhythmus (und ihre Zunge) stolpern.
Es hilt nur eins: Üben, üben, üben.
Jede Stimme einzeln, zwei-, drei-, vierstimmig.

Eines ist wichtig: Beim letzten Ton sollten alle wieder beisammen sein!

Aram sam sam

027

T: unbekannt / M: unbekannt

mündlich überliefert

Stimmungsfördernd ist eine kontinuierliche Steigerung des Tempos von Strophe zu Strophe, was erstens immer im Chaos endet und zweites für große Heiterkeit sorgt.

1. Aram sam sam: *Den Auftakt „A…" lassen wir frei, dann folgen drei (zarte) Schläge mit den eigenen Handflächen auf die eigenen (!) Oberschenkel.*

2. Gulli gulli gulli gulli: *Hat nichts mit dem gleichnamigen Abfluß zu tun – wir rollen die Hände vor der Brust umeinander, so wie beim Wolle aufwickeln.*

3. Ram sam sam: *Siehe 1.*

4. Araaaaaabi, araaaaabi: *Wir heben die Hände wie beim Überfall und verneigen uns vor unserem Gitarristen, um Ihm zu „huldigen".*

5. Siehe 2.

6. Siehe 3.

Bären-Schlaflied

Aus „Ich gebe Dir die Hände" (IMP 1017) / T: Rolf Krenzer / M: Ludger Edelkötter

028

Zum Bärenschlaflied sammeln wir alle Kinder (und solche, die es geblieben sind) in der Mitte zu einem großen „Bärenschlaflager".
Im ruhigen ersten Teil dürfen alle Bären schon mal ein bißchen vorschlafen.
Wenn es laut wird, können die Bären sich noch mal kurz recken und bewegen, um dann wieder zum Schluß sanft zu entschlummern, wenn man nur den ersten Teil wiederholt.
Wenn das mit dem erneuten Entschlummern nicht auf Anhieb klappt, singt man das Lied halt noch mal - ist doch sowieso sooooo schön!

Löwenjagd

029

T: unbekannt / M: unbekannt

mündlich überliefert

	Den grau unterlegten Teil schiebt ihr vor jeder Strophe ein:
Halt!	*Mahnender Zeigefinger*
Was ist das?	*Fragendes Gesicht*
Ist das ein Löwe?	
Nein, das ist kein Löwe!	*Verneinende Geste mit Finger*

Das ist eine Tür!	*Auf die Tür zeigen*
Da müssen wir durch!	
Tür auf.	*Imaginäre Tür öffnen*
Tür zu.	*Tür hinter sich schließen*
Das ist eine Wiese.	
Da müssen wir durch.	*Hände zeigen in die Ferne*
	Hände im Takt aneinander reiben. Wenn alle leise sind, entsteht ein raschelndes Geräusch

Das ist ein matschiger, schmieriger Sumpf.	*Gesicht angeekelt verziehen*
Da müssen wir durch !?	*Ungläubiges Entsetzen*
Schuhe aus.	*Imaginäre Schuhe ausziehen*
Strümpfe aus.	*Imaginäre Strümpfe ausziehen*
	Die eigenen Wangen mit Daumen und Zeigefinger fassen und rhythmisch auseinanderziehen. Es entsteht ein schmatzendes Geräusch.
Strümpfe an.	*Imaginäre Strümpfe anziehen.*
Schuhe an.	*Imaginäre Schuhe anziehen.*

Das ist ein tiefer kalter See.	*Blankes Entsetzen im Gesicht.*
Da müssen wir durch.	
Schuhe aus.	*Imaginäre Schuhe ausziehen*
Strümpfe aus.	*Imaginäre Strümpfe ausziehen*
Hose aus.	*s.o.*
Hemd aus.	*s.o.*
Klamotten auf den Kopf	*Wir packen ein Bündel aus imaginären Kleidern auf den Kopf und halten es fest (!!!).*
Schwert zwischen die Zähne.	*Imaginäres Schwert zwischen die Zähne klemmen und dort bis hinter den See festhalten (!!!).*
Und schwimmen.	*Schwimmbewegungen – Natürlich nur mit der freien Hand.*
Hemd an.	*Imaginär... Ihr wißt schon...*
Hose an.	*Jetzt sind wir schon geübt*
Strümpfe an.	*Richtig geraten.*
Schuhe an.	*Wie gehabt.*
Schwert in den Gürtel.	*Imagin... ach – egal.*

Das ist eine große, dunkle Höhle.	*Angstschweiß auf der Stirn – Unser Mut verläßt uns ganz offensichtlich.*
Und da müssen wir rein?????	*Zähneklappern.*
	Der nächste Refrain wird mit zitternd, bebender und langsam ersterbender Stimme gesprochen, wobei wir uns in der Höhle ängstlich und mißtrauisch umschauen. Das nächste„ Halt!' ertönt als entsetzter Aufschrei!

Das sind zwei Augen	*Vorläufig erfolgt beruhigtes Zurücklehnen.*
Augen?	*Aufsteigende Ahnung.*
Höhle?	*Gesteigertes Entsetzen.*
Löwe?	*Unüberhörbare Panik in der Stimme.*
Nichts wie raus hier!!!!!	*In wilder Flucht verlassen wir die Höhle und passieren die Hindernisse aus den vorangegangenen Strophen im Eilzugtempo ohne eine einzige Bewegung auszulassen.*
	Ist die Tür hinter uns zugeschlagen, lehnen wir uns erschöpft zurück und verschnaufen einen kurzen Moment.

Warn wir heut auf Löwenjagd?	*Achtung! Der letzte Refrain wird – passend zu unseren Heldentaten – geringfügig abgeändert.*
Ja, wir warn auf Löwenjagd!	
Hatten wir Angst?	
Nö!	
Wir ham ja unser Schwert dabei! Uff!	

Die Löwenjagd funktioniert nach dem bekannten Muster: Einer spricht vor, alle sprechen nach. Ein erfahrener Jäger führt die Meute an.

Der Refrain:
Entscheidend ist hier, daß alle im Takt mit auf Löwenjagd gehen. Daher trainieren wir zunächst einmal das rhythmische „Laufen": Wir klatschen mit unseren Händen auf die (eigenen) Knie (links, rechts, links, rechts …).

Achtung:
Erst, wenn alle wirklich im Takt sind, geht's weiter. Der „Jägermeister" beginnt im Takt des Schenkelklatschens zu sprechen (natürlich mit der notwendigen Dramatik in der Stimme): „Geh'n wir heut' auf Löwenjagd". Die Meute wiederholt im Chor und bleibt dabei unbedingt im Takt. Im Zweifel probt Ihr das so lange, bis es funktioniert!
Im Notenbild haben wir das notiert, daß der Part des Jägermeisters als obere Stimme, die Meute als untere Stimme notiert ist. Kommt Ihr zu „Wir ham' ja unser Schwert dabei", begleitet Ihr das „Uff" mit einem imaginären Schwertstoß, der in der Ausführung unbedingt Eurem unerschütterlichen Mut entsprechen soll.

Bei „Halt" verstummt das Tapsen abrupt. Die folgenden Textzeilen begleitet Ihr mit den Gesten und Bewegungen, die wir als Regieanweisungen in die rechte Spalte gesetzt haben. Auch hier solltet Ihr jedoch darauf achten, daß die Jagdgruppe möglichst im Rhythmus bleibt und die Bewegungen immer synchron ausführt.

Eines sei noch erwähnt: Die Löwenjagd lebt hauptsächlich von den schauspielerischen Fähigkeiten des „Oberjägers". Sein Talent, die dramatischen Situationen übertrieben bildlich in Gestik und Mimik darzustellen, schafft erst die notwendige Atmosphäre für eine spannende Löwenjagd. Also trainiert die Löwenjagd am besten vor einer gemeinsamen Runde im stillen Kämmerlein.

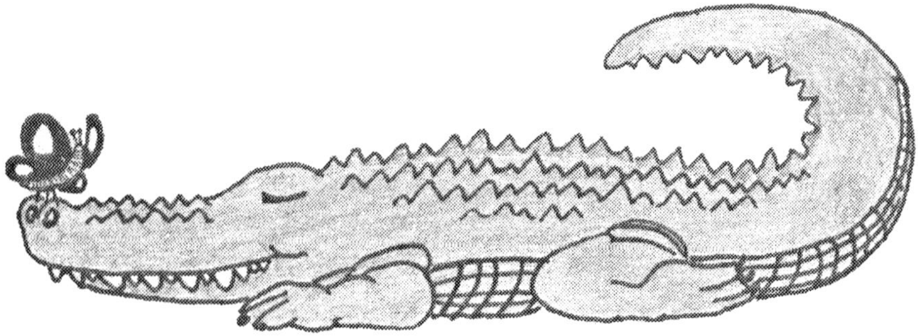

Das Lied vom Trullala

T: unbekannt / M: unbekannt
mündlich überliefert

030

2. Der erste Vers heiß Trullala ...
3. Der zweite Vers heißt Trullala ...
4. Der dritte Vers heißt Trullala ...
5. Der letzte Vers heißt Trullala ...
6. Es reicht jetzt mit dem Trullala ...
7. Macht Schluß jetzt mit dem Trullala ...
8. Das ekelhafte Trullala ...
9. Aber schön war's doch das Trullala ...
10. Drum sing'n wir nochmal Trullala ...

Man kann dieses Lied durchaus noch um einige Strophen ergänzen, bis unbeteiligten Zuhörern Blut aus dem Ohr läuft. Daher hier eine extrem gekürzte Fassung.

Das Morgenlied

031

T: trad. / M: trad.

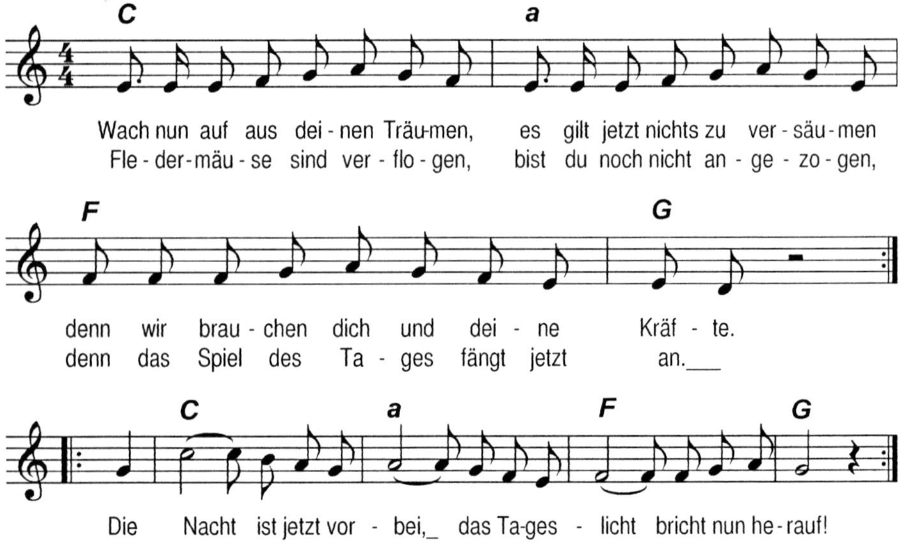

Auch als Kanon zu singen:
1. Stimme: Strophe, 2. Stimme Refrain.

Achtung beim Kanon:
Die zweite Stimme beginnt mit einem Auftakt.

Wir fahren in die Ferien

T: Rolf Krenzer / M: Inge Lotz

Aus: Krenzer, „Ein Strumpf gehört an jedes Bein" / © Verlag Ernst Kaufmann, Lahr

032

Wir sind gut angekommen

033

T: Hans Poser / M: Hans Poser

Aus: „DIE MAULTROMMEL" / Fidula-Verlag Boppard/Rhein und Salzburg

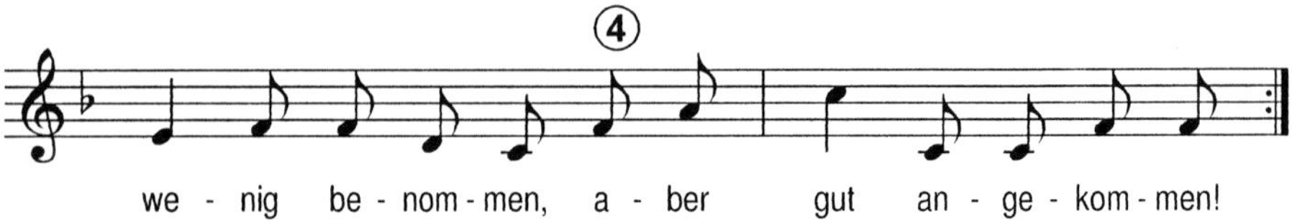

Guten Abend in diesem Haus

T: trad. / M: trad. **034**

2. (V.:) Und ihr Mütter in diesem Haus! (Mütter:) Und wir Mütter in diesem Haus! (V.:) Ei, so wünschen wir (Mütter:) Ei so wünschet ihr (V.:) ein glückseliges neues Jahr! (Mütter:) Ein glückseliges neues Jahr!
3. … Väter …
4. … Töchter …
5. … Söhne …
6. (V.:) Und ihr Freunde in diesem Haus! (Alle:) Und wir Freunde in diesem Haus! (V.) Ei, so wünschen wir (Alle:) Ei so wünschet ihr (V.:) ein glückseliges neues Jahr! (Alle:) E'n glückseliges neues Jahr!

Wer hat denn gesagt, daß Ihr „ein glückseliges, neues Jahr""singen sollt? Wie wäre es an dieser Stelle mit „eine ruhige, friedvolle Nacht" oder „einen glücklichen neuen Tag"?

Zwei Elefanten gingen ohne Hetz'

035

T: unbekannt / M: unbekannt

mündlich überliefert

Nicht vergessen, bei den Strophen „hochzuzählen". Trampeln 32 Elefanten im Kreis herum, hört sich „Zwei Elefanten gingen ohne Hetz'" ziemlich blöde an.

Wir nennen diesen Typ Lied „Schneeball-Lied" wegen des Schneeballprinzips, das immer wieder auch den Letzten in Bewegung bringt: Zwei Elefanten fangen an und holen sich nach der ersten Strophe jeweils einen Elefanten dazu. Dann sind's schon 4, dann 8 …

Wie ein Elefant aussieht? Linke Hand faßt an die Nase, die rechte stecken wir als Rüssel durch den Ring, den der Arm bildet und dann stapfen wir ziemlich breit- und steifbeinig durch den Saal. Fortgeschrittene können auch eine Elefantenkette bilden. Dabei greift die rechte Hand zwischen den Beinen nach hinten durch und faßt dort die linke Hand des nächsten Elefanten. Aber Vorsicht: Ist Sturzgefahr, Män!

Gespensterlied

036

T: Krenzer, Rolf / M: Krenzer, Rolf
Aus: „Hast du unseren Hund gesehen" / Ernst Kaufmann Verlag, Lahr

2. Gespenster gespenstern vom
Keller bis zum Dach.
Am Tag, da schlafen alle, doch
nachts, da sind sie wach. Paß auf, paß auf, dann
hörst du den hohlen Geisterschrei. Doch
wenn du erst dahinterkommst, dann ist der Spuk vorbei!

Zu diesem Gespenstersong kann man mit entsprechend präparierten Kindern (Bettuch und Taschenlampen genügen - oder einige Kerzen bei größeren Kindern) eine gruselige Geisteratmosphäre zaubern.

Wir feiern heut' ein Fest

037

Aus: „Wir feiern heut ein Fest" (IMP 1022) u.a. / T: Rolf Krenzer/ M: Ludger Edelkötter

2. Wir feiern heut' ein Fest und singen miteinander. Wir
Wir feiern heut' ein Fest und singen miteinander. Wir feiern ein Fest, weil
Gott uns alle liebt. Herein, herein, wir
laden alle ein.
Herein, herein, wir laden alle ein!

3. Wir feiern heut' ein Fest und spielen miteinander. Wir
Wir feiern heut' ein Fest und spielen miteinander. Wir feiern ein Fest, weil
Gott uns alle liebt. Herein, herein, wir
laden alle ein.
Herein, herein, wir laden alle ein!

4. Wir feiern heut' ein Fest und essen miteinander. Wir
Wir feiern heut' ein Fest und essen miteinander. Wir feiern ein Fest, weil
Gott uns alle liebt. Herein, herein, wir
laden alle ein.
Herein, herein, wir laden alle ein!

5. Wir feiern heut' ein Fest und trinken miteinander. Wir
Wir feiern heut' ein Fest und trinken miteinander. Wir feiern ein Fest, weil
Gott uns alle liebt. Herein, herein, wir
laden alle ein.

Heut ist ein Fest

T: trad. / M: trad.

038

Der Hase Augustin

039

T: Christiane Knauf / M: Mikis Theodorakis

Quelle unbekannt

2. Augustin, der flitzte, sprang über manche Pfütze und
aß gern Rosenkohl. Doch kam der Gärtner angerannt, schon
war der schnelle Hase weg, der Gärtner stand im Rosenkohl und
staunte gar nicht schlecht. Dreimal Sapperment, dreimal Sapperment,
das ist wohl der Augustin, das Naturtalent.

3. Einmal kam ein Jäger, ein dicker, fetter Jäger, Herr
Schlamm aus Düsseldorf, der hatte sich 'ne Jagd gekauft, der
wollte jetzt auf Hasen gehn, da kommt schon einer angerannt, Herr
Schlamm hat ihn erkannt: Dreimal Sapperment, dreimal Sapperment,
das ist wohl der Augustin, das Naturtalent.

4. Herr Schlamm nahm seine Flinte, die knallte los und stank, schon
flitzt' der Hase weg. Die Kugel hinterher, doch der Hase war zu schnell, Herr
Schlamm, der schimpfte sehr. Dreimal Sapperment, dreimal Sapperment,
das ist wohl der Augustin, das Naturtalent.

5. Augustin, war stolz, er trug die Nase hoch und
seinen Orden auch. Er wurde Landesmeister gar, im
großen Zickzacklauf und bei der Ehrenrunde sangen
alle Mann ganz laut: Seht mal wer da rennt, seht mal, wer da rennt,
das ist wohl der Augustin, das Naturtalent.

Bingo

T: unbekannt / M: DP
Quelle unbekannt

040

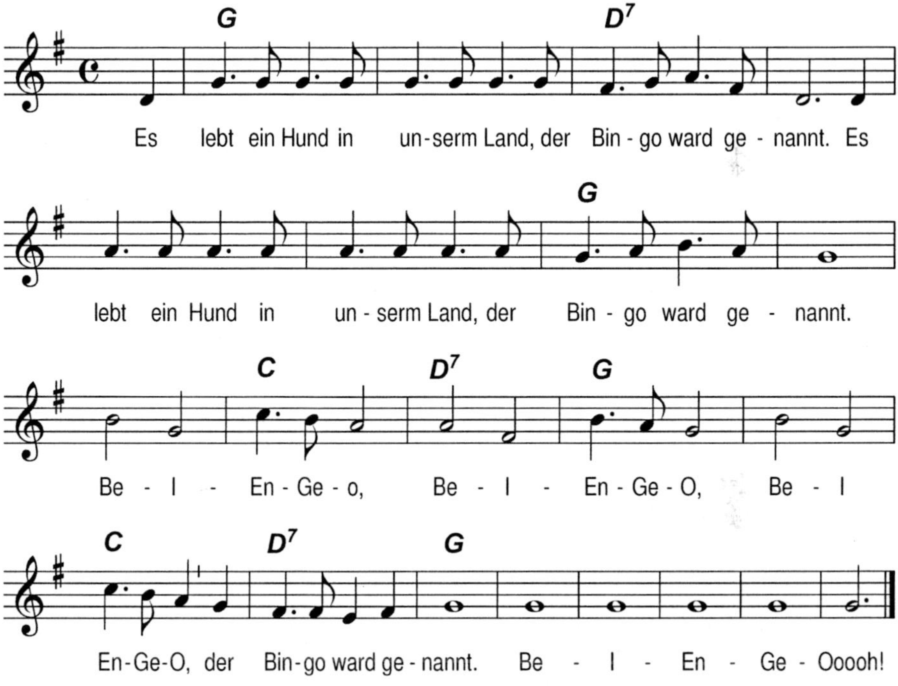

Ein Tanzlied aus unserer Reihe „Schneeball-Lieder". Ein einzelner „Bingo" beginnt in der Mitte und tanzt zunächst eine Strophe allein durch den Raum. Bei „Be-I-En-Ge" (die einzelnen Buchstaben werden gaaanz lang gezogen) sucht sich unser Bingo einen Partner aus, den er spätestens beim „O" in den Kreis zum Mittanzen zieht. Ihr ahnt, was in den nächsten Strophen passiert: Die Bingos vermehren sich rasend, bis alle mittanzen.

Wenn sich die Igel küssen

041

T: Johannes Kuhnen / M: Johannes Kuhnen

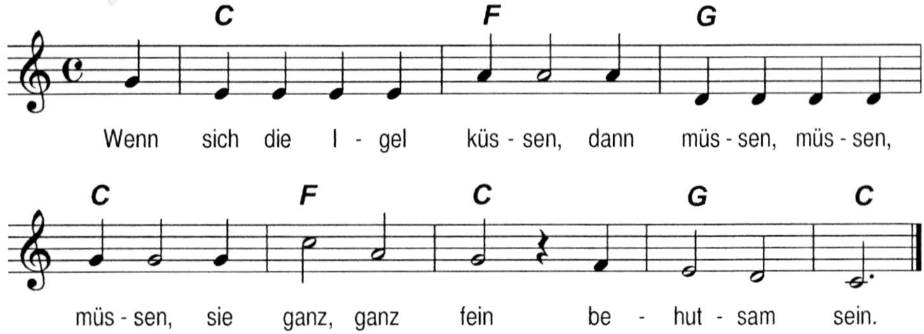

2. Wenn sich die Störche küssen, dann müssen, müssen,
   müssen sie ganz, ganz fein behutsam sein.

3. Wenn Elefanten küssen, dann müssen, müssen,
   müssen sie ganz, ganz fein behutsam sein.

4. Wenn Stachelschweine küssen, dann müssen, müssen,
   müssen sie ganz, ganz fein behutsam sein.

5. Wenn sich die Menschen küssen, dann müssen, müssen,
   müssen sie auch ganz fein behutsam sein.

Schlaflied für Anne

T: Fredrik Vahle / M: trad. / Fredrik Vahle

042

2. Schlaf, Anne, schlaf nur ein, bald kommt der Mond,
der draußen hinter den Birnbäumen wohnt.
Einer davon kitzelt ihn sanft am Kinn.
Lächelt der Mond und zieht leise dahin.

3. Schlaf Anne, schlaf nur ein, bald kommt ein Traum.
Schlüpft dir zum Ohr hinein, merkst ihn erst kaum.
Fährst auf dem Traumschiff an's Ende der Nacht.
Bis dir der Morgen die Augen aufmacht.

Der Katzentatzentanz

043

T: Frederik Vahle / M: Frederik Vahle

2. Kam der Hase zu der Katze, bitte reich mir deine Tatze,
   mit dem Hasen tanz' ich nicht, ist mir viel zu zappelig.
3. Kam der Hamster zu der Katze, bitte reich mir deine Tatze,
   mit dem Hamster tanz' ich nicht, ist mir viel zu pummelig.
4. Kam der Hofhund zu der Katze, bitte reich mir deine Tatze,
   mit dem Hofhund tanz' ich nicht, denn der bellt so fürchterlich.

(Forsetzung nächste Seite)

4. Kam der Hofhund zu der Katze, bitte reich mir deine Tatze, mit dem Hofhund tanz' ich nicht, denn der bellt so fürchterlich.
5. Kam der Kater zu der Katze, leckte ihr ganz lieb die Tatze, streichelt sie und küßt sie sacht und schon hat sie mitgemacht.

Refrain:
Und dann tanzen sie zu zwein über Stock und über Stein
jede Maus im Mauseloch, ruft: „Ein Glück sie tanzen noch".
Und dann gingen beide heim.

TIP

Kinder sind ja manchmal sooo schüchtern. Es kann daher nicht schaden, wenn man der Katze bei der Suche nach den ersten Tanzpartnern etwas assistiert. Hat sich der Tanz erst einmal eingespielt, geht's dann in der Regel mit wachsender Begeisterung ganz von alleine.

BEWEGUNG

Eine freiwillige Katze tanzt in der Mitte des Kreises ganz allein auf einem Bein – bis sich verschiedene Tiere als Partner anbieten. Der Text des Liedes erklärt wohl die zugehörigen Bewegungen am besten.

Die Affen rasen durch den Wald

044

T: trad. / M: trad.

2. Die Affenmama sitzt am Fluß und angelt nach der Kokosnuß, die ganze Affenbande brüllt: „Wo ist die Kokosnuß, wo ist die Kokosnuß, wer hat die Kokosnuß geklaut?"
3. Der Affenonkel, welch' ein Graus, reißt alle Urwaldbäume aus. Die ganze Affenbande brüllt: „Wo ist die Kokosnuß, wo ist die Kokosnuß, wer hat die Kokosnuß geklaut?"
4. Die Affentante kommt von fern, sie ißt die Kokosnuß so gern, die ganze Affenbande brüllt: „Wo ist die Kokosnuß, wo ist die Kokosnuß, wer hat die Kokosnuß geklaut?"
5. Der Affenmilchmann, dieser Knilch der wartet auf die Kokosmilch, die ganze Affenbande brüllt: „Wo ist die Kokosnuß, wo ist die Kokosnuß, wer hat die Kokosnuß geklaut?"
6. Das Affenbaby voll Genuß hält in der Hand die Kokosnuß, die ganze Affenbande brüllt: „Da ist die Kokosnuß, da ist die Kokosnuß, es hat die Kokosnuß geklaut!"

(Fortsetzung nächste Seite)

7. Die Affenoma schreit: „Hurra! Die Kokosnuß ist wieder da!” Die ganze Affenbande brüllt: „Da ist die Kokosnuß, da ist die Kokosnuß, es hat die Kokosnuß geklaut!”

8. Und die Moral von der Geschicht: Klaut keine Kokosnüsse nicht, weil sonst die ganze Bande brüllt: „Wo ist die Kokosnuß, wo ist die Kokosnuß, wer hat die Kokosnuß geklaut?”

Schmetterlinge

045

Was müssen das für Bäume sein

046

T: trad. / M: trad.

Bäume:	*Wir deuten mit beiden Händen die Stämme eines Waldes vor uns an.*
Wo die großen:	*Wir zeigen die Umrisse eines riesigen Elefanten.*
Elefanten:	*Der rechte Arm wird leicht nach links unten ausgestreckt, die linke Hand faßt unter dem rechten Arm hindurch die Nase.*
spazierengeh'n:	*Wir stampfen mit den Füßen wie eine Elefantenherde.*
Ohne sich zu stoßen:	*Wir deuten mit den Ellenbogen ein Rempeln nach links und rechts an.*
Rechts sind Bäume:	*Wir deuten mit den Händen die Stämme auf der rechten Seite an.*
Links sind Bäume:	*Wir deuten mit den Händen die Stämme auf der linken Seite an.*
Und dazwischen Zwischenräume:	*Wir hacken mit beiden Händen eine imaginäre Schneise in den Wald.*

Der Schonbö-Song

T: Hans Poser / M: Hans Poser / Fidula-Verlag Boppard/Rhein und Salzburg
Von der Fidula-CD 4408 „Märchenlieder und Songs für Kinder"

047

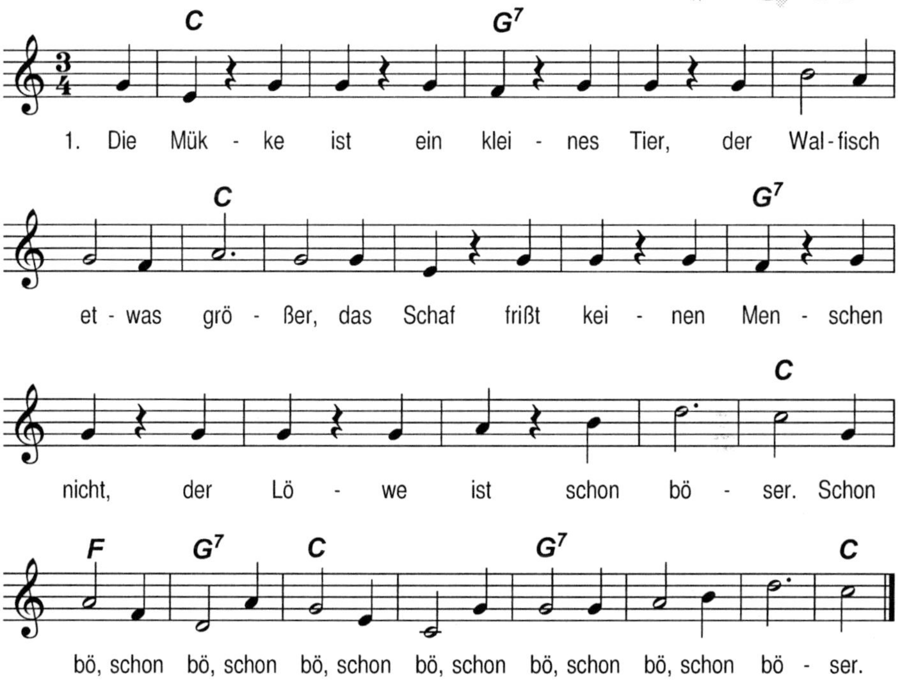

2. Der Walfisch schwimmt im Meer herum, das Schaf steht
auf der Wiese, es steht da dorten ziemlich
dumm, und nährt sich von Gemüse, Ge-
mü-, Gemü-, Gemü-, Gemü-, Gemü-, Gemü-, Gemüse.

3. Der Löwe säuft das Menschenblut und eben-
so der Tiger, die Mücke auch desglei-
chen tut, nur säuft sie viel weniger. We-
ni-, weni-, weni-, weni-, weni-, weni-, weniger.

4. Drum Mensch, bedenk, wenn dich was sticht: es ist
der erste Schreck bloß! Ob Mücke, Walfisch oder
Schaf, niemals geschieht was zwecklos. Was
zweck-, was zweck-, was zweck-, was zweck-,
was zweck-, was zweck-, was zwecklos.

Tatuzita

048

T: unbekannt / M: unbekannt
mündlich überliefert

Gesprochen: Ta - tu - zi - ta, ta - tu - zi - ta, ta - tu - zi - ta, ta - tu - zi - ta.

Wir stellen uns alle in einen großen Kreis und singen gemeinsam die erste Zeile von „I'm singing in the rain". Darauf folgt die erste Bewegung. Das Finale jeder Strophe bildet das gesprochene „Tatuzita...", zu dem wir rhythmisch mit dem Po hin- und herwackeln. Das sieht von Strophe zu Strophe alberner aus ... aber seht selbst! Dann wieder singen, dann erste und zweite Bewegung, wieder singen, usw.
Nach dem Finale mit hängender Zunge stimmen wir noch einmal das „I'm singing in the rain" an und klatschen dazu im Takt.

1. ***Daumen zusammen!***
   Beide Hände zur Faust, nach vorne ausstrecken und mit den Daumen gegeneinanderstoßen.
2. ***Ellenbogen ran!***
   Die Arme bleiben parallel, wir ziehen die Ellenbogen zum Körper.
3. ***In die Knie!***
   Ein Stück in die Knie gehen.
4. ***Hacken auseinander!***
   Wir nehmen aus den vorher parallel zusammengestellten Füßen die Fersen auseinander, so daß die Füße einen 90°-Winkel bilden, der an den Fußspitzen geschlossen ist.
5. ***Oberkörper runter!***
   Oberkörper bis in die Waagrechte hinabbeugen.
6. ***Po raus!***
   Wir strecken den Po in die Höhe.
7. ***Rechte Hand an die Nase!***
   Wir halten uns mit der rechten Hand die Nase zu, so daß das „Tatuzita" fast fernöstlich klingt.
8. ***Zunge raus!***
   Das „Tatuzita" wird selbstverständlich mit heraushängender Zunge gesprochen.

Wichtig ist bei diesem Spiel, daß alle die Bewegungen gleichzeitig ausführen. Das läßt sich am besten mit der ersten Bewegung mehrfach proben, bis alle eine gewisse „Disziplin" an den Tag legen. Dabei sollte in den einzelnen „Strophen" jede Bewegung vom „Vorsänger" vorgemacht und direkt darauf von den Mitspielern wiederholt werden. Grundsätzlich sollte man die Bewegungen immer in einem ziemlich schnellen Rhythmus sprechen und vorführen.
Dabei ist schon etwas Autorität seitens des „Vorsängers" gefragt, damit alle rhythmisch beisammenbleiben. Vor der jeweils neuen Bewegung kann man aber das Tempo etwas zurücknehmen – ein kleines Ritardando einflicken – um das neu zu Lernende hervorzuheben.
Das klingt jetzt alles wahnsinnig theoretisch, ist aber in der Praxis ein echter Hit. Probierts doch mal abends für euch alleine oder im ganz kleinen Kreis aus.

1, 2, 3 im Sauseschritt

T: Lore Kleikamp / M: Detlef Jöcker

049

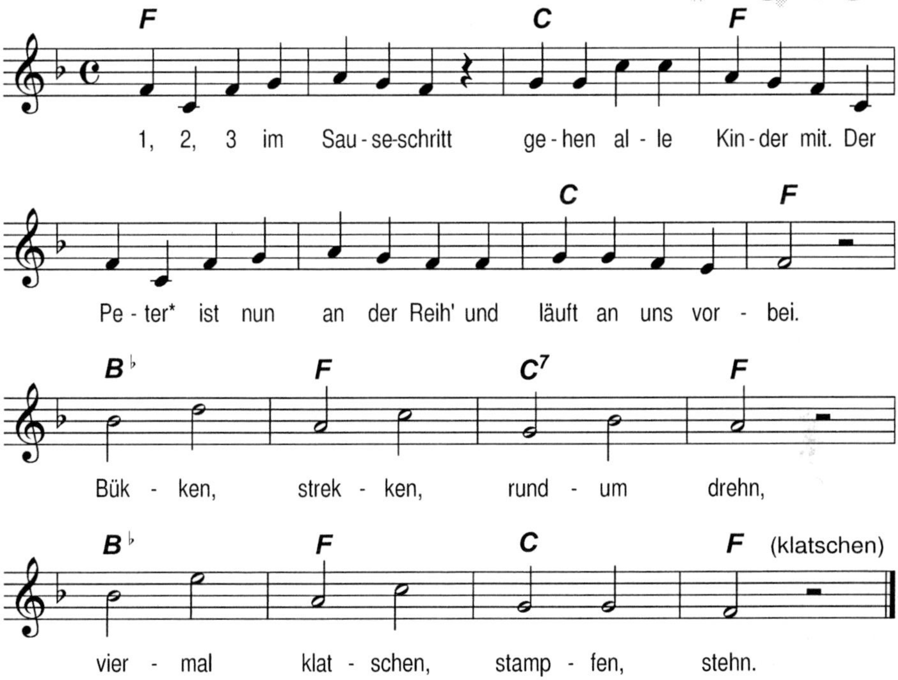

* Die jeweiligen Namen einsetzen!

Das Flummilied

050

T: Hannelore Kleikamp / M: Detlev Jöcker / Aus Buch, CD und MC: „Und Weiter geht's im Sauseschritt"

2. Die Arme sind aus Gummi. Sie pendeln hin und her, als ob darin kein einz'ger Knochen wär. Wir sind aus weichem Gummi und tanzen einen Flummi. Das ist der neu'ste Hit. Wir sind aus weichem Gummi und tanzen einen Flummi. Kommt, und tanzt alle mit.

3. Die Hände sind aus Gummi. Sie pendeln hin und her, als ob darin kein einz'ger Knochen wär. Wir sind aus weichem Gummi und tanzen einen Flummi. Das ist der neu'ste Hit. Wir sind aus weichem Gummi und tanzen einen Flummi. Kommt, und tanzt alle mit.

4. Die Finger sind aus Gummi. Sie pendeln hin und her, als ob darin kein einz'ger Knochen wär. Wir sind aus weichem Gummi und tanzen einen Flummi. Das ist der neu'ste Hit. Wir sind aus weichem Gummi und tanzen einen Flummi. Kommt, und tanzt alle mit.

5. Die Hüften sind aus Gummi. Sie pendeln hin und her, als ob darin kein einz'ger Knochen wär. Wir sind aus weichem Gummi und tanzen einen Flummi. Das ist der neu'ste Hit. Wir sind aus weichem Gummi und tanzen einen Flummi. Kommt, und tanzt alle mit.

6. Die Beine sind aus Gummi. Sie pendeln hin und her, als ob darin kein einz'ger Knochen wär. Wir sind aus weichem Gummi und tanzen einen Flummi. Das ist der neu'ste Hit. Wir sind aus weichem Gummi und tanzen einen Flummi. Kommt, und tanzt alle mit.

7. Die Füße sind aus Gummi. Sie pendeln hin und her, als ob darin kein einz'ger Knochen wär. Wir sind aus weichem Gummi und tanzen einen Flummi. Das ist der neu'ste Hit. Wir sind aus weichem Gummi und tanzen einen Flummi. Kommt, und tanzt alle mit.

Den ersten Teil sollte man jeweils etwas langsamer singen, um allen die Gelegenheit zu geben, die einzelnen Körperteile ausgiebig schlabbern zu lassen. Zum Refrain ("Wir sind aus weichem Gummi ..") ziehen wir das Tempo jeweils deutlich an.

Gut geeignet für eine Frühgymnastik.

TIP

Zu den einzelnen Strophen schlackern wir mit den jeweils benannten Körperteilen.

Beim Refrain („Wir sind aus weichem Gummi ...") zappelt der ganze Körper den Flummitanz.

Wie schön, daß du geboren bist

051

T: Rolf Zuckowski / M: Rolf Zuckowski

2. Uns're guten Wünsche haben ihren Grund.
Bitte bleib' noch lange glücklich und gesund.
Dich so froh zu sehen, ist, was uns gefällt.
Tränen gibt es schon genug auf dieser Welt. Wie schön, daß du geboren bist, wir hätten dich sonst sehr vermißt. Wie schön, daß wir beisammen sind. Wir gratulieren dir, Geburtstagskind!

3. Montag, Dienstag, Mittwoch, das ist ganz egal,
dein Geburtstag kommt im Jahr doch nur einmal.
Darum laßt uns feiern, daß die Schwarte kracht!
Heute wird getanzt, gesungen und gelacht. Wie schön, daß du geboren bist, wir hätten Dich sonst sehr vermißt. wie schön, daß wir beisammen sind. Wir gratulieren dir, Geburtstagskind!

Es findet sich sicher ein Geburtstagskind auf jeder Veranstaltung. Und das hat doch bestimmt ein Ständchen verdient, oder?

Guten Tag

052

T: Rolf Krenzer / M: Detlev Jöcker / Aus: Buch, CD und MC „Denkt euch nur, der Frosch war krank"

2. Regnet's auf das Haus, macht mir das nichts aus, weil ich trotzdem lachen kann. Bin ich richtig froh, geht's dir ebenso: Gute Laune, die steckt an. Guten Tag! Guten Tag, wünsch ich allen und viel Glück! Guten Tag! Guten Tag, grüßt ein jeder froh zurück.

3. Wenn ich dich dann seh', einfach zu dir geh' und wenn wir zusammen sind, sage ich „Hallo!" und bin richtig froh, weil der Tag so gut beginnt. Guten Tag! Guten Tag, wünsch ich allen und viel Glück! Guten Tag! Guten Tag, grüßt ein jeder froh zurück.

Hast du unsern Hund gesehen

T: Rolf Krenzerr / M: Inge Lotz
Aus: „Hast du unsern Hund gesehen" /

053

… so trabt das Pferd …
… so hüpft der Frosch …
… so saust die Maus …
… so schwimmt der Fisch …
… so summt die Fliege her …
… so kriecht die Schneck' …
… so kommt die Kuh …
… so fliegt der Vogel …

Wer hat noch Tiere auf Lager?!

Heut' ist ein Tag

054

T: Lore Kleikamp / M: Detlev Jöcker

2. Heute ist ein Tag, an dem ich lachen kann. Heute ist ein Tag, an dem ich lachen kann. Ist das nicht ein Tag, an dem ich froh sein kann? Ja, das ist ein Tag, an dem ich froh sein kann.

3. Heute ist ein Tag, an dem ich klatschen kann. Heute ist ein Tag, an dem ich klatschen kann. Ist das nicht ein Tag, an dem ich froh sein kann? Ja, das ist ein Tag, an dem ich froh sein kann.

4. Heute ist ein Tag, an dem ich rennen kann. Heute ist ein Tag, an dem ich rennen kann. Ist das nicht ein Tag, an dem ich froh sein kann? Ja, das ist ein Tag, an dem ich froh sein kann.

5. Heute ist ein Tag, an dem ich schnarchen kann. Heute ist ein Tag, an dem ich schnarchen kann. Ist das nicht ein Tag, an dem ich froh sein kann? Ja, das ist ein Tag, an dem ich froh sein kann.

6. Heute ist ein Tag, an dem ich flöten kann. Heute ist ein Tag, an dem ich flöten kann. Ist das nicht ein Tag, an dem ich froh sein kann? Ja, das ist ein Tag, an dem ich froh sein kann.

Weil du heut' Geburtstag hast

055

T: Rolf Krenzer / M: Detlev Jöcker

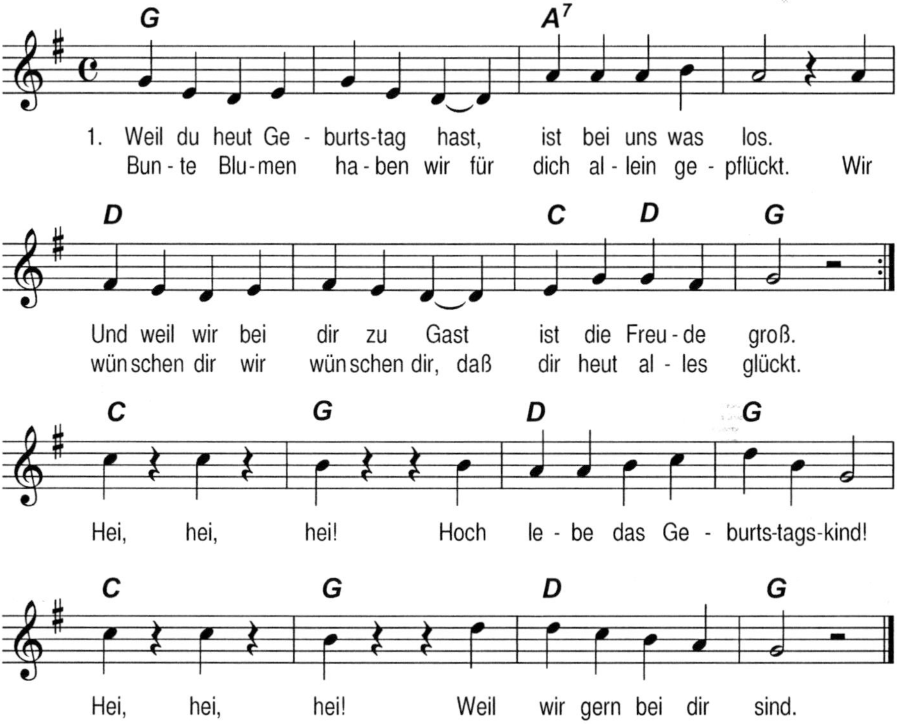

2. Weil du heut Geburtstag hast, ist bei uns was los.
Und weil wir bei dir zu Gast, ist die Freude groß.
Von dem Kuchen essen wir ein riesengroßes Stück und
wünschen dir, und wünschen dir von ganzem Herzen Glück!
Hei hei, hei! Hoch lebe das Geburtstagskind!
Hei hei, hei! Weil wir gern bei dir sind!

3. Weil du heut Geburtstag hast, ist bei uns was los.
Und weil wir bei dir zu Gast, ist die Freude groß.
Hell brennt das Geburtstagslicht. Es leuchtet hell und klar. Wir
wünschen dir, wir wünschen dir von ganzem Herzen Glück!
Hei, hei, hei! Hoch lebe das Geburtstagskind!
Hei, hei, hei! Weil wir gern bei dir sind!

Der Graf von Luxemburg

056

T: trad. / M: trad.

(Tafel oder großes Packpapier, auf dem die im Lied erwähnten Personen und Dinge wahllos durcheinander gezeichnet sind, Kreide, Stock.)

Während die Anwesenden das Lied anfangs langsam und mit der Zeit immer schneller singen, versucht ein Spieler, neben der Tafel stehend, mit dem Stock auf die im Lied erwähnten Personen und Dinge zu zeigen.

Sobald er einen Fehler macht, muß er den Stock an einen anderen Spieler weitergeben.

Früh' am Morgen (Lokomotiven-Kanon)

T: unbekannt / M: undbekannt
mündlich überliefert **057**

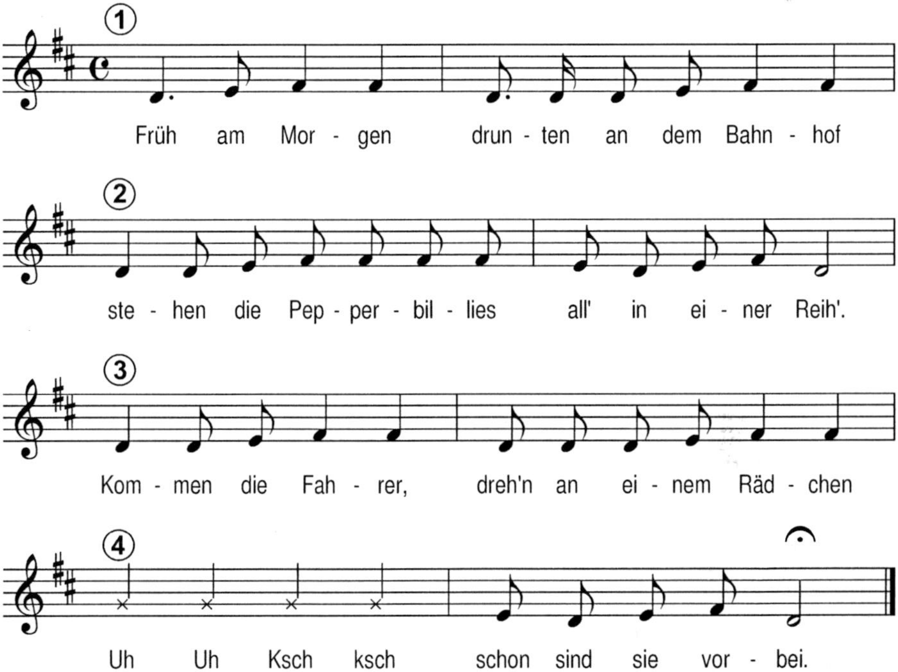

Früh am Morgen:	*Auf die Armbanduhr deuten.*
Drunten an dem Bahnhof:	*Mit Daumen über die Schulter zeigen.*
Stehen die Pepperbillies….:	*Vor dem Körper eine Reihe Lokomotiven andeuten.*
Kommen die Fahrer:	*Stampfen!*
Dreh'n an einem Rädchen:	*Am imaginären (!) Rädchen drehen.*
Uh, uh:	*2 x Bewegung wie Notbremse ziehen.*
Ksch, ksch:	*Bewegung mit den Armen seitlich am Körper wie die Treibstangen einer Dampflok.*
Schon sind sie vorbei:	*Hand an die Stirn, als wollte man sich vor der Sonne schützen und von links nach rechts schauen.*

Zehn kleine Fledermäuse

058

T: Frederik Vahle / M: Frederik Vahle

2. Neun kleine Fledermäuse flatterten durch die Nacht. Die eine flog zu Dracula, da waren's nur noch acht.
3. Acht kleine Fledermäuse wollten Kegel schieben. Die eine hat total verpennt, da waren's nur noch sieben.
4. Sieben kleine Fledermäuse ärgerten die Hex'. Die Hexe, die hat zugegrabscht, da waren's nur noch sechs.
5. Sechs kleine Fledermäuse flogen in die Sümpf'. Die eine hatte Angst davor, da waren's nur noch fünf.
6. Fünf kleine Fledermäuse spielten mal Klavier. Der einen wurde schlecht davon, da waren's nur noch vier.
7. Vier kleine Fledermäuse kochten Käferbrei. Doch eins wollt lieber Himbeereis, da waren's nur noch drei.
8. Drei kleine Fledermäuse kloppten sich, auwei. Da kam die Polizei gerannt, da waren's nur noch zwei.
9. Zwei kleine Fledermäuse hießen beide Heinz, der eine mußt zur Bundeswehr, da war es nur noch eins.
10. Eine kleine Fledermaus die tanzte Rambazamba. Da kamen die andern neun dazu und tanzten durcheinander.
11. Und daß auch keins verlorengeht, vor dem Nach-Hause-Gehn, da ham sie noch mal durchgezählt, da waren's wieder zehn.

Man sammle 10 kleine Fledermäuse um sich. Etwas schwierig kann es werden, die einzelnen Mäuse nach den Strophen vorübergehend wegzuschicken, doch zum großen Finale dürfen ja alle wieder beieinander sein.

Das rote Pferd

T: unbekannt / M: unbekannt
mündlich überliefert **059**

Wenn die Indianer reiten

060

T: Rolf Krenzer / M: Inge Lotz

2. Wenn die Indianer schleichen, dann schleichen alle so
Wenn die Indianer schleichen, dann schleichen alle so. Jippi jey jey jey, jippi jo jo io, dann schleichen alle so so so. Jippi jey jey jey, jippi jo jo jo, dann schleichen alle so.

3. Wenn die Indianer schwimmen, dann schwimmen alle so.
Wenn die Indianer schwimmen, dann schwimmen alle so. Jippi jey jey jey, jippi jo jo, dann schwimmen alle so so so. Jippi jey jey jey, jippi jo jo jo, dann schwimmen alle so.

4. Wenn die Indianer kämpfen, dann kämpfen alle so.
Wenn die Indianer kämpfen, dann kämpfen alle so. Jippi jey jey jey, jippi jo jo jo, dann kämpfen alle so so so. Jippi jey jey jey, jippi jo jo jo, dann kämpfen alle so.

5. Wenn die Indianer kriechen, dann kriechen alle so.
Wenn die Indianer kriechen, dann kriechen alle so. Jippi jey jey jey, jippi jo jo jo, dann kriechen alle so so so. Jippi jey jey jey, jippi jo jo jo, dann kriechen alle so.

6. Wenn die Indianer schlafen, dann schlafen alle so.
Wenn die Indianer schlafen, dann schlafen alle so. Jippi jey jey jey, jippi jo jo jo, dann schlafen alle so so so. Jippi jey jey jey, jippi jo jo jo, dann schlafen alle so.

Doch

7. Wenn die Indianer reiten, dann reiten alle so.
Wenn die Indianer reiten, dann reiten alle so. Jippi jey jey jey, jippi jo jo jo, dann reiten alle so so so. Jippi jey jey jey, jippi jo jo jo, dann reiten alle so.

Dicker Bär und dünner Adler

061

T: Rolf Krenzer / M: Inge Lotz

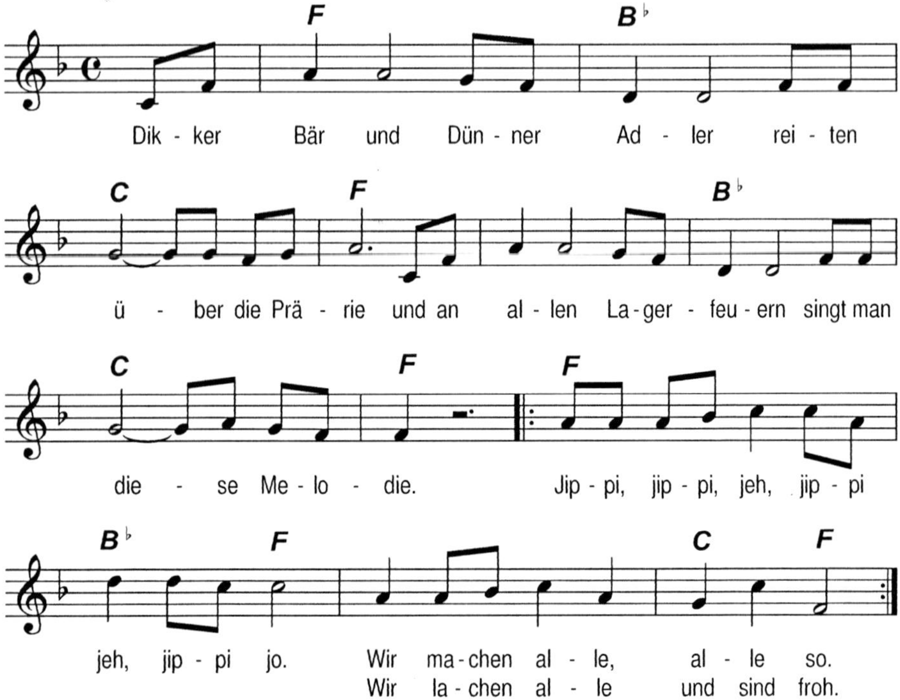

2. Dicker Bär springt übern Graben und sagt
laut: „Das ist nicht schwer!" und der Häuptling Dünner Adler springt na-
türlich hinterher. Jippi, jippi, jeh, jippi
jeh, jippi jo. Wir machen alle, alle so.
Jippi jippi, jeh, jippi
jeh, jippi jo. Wir lachen alle und sind froh.

3. Dicker Bär schleicht durch die Büsche und sagt
leis: „Das ist nicht schwer!" und der Häuptling Dünner Adler schleicht na-
türlich hinterher. Jippi, jippi, jeh, jippi
jeh, jippi jo. Wir machen alle, alle so.
Jippi, jippi, jeh, jippi
jeh, jippi jo. Wir lachen alle und sind froh.

4. Dicker Bär schwimmt übers Wasser und sagt
laut: „Das ist nicht schwer!" und der Häuptling Dünner Adler schwimmt
na-
türlich hinterher. Jippi, jippi, jeh, jippi
jeh, jippi jo. Wir machen alle, alle so.
Jippi, jippi, jeh, jippi
jeh, jippi jo. Wir lachen alle und sind froh.

5. Dicker Bär kriecht auf dem Bauche und sagt
laut: „Das ist nicht schwer!". und der Häuptling Dünner Adler kriecht natürlich hinterher. Jippi, jippi, jeh, jippi
jeh, jippi jo. Wir machen alle, alle so.
Jippi, jippi, jeh, jippi
jeh, jippi jo. Wir lachen alle und sind froh.

6. Dicker Bär sucht sich ein Mädchen und sagt
laut: „Das ist nicht schwer!" und der Häuptling Dünner Adler sucht natürlich hinterher. Jippi, jippi, jeh, jippi
jeh, jippi jo. Wir machen alle, alle so.
Jiippi, jippi, jeh, jippi
jeh, jippi jo. Wir lachen alle und sind froh.

7. Dicker Bär tanzt um das Feuer und sagt
laut: „Das ist nicht schwer!". und der Häuptling Dünner Adler tanzt natürlich hinterher. Jippi, jippi, jeh, jippi
jeh, jippi jo. Wir machen alle, alle so.
Jippi, jippi, jeh, jippi
jeh, jippi jo. Wir lachen alle und sind froh.

Willst du mit uns singen

062

T: Rolf Krenzer / M: Peter Janssens

Die Riesenschlange

T: unbekannt / M: unbekannt
mündlich überliefert

063

Wenn zu Beginn sich nicht alle trauen mitzumachen: Kein Problem. Das Lied ist so schön, daß es alle bestimmt noch mal singen wollen und alle „Hockenbleiber" noch zur Schlange dazustoßen möchten. Zwischen den Strophen sollte der Gitarrero der Schlange etwas Zeit geben, die aktuelle Bewegung auch auszuspielen. Hängt die Strophen also nicht stur direkt hintereinander, sondern laßt die Gitarre ein kleines Solo spielen.

Wir hängen uns zu einer Riesenschlange hintereinander. Den Kopf bildet am besten ein Erwachsener, damit die Schlange auch in engen Kurven nicht zum Auseinanderreißen neigt.

Sie hat 'nen Kopf:	*Der Kopf macht sich bemerkbar und winkt.*
Und auch 'nen Schwanz:	*Der Schwanz winkt in die Runde.*
Hin und her geh'n ...:	*Die Schlange windet sich in schlängelnden Bewegungen hin und her.*
Ringelt sich jetzt auch noch ein:	*Der Kopf zieht die Schlange in eine enge Spirale.*

Guten Morgen, liebe Leute

064

T: Rolf Krenzer / M: Siegfried Fietz / Aus: „Kinder auf dem Erdenstern" Nr. 074

2. Guten Morgen, liebe Leute! Sagt, sind denn auch
heute eure Hände schon wach! Seht lieber mal
nach! Seht mal nach! Seht mal nach! Ja, die Hände sind
wach! Seht mal nach! Seht mal nach! Ja, die Hände sind wach!

3. Guten Morgen, liebe Leute! Sagt, sind denn auch
heute eure Finger schon wach! Seht lieber mal
nach! Seht mal nach! Seht mal nach! Ja, die Finger sind
wach! Seht mal nach! Seht mal nach! Ja, die Finger sind wach!

Hier lassen sich natürlich alle anderen Körperteile in Form weiterer Strophen ergänzen. Mit theatralischen Gesten versuchen wir, die noch immer sanft schlummernden Gliedmaßen aufzuwecken. Ob alle nach dem Lied wirklich wach sind?

Hoch im Himmel

T: unbekannt / M: unbekannt
Quelle unbekannt

065

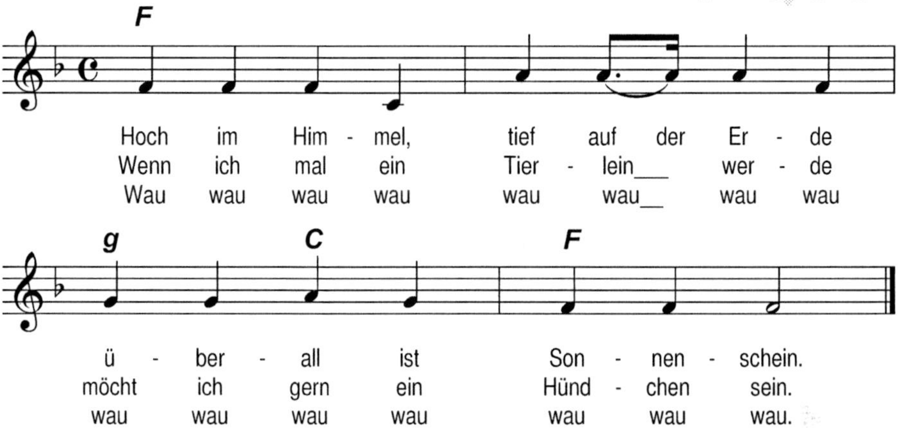

Ein „klassischer Kindergartenreißer" aus der Reihe: Wir lernen Tierstimmen.

Macht immer wieder einen Riesenspaß!

TIP

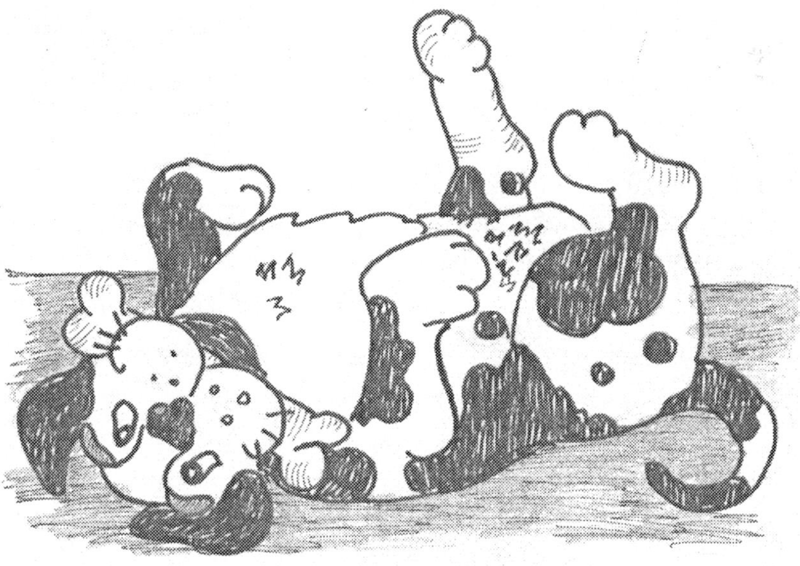

Rollmops

066

T: unbekannt / M: unbekannt

mündlich überliefert

Auch wenn's etwas seltsam aussieht: Dieses Lied ist nicht so chaotisch wie sein Notensatz. Ein Vorsänger (Notenhals jeweils nach oben) singt immer einen Textbrocken vor, den alle wiederholen (Notenhälse nach unten).
Achtet darauf, daß einige Teile gemeinsam von allen gesungen werden, ohne daß der Part vom Vorsänger „vorgekaut" wurde.
Es eignen sich übrigens für diese Melodie alle Worte mit zweimal vier Buchstaben: Blödsinn, Kochtopf usw. und – bei entsprechender Flexibilität – auch zurechtgebogene Redewendungen wie: Sch-l-u-ß-j-e-tz-t.

Das kleine bunte Trampeltier

067

T: Fredrik Vahle / M: Fredrik Vahle

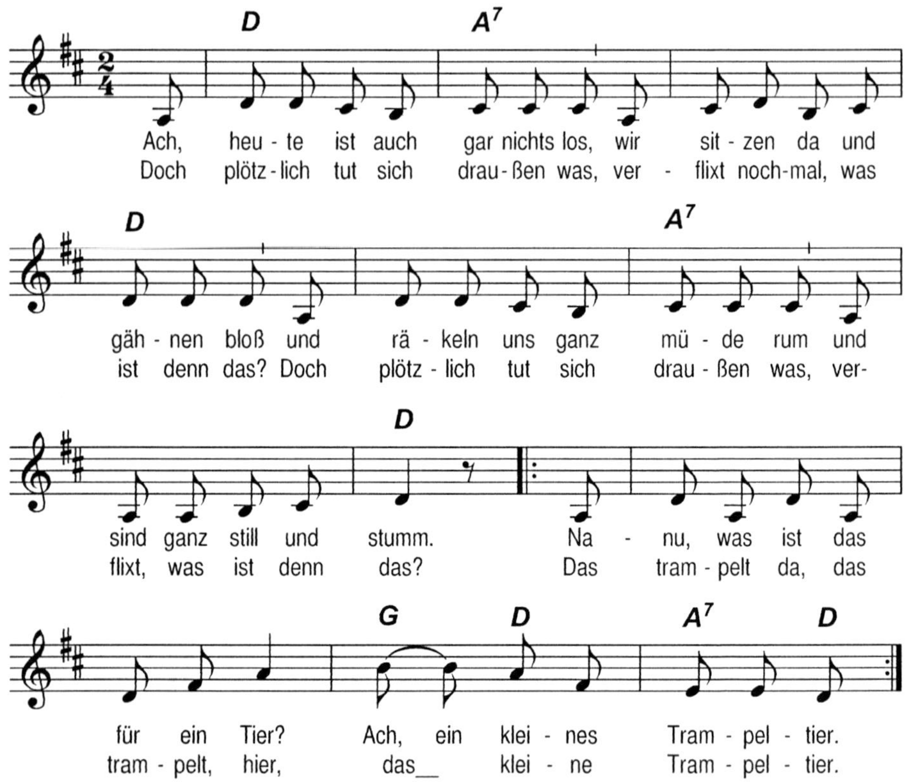

2. Es schnüffelt überall herum, es schnüffelt rum im Publikum, es schnüffelt rechts, es schnüffelt links, ich glaub', es denkt, hier stinkt's.
Jetzt bellt und grunzt das Trampeltier und tanzt herum auf allen vier'n und tanzt und freut sich richtig hier, das kleine bunte Trampeltier. Nanu, was ist das für ein Tier? Ach, ein kleines Trampeltier.
Das trampelt da, das trampelt hier, das kleine Trampeltier.

3. Wir schleichen uns ganz leise ran. Was so ein Trampeltier doch kann! Zuerst ham wir nur mitgelacht, dann ham wir mitgemacht.
Wir summen mit dem Trampeltier …
Wir zischen mit dem Trampeltier …
Wir trompeten mit dem Trampeltier … Nanu, was ist das für ein Tier? Ach, ein kleines Trampeltier.
Das trampelt da, das trampelt hier, das kleine Trampeltier.

Dieses Lied gehört eigentlich in die Reihe: Tierlieder zum Mitmachen (vgl. „Känguru"). Eine originelle Anmoderation ist uns bisher aber noch nicht eingefallen. Aber vielleicht bekommen wir ja von Euch jetzt Anregungen.

Hallo, hallo, schön, daß du da bist

T: unbekannt / M: unbekannt
mündlich überliefert

068

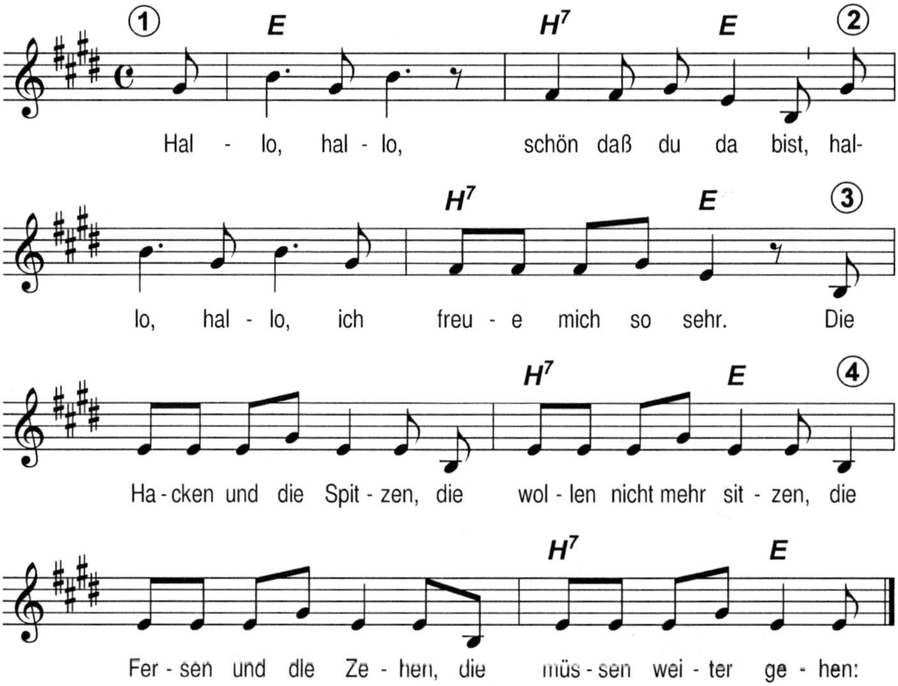

Tanz im Innen- und Außenkreis:	*Die Partner stehen sich dabei gegenüber.*
Hallo, hallo ... da bist:	*Linke Schulter des Partners antippen, rechte Schulter, 4 x klatschen.*
Hallo, hallo ... so sehr:	*Wir oben, jedoch nur dreimal klatschen. Dann Hände des Partners fassen und hochhüpfen.*
Die Hacken ... sitzen:	*Hände mit dem Partner angefaßt zweimal mit dem rechten Fuß "Hacke Spitze".*
Die Fersen ... weitergehen:	*Wir "Die Hacken ...".*

Am Ende kurz vom Gegenüber verabschieden und nach rechts (!) einen Partner weitergehen.

Die Maus auf Weltraumreise

069

T: Volker Rosin / M: Volker Rosin

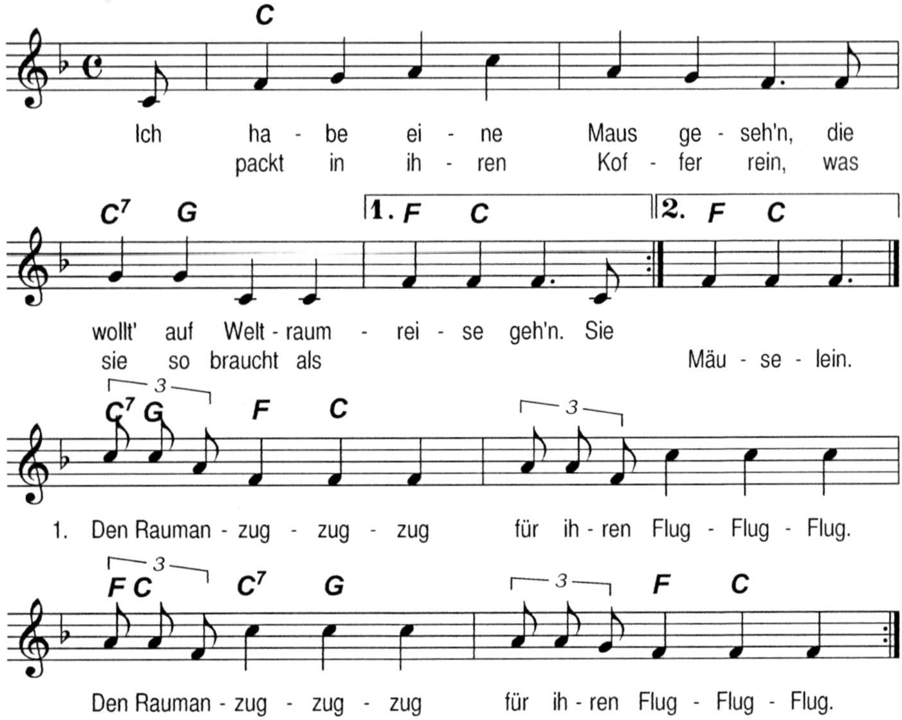

2. Ich habe eine Maus geseh'n, die
   wollt' auf Weltraumreise gehn. Sie
   packt in ihren Koffer rein, was
   sie so braucht als Mäuselein.
   Die Batterie-rie-rie als Energie-gie-gie.
   Die Batterie-rie-rie als Energie-gie-gie.

3. Ich habe eine Maus geseh'n, die
   wollt' auf Weltraumreise gehn. Sie
   packt in ihren Koffer rein, was
   sie so braucht als Mäuselein.
   Das Mikrofon-fon-fon ist für den Ton-ton-ton.
   Das Mikrofon-fon-fon ist für den Ton-ton-ton.

4. Ich habe eine Maus geseh'n, die
   wollt' auf Weltraumreise gehn. Sie
   packt in ihren Koffer rein, was
   sie so braucht als Mäuselein.
   Auch etwas Speck-Speck-Speck kommt ins Gepäck-päck-päck.
   Auch etwas Speck-Speck-Speck kommt ins Gepäck päck-päck.

5. ich habe eine Maus geseh'n, die
wollt' auf Weltraumreise gehn. Sie
packt in ihren Koffer rein, was
sie so braucht als Mäuselein.
Und etwas Sekt-Sekt-Sekt, weil der gut schmeckt-schmeckt-schmeckt.
Und etwas Sekt-Sekt-Sekt, weil der gut schmeckt-schmeckt-schmeckt.

Die „Maus auf Weltraumreise" funktioniert nach dem „Tante-von-Marokko-Prinzip". Die Gegenstände der zurückliegenden Strophen werden am Ende jeder Strophe in absteigender Reihenfolge jeweils wiederholt.

„Batterie":	*Wir zeichnen mit den Händen eine imaginäre Autobatterie in die Luft.*
„Energie":	*Wir demonstrieren unseren mächtigen Bizeps.*
„Mikrofon für den Ton":	*Imaginäres Reportermikrophon vor den Mund, mit der anderen Hand die Nase zuhalten und dann schön näselnd singen.*
„Speck, Speck, Speck":	*Wir klopfen uns selbst (!) mehrfach auf den Po.*
„Sekt":	*Wir nippen an einem imaginären Sektglas.*

Papa Schlapp

070

T: Fredrik Vahle / M: Fredrik Vahle

2. Und ein Sonnenstrahl, und ein Sonnenstrahl
kitzelt seine Nase, kitzelt seine Nase.
Uijuijui aumannomann, was der laut schnarchen kann,
uijuijui aumannomann, was der laut schnarchen kann.

3. Da schleicht Mama Schlapp, da schleicht Mama Schlapp
schon zur Tür herein, schon zur Tür herein.
Streichelt ihn und stumpt ihn sacht, das hat Schlapp nicht wach gemacht.
Uijuijui aumannomann, was der laut schnarchen kann.

4. Und der Wecker schrillt, und der Wecker schrillt
Schlapp ins rechte Ohr, Schlapp ins rechte Ohr.
Schlapp denkt, ist der Wecker blöd, als er sich zur Seite dreht.
Uijuijui aumannomann, was der laut schnarchen kann.

5. Doch die Kinder sind, doch die Kinder sind
längst schon aus dem Bett, längst schon aus dem Bett.
Kitzeln ihm Gesicht und Bauch und die beiden Füße auch.
Uijuijui aumannomann, was der schnell aufsteh'n kann.

6. Und die Kinder schrei'n, und die Kinder schrei'n:
Jetzt ham wir's geschafft, jetzt ham wir's geschafft.
Papa Schlapp ist aufgewacht, hat mit Schnarchen Schluß gemacht.
Uijuijui aumannomann, was unsereins so kann.

Zunächst wird ein – mehr oder weniger - freiwilliger Papa Schlapp gesucht. Der darf sich in die Mitte unserer Runde legen, in eine Wolldekke einwickeln und noch etwas "nachschlafen". Nacheinander finden sich nun die unterschiedlichen "Wecker" in Form von Kindern (sieht man mal von Mama Schlapp ab) ein, und versuchen Papa Schlapp aus den Träumen zu reißen. Bitte achtet darauf, die Kinder vor den einzelnen Strophen auf ihre Aufgabe vorzubereiten. Papa Schlapp muß davon nicht unbedingt etwas mitbekommen. Eine Bedienungsanleitung für die vorletzte Strophe ist überflüssig.
Alle wissen sofort, was sie zu tun haben und Papa Schlapp wird garantiert ganz schnell freiwillig aufstehen. In der letzten Strophe umringen alle Beteiligten Papa Schlapp und feiern ihren Triumph. Übrigens: Sollte die tatsächliche Mama Schlapp in der Runde dabei sein, sollte man ihr die gleichnamige Rolle in unserem Lied zumindest einmal anbieten, um alle Mißverständnisse auszuschließen.

Ein kleines graues Eselchen

Aus: Magda Kelber „Schwalbacher Spielkartei", 18. Auflage 1994
Matthias-Grünewald-Verlag GmbH, Mainz

071

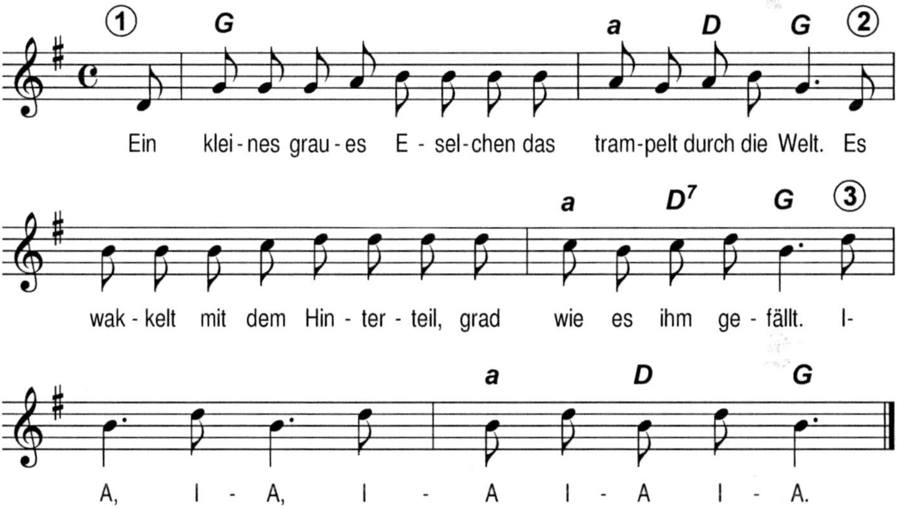

Zu diesem Kanon stellen wir uns im Kreis auf.

Ein kleines graues ... Welt:	*Wir deuten mit beiden Händen Eselsohren am Kopf an. Dabei wird im Takt auf der Stelle getrappelt.*
Wackelt mit dem Hinterteil:	*Wir wackeln höchst elegant mit der Hüfte.*
I-a, I-a … I-a:	*Wieder Eselsohren andeuten und bei jedem I-a eine kleine Verbeugung machen.*

Heute hier, morgen dort

072

T:Hannes Wader / M: Gary Bolstad

3
G C F
-geht Jahr um Jahr, und es ist mir längst klar daß nichts
C G C
bleibt, daß nichts bleibt, wie es war.

Besinnlich

Karawanensong

073

Aus: „Josef zwischen Wohlstaat und Armewelt", 1980 / T: Rolf Krenzer / M: Peter Janssens

2. Ukarawani Karawanum
   Die Karawane zieht langsam herum. Im Wüstensand. Im fremden Land. Sie zieht herum. Ukarawani Karawanum.

3. Ukarawani Karawanum
   Die Karawane geht langsam vorbei. Im Wüstensand. Im fremden Land. Sie geht vorbei. Ukarawani Karawanum.

4. Ukarawani Karawanum
   Die Karawane ist jetzt schon ganz nah. Im Wüstensand. Im fremden Land. Sie ist ganz nah. Ukarawani Karawanum.

5. Ukarawani Karawanum
   Die Karawane ist jetzt endlich da. Im Wüstensand. Im fremden Land. Sie ist jetzt da. Ukarawani Karawanum.

6. Ukarawani Karawanum
   Die Karawane zieht langsam davon. Im Wüstensand. Im fremden Land. Sie zieht davon. Ukarawani Karawanum.

Vielleicht müßt ihr ja mal mit einer größeren Gruppe innerhalb einer Veranstaltung den Raum wechseln. Damit das nicht in ein Durcheinander und Auseinanderlaufen ausartet, kann man mit allen eine Karawane organisieren. So bleibt die Gruppe schön beisammen und Spaß macht's auch noch …

Es geht eine Zipfelmütz'

074

T: trad. / M: trad.

Eigentlich das Original aller „Schneeballsongs", wie wir sie zu nennen pflegen. Ein Zipfelmütz beginnt und sucht sich am Ende jeder Strophe jeweils wieder eine zusätzliche Zipfelmütze aus. So werden aus 2 Zipfelmützen 4, 8, 16 ... bis alle mitmachen.

Die Zipfelmütze deutet mit beiden Händen einen spitzen Hut auf ihrem Kopf an und hüpft fröhlich im Kreis. An der angesprochenen Textstelle bleibt sie vor ihrem „Wunschkandidaten" stehen, faßt ihn an beiden Händen, zieht ihn vom Sitz und tanzt mit ihm die Zipfelmütz:
Rütteln, Schütteln: die Zipfelmützen ziehen sich an den gefaßten Händen, ihr ganzer Körper schüttelt sich dabei. Werfen die Beine hinter sich: Die Zipfelmützen keilen wie Pferde nach hinten aus: VORSICHT daß dort niemand sitzt, oder kleine Kinder spielen.
Klatschen in die Hand: Ist ja wohl selbsterklärend, oder?
Wir beide sind verwandt: Die Zipfelmützen haken sich ein und tanzen einmal im Kreis.

Jack saß in der Küche

T: Horst Beck / M: Horst Beck
Quelle unbekannt

075

Jack saß in der Küche mit Tina: Alle im Takt, mit den Händen auf die eigenen Knie schlagen, auf die des rechten Nachbarn (sanft), auf die eigenen, auf die des linken ... usw.
Sie spielten auf dem alten Banjo: Wir spielen eine imaginäre Gitarre.
Fli-fla: Imaginäre Querflöte links.
Flo-fla: Imag ... (ihr wißt schon) Querflöte rechts.
Peng: In die Hände klatschen.
Fiderallala: Wir spielen „Geige"
Nachdem wir das Lied einige Male zum Üben langsam gesungen haben, ziehen wir das Tempo nach und nach an. Damit alle im Rhythmus bleiben, darf man natürlich zwischen den einzelnen Wiederholungen keine Pause machen.

Meine Biber haben Fieber

076

T: trad. / W. Hering / B. Meyerholz / M: überliefert / Satz: R. Husel

Von der Fidula-Cassette 19 „Kunterbunt" / Fiudula-Verlag Boppard/Rhein und Salzburg

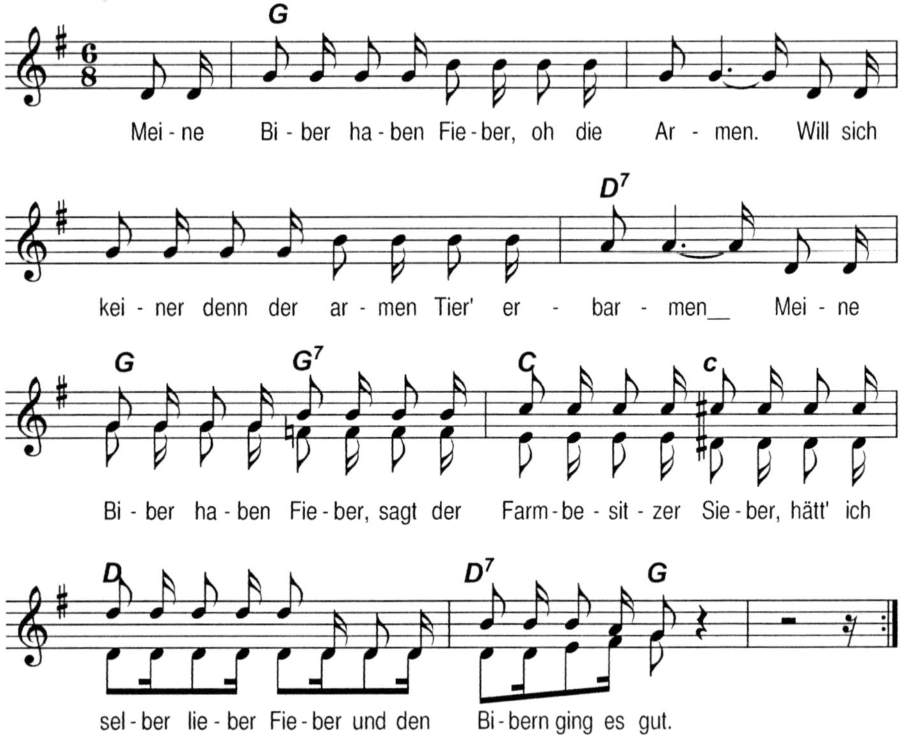

2. Meine Mäuse haben Läuse, oh die Armen. Will sich
keiner denn der armen Tier' erbarmen. Meine
Mäuse haben Läuse, ach es krabbelt im Gehäuse, hätt' ich
selber lieber Läuse und den Mäusen ging es gut.

3. Meine Hasen haben Blasen, oh die Armen. Will sich
keiner denn der armen Tier' erbarmen. Meine
Hasen haben Blasen vom Grasen auf dem Rasen, hätt' ich
selber lieber Blasen und den Hasen ging es gut.

4. Meine Ziegen können fliegen, oh die Armen. Will sich
keiner denn der armen Tier' erbamen. Meine
Ziegen können fliegen, ach es ist zum Kinderkriegen, könnt' ich
selber lieber fliegen und den Ziegen ging es gut.

5. Meine Hummer haben Kummer, oh die Armen. Will sich
keiner denn der armen Tier' erbarmen. Meine
Hummer haben Kummer, sagt der Zoologe Brummer. Hätt' ich
selber lieber Kummer und den Hummern ging es gut

(Fortsetzung nächste Seite)

6. Meine Biber haben Fieber, oh die Armen. Will sich keiner denn der armen Tier' erbarmen. Meine Biber haben Fieber, sagt der Farmbesitzer Sieber, hätt' ich selber lieber Fieber und den Bibern ging es gut.

Der Tintenfisch

T:Johannes Kuhnen / M: Johannes Kuhnen **077**

2. „Die Tinte habe ich verspritzt, als ich den Haifisch abgeblitzt mit einer Wolke Tinte. Der dachte auch, ich spinnte."

3. Die Leute hinterm Ladentisch verstanden da den Tintenfisch und gaben ihm die Tinte. Sie sah'n, daß er nicht spinnte.

4. Der Tintenfisch, der ging nach Haus und trank die ganze Tinte aus, dann legte er sich knacken, das woll'n wir jetzt auch macken.

Ein kleiner Matrose

078

T: unbekannt / M: trad.
mündlich überliefert

In diesem Lied werden die Worte nach und nach durch Bewegungen ersetzt, bis das ganze Lied nur noch (fast) stumm gespielt wird. Trotzdem sollten wir dabei im Rhythmus bleiben und die Notenlängen beachten. Sonst entsteht nur ein großes Durcheinander. Jede Bewegung die bereits erklärt wurde, wird selbstverständlicl̈h auch dann benutzt, wenn nach sich das Wort im Text wiederholt.

Ein: *Einen Daumen nach oben strecken (sonst wären es ja zwei) – Achtung: Das zweite „Ein" bei „Mädchen" beachten!!*
Kleiner: *Mit Daumen und Zeigefinger deuten wir den (sehr) kleinen Matrosen an.*
Matrose: *Wir legen die ausgestreckte Hand grüßend an die Schläfe (Zivildienstleistende kennen das möglicherweise noch nicht).*
Umsegelte: *Wir malen mit einer Hand imaginäre Wellen in die Luft.*
Die: *Wird weiterhin gesungen!*
Welt: *Mit beiden Händen formen wir eine Weltkugel.*
Er: *Gesungen!*
Liebte: *Wir umarmen uns selbst. Achtung der erste Teil von „Liebeswahn" wird bereits durch die „Liebte"-Bewegung ersetzt.*
Mädchen: *Wir deuten die Formen eines Mädchens an.*
Das hatte: *Gesungen!*
Gar kein: *Anweisende Winkbewegung mit der Hand.*
Geld: *Mit Daumen und Zeigefinger die „Pinke-Pinke-Bewegung".*
Muß: *Gesungen!*
Sterben: *Bewegung des »Halsabschneidens".*
Und wer war schuld daran: *Gesungen!*
Wahn: *Mit Zeigefinger an die Schläfe tippen.*

Eisenbahn, Eisenbahn

079

T: W. Hering/B. Meyerholz / M: W. Hering/B. Meyerholz
Von der Fidula-Cassette 19 „Kunterbunt" / Fidula-Verlag Boppard/Rhein und Salzburg

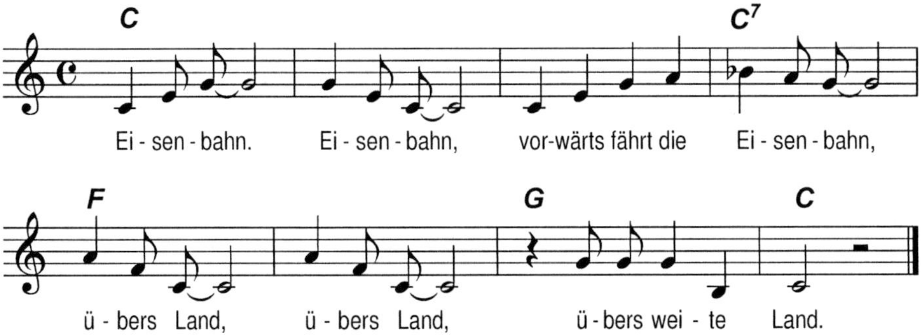

Wagen dran Wagen dran, hängt noch ein paar Wagen dran.
Türen zu! Türen zu! Türen lieber zu.

Brücke kommt, Brücke kommt. Achtung eine Brücke kommt.
Unten durch! Unten durch! Wir fahr'n unten durch.

Bummelzug, Bummelzug, wir fahr'n mit dem Bummelzug.
Langsam geht's! Langsam geht's! Langsam geht's voran.

Tunnel kommt, Tunnel kommt. Achtung, jetzt ein Tunnel kommt.
Unten durch! Unten durch! Wir fahr'n unten durch.

Kurve fahr'n, Kurve fahr'n, ganz schräg in die Kurve fahr'n.
Kurve fahr'n! Kurve fahr'n! Mit der Eisenbahn.

Schneller fahr'n, schneller fahr'n, schneller fährt die Eisenbahn. Hundertachtzig fahr'n! Hundertachtzig fahr'n! Mit der Eisenbahn.

Hauptbahnhof, Hauptbahnhof, der Zug fährt in den Hauptbahnhof.
Bis er steht! Bis er steht! Bis er endlch steht.

Vorsicht mit diesem Lied, wenn die Kinder bereits sehr aufgedreht sind. In dieser Situation sollte man dieses Spiel nicht unbedingt einsetzen, weil sonst das absolute Chaos droht. Wir haben das Lied daher gerne am Morgen eingesetzt, wenn etwas Bewegung in den noch müden Haufen gebracht werden soll. Keine Sorge, wenn der Zug zunächst noch kurz ist, weil sich niemand recht traut, mitzumachen. Wenn erst einmal Bewegung in die Eisenbahn gekommen ist, gesellen sich die übrigen Kinder gerne dazu, wenn man es Ihnen noch einmal anbietet.

Man hängt Kinder zu einem Zug hintereinander. Dabei bietet es sich an, als Lokomotive einen Erwachsenen einzusetzen, der auch in schnell gefahrenen Kurven verhindert, daß der Zug auseinanderreißt. Die einzelnen Strophen erklären sich praktisch selbst. Die Brücke besteht aus zwei Erwachsenen, die sich gegenüberstehen und sich beide Hände so hoch oben in der Luft reichen, daß der Zug bequem darunter hindurch paßt.

Wir gehen jetzt im Kreise

080

T: Lore Kleikamp / M: Detlev Jöcker

2. Wir machen kleine Schritte und trippeln in die
   Mitte (durch die Hütte), so machen wir, so machen wir, kleine Schritte.

3. Nun woll'n wir rückwärts (seitwärts) gehen, ganz hoch auf unsern
   Zehen, so wollen wir, so wollen wir, rückwärts (seitwärts) gehen.

4. Wir stampfen wie die Pferde. Es zittert schon die
   Erde, so stampfen wir, so stampfen wir, wie die Pferde.

5. Wir schleichen wie die Katzen auf ihren weichen
   Tatzen, so schleichen wir, so schleichen wir, wie die Katzen.

6. Wir schlafen wie die Riesen. Mh mh mh mh mh
   mh mh. Doch plötzlich, doch plötzlich, müssen wir niesen.
   (Alle: Hatschi!)

Sollte der Platz zum in-die-Mitte-gehen nicht ausreichen, kommt der Text in Klammern zum tragen. Clever, oder?

Das Wachmacherlied

T: Lore Kleikamp / M: Detlev Jöcker

081

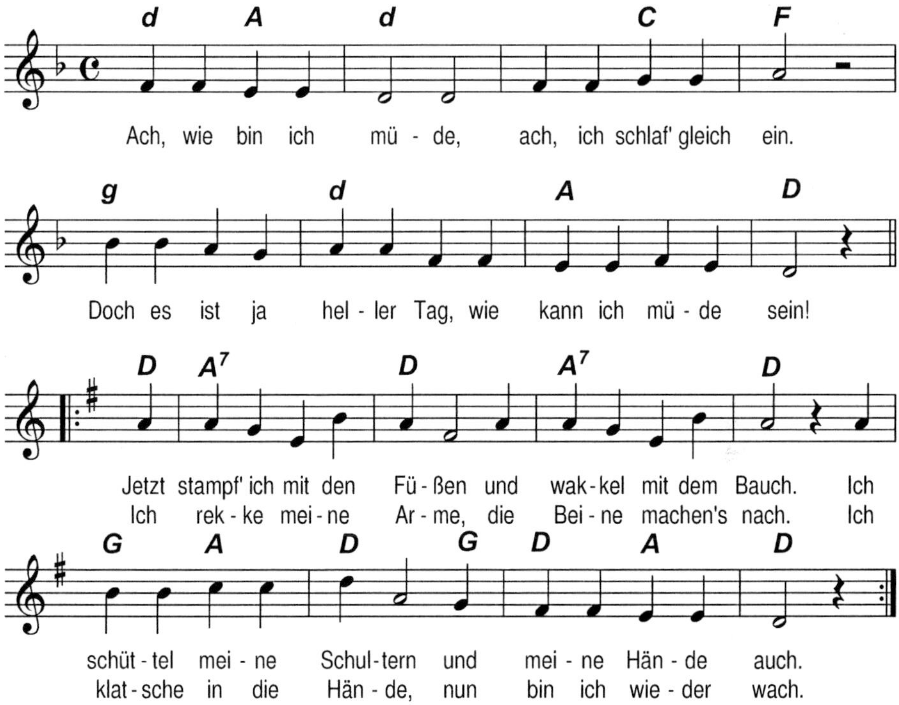

Im ersten Teil dürfen wir uns noch einmal räkeln, strecken und richtig ausgähnen. Im zweiten Teil stehen wir auf und machen die jeweils angesprochenen Körperteile fit. Wie, jemand ist noch nicht richtig wach? Dann fangen wir einfach noch einmal (oder auch mehrfach) von vorne an.

Das Kamel

082

T: Sabine Jochums / M: Thomas Eggert

2. Am nächsten Morgen brach es auf den Westen, denn es dachte sich die Richtung ist am besten. Irgendwo wird der Ozean schon liegen, und wenn's zu weit ist, nun, dann muß ich eben fliegen. Doch nach drei Wochen war's schon angekommen und das Kamel war von dem Anblick ganz benommen. Ach wie schön ist es am Strand, denn auch hier gibt es viel Sand, na na na na na, na na na na na, und im Meer ein Bad zu nehmen, ja das ist ein tolles Leben, na na na na na, na na na na na.

(Fortsetzung nächste Seite)

3. Das Kamel schlüpfte in die Badehose, bestellte
sich 'ne Limo aus der Dose, es
streckte alle viere in die Sonne und
wälzte sich am Strand vor lauter Wonne. Vergessen
war die Trockenheit der Wüste, es wollte
leben nur noch an der Küste. Ach wie
schön ist es am Strand, denn auch hier gibt es viel Sand, na na na
na na, na na na na na, und im Meer ein Bad zu nehmen, ja das
ist ein tolles Leben, na na na na na, na na na na na.

Mit diesem Lied läßt sich ein ganzes Musiktheaterstück gestalten. Die Personen:
Kamele: Am besten Väter, die als Salzsack jeweils ein Kind auf die Schultern bekommen (unruhige Kinder lassen sich damit ganz gut in den Griff bekommen). Sie müssen sich im Kamelgang üben, ein geeignet intelligentes Gesicht machen. Ihr Einsatz ist jeweils das „Na na na na na", natürlich schön stumpfsinnig mit jeweils einer Verbeugung.
Haremsdamen: Eine Gruppe kichernder Darsteller, die im Hintergrund jeweils den Text „Ach wie schön wäre es am Strand ..." und „und ein Bad im Meer zu nehmen ..." singen.
Beliebige Kulissen, z.B. Sich wiegende Palmen, Wanderdüne (Kette aus Mitspielern, die durch die Wüste wandern), ein gurgelnder Bach in einer Oase, usw. Die eigentlichen Strophen übernimmt jeweils der Gitarrero. Man sollte den Mitspielern, die selbst keine Singstimme haben die Gelegenheit geben, Ihre Rollen ausreichend darzustellen, indem man zumindest vor und nach dem Song zu entsprechender Wüstenatmosphäre auffordert.

4 - 12 Jahre

Neue schwungvolle Lieder, die in Musik, Rhythmik, Bewegungserziehung und Therapie einsetzbar sind. Enthalten sind Noten, Texte und Arrangements mit Spiel- und Tanzbeschreibungen.

Best.-Nr. 7312 DM 14,80
MC dazu:
Best.-Nr. 7307 DM 19,80

3 - 10 Jahre

Sehr schöne, mitreißende spielbare Kinderlieder mit Tanz- und Bewegungsvorschlägen. In den meisten Liedern werden nette kleine Geschichten erzählt, die sich gut in Darstellung oder Bewegung umsetzen lassen.

Best.-Nr. 7412 DM 14,80
MC dazu:
Best.-Nr. 7407 DM 19,80

4 - 13 Jahre

Neben neuen Kinderliedern für die Winter- und Weihnachtszeit enthält die Sammlung auch ein Krippenspiel in modernem Sound.
Geeignet für den Einsatz in Rhythmik und Tanzerziehung.

Best.-Nr. 7512 DM 14,80
MC dazu:
Best.-Nr. 7507 DM 19,80

○ Bitte senden Sie an folgende Adresse Informationen über Ihre gruppenpädagogische Literatur

○ Bitte senden Sie an folgende Anschrift die nachstehend aufgeführten Artikel aus Ihrem Verlagsprogramm:

Name ______________________________

Straße ______________________________

Postleitzahl __________ Ort ____________________

Stückzahl	Artikel-Nr.	Bezeichnung	Preis

____
Ort, Datum und Unterschrift

Sehr verehrte Kundin,
sehr geehrter Kunde,

wenn Sie mit unserer Arbeitshilfe zufrieden sind, möchten Sie sicherlich Informationen über unser Verlagsprogramm erhalten, eventuell auch weitere Arbeitshilfen bestellen oder auch Institutionen bzw. guten Bekannten, die ebenfalls in der Familienarbeit tätig sind oder andere Erziehungsaufgaben zu lösen haben, unsere Literatur empfehlen.

Wir möchten Ihnen gern dabei helfen und jedem Interessenten unseren ausführlichen Prospekt zusenden.

Bitte teilen Sie uns auf der anhängenden Postkarte Name und Anschrift mit.

Absender:

____

____

____

4701

Verlag
gruppenpädagogischer
Literatur
Postfach 12 52

D – 61269 Wehrheim

Die kleine Schlange

083

T: Anneliese Gaß-Tutt / M: Anneliese Gaß-Tutt

Aus: „TANZKARUSSELL 1" / Fidula-Verlag Boppard/Rhein und Salzburg

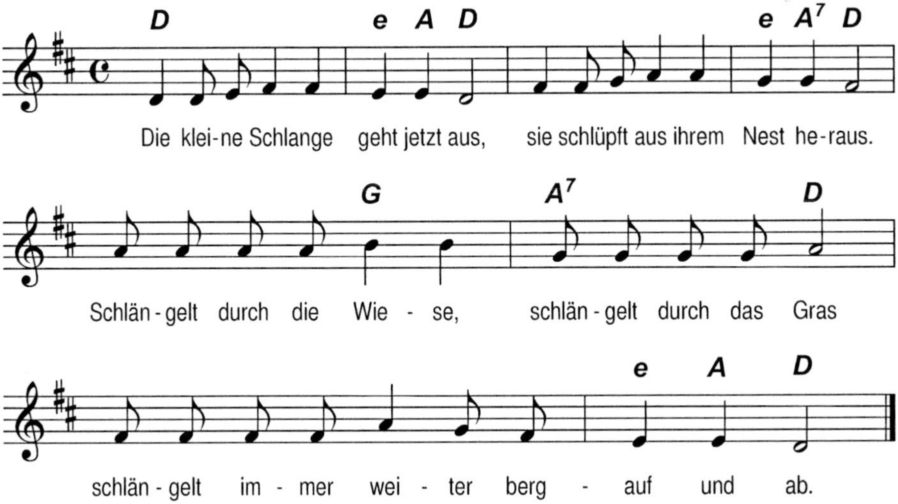

Da die Mitspieler meist unterschiedlich groß sind, ist es sinnvoll, wenn sich die Gruppe nach Körperlänge sortiert aufstellt. Eigentlich sollte dann vorne der kleinste stehen, es bietet sich aber an daß ein (möglichst gelenkiger) Erwachsener die Kette anführt.

TIP

Schornsteinfegerlied

084

T: trad. / M: trad.

Wir haben schon mehrfach von unserem „Schneeballprinzip" gesprochen. Hier ist ein besonders hübscher Vertreter seiner Gattung. Ein geübter Schornsteinfeger beginnt.

Wenn ich ... aufstehe: *Räkelnd und gähnende Bewegung (das Singen dabei nicht vergessen).*
Und zu meiner Arbeit gehe: *Fröhlich geht der Schornsteinfeger zu seiner Arbeit.*
Schau ich hin und ... her: *Mit der flachen Hand schirmen wir die Augen ab und schauen erst nach links und dann nach rechts.*
Ob noch was zu fegen wär: *Mit imaginärem Besen in der Hand, fegen wir den Boden.*
Mein Gesicht ist schwarz wir Kohle: *Wir reiben mit kreisenden Bewegungen durch unser Gesicht.*
Von dem Scheitel ... Sohle: *Wir tippen uns auf den Kopf und dann auf die Füße.*
Doch mein Herz ist frisch und frei: Wir legen theatralisch beide Hände auf unser Herz und springen fröhlich durch den Raum.
Steig ich dann auf ... weiter: *Wir steigen auf eine imaginäre Leiter.*
Fall ich in den Schornstein rein: *Wir plumpsen auf unseren Allerwertesten.*
Fang ich lauthals an zu schrein: *Der Schornsteinfeger ruft laut „HILFE!" und streckt die Arme aus. Wetten, daß sich jemand findet, der ihm aufhilft? Und schon haben wir ganz elegant zwei Schornsteinfeger, die mit mit den Bewegungen aufs Neue beginnen. Das Lied findet erst ein Ende, wenn alle Schornsteinfeger kreischend am Boden sitzen und sich gegenseitig aufhelfen müssen.*

Lied vom Zauberer Schrappelschrut

T: Lore Kleikamp / M: Detlev Jöcker

2. … eine Ente …
3. … jetzt ein Löwe …
4. … jetzt ein Auto …
5. … jetzt ein Flugzeug …
6. … jetzt ein Tänzer …
usw.

Der Zauberer steht vor den Kindern. Er hat einen Hut auf dem Kopf. Alle singen. Bei "Schrippel-schrappel ..." geht der Zauberer auf ein Kind zu, tippt es an und sagt seinen Zauberspruch. Wenn das Kind durch Laute und Gebärden den Verzauberten gespielt hat, bekommt es den Hut und ist nun selbst Zauberer.
Die Kinder sollen angeregt werden, sich nicht nur z. B. mit dem Miauen einer Katze zufriedenzugeben, sondern ihre Szene etwas auszuspielen.
Damit finden sie einen leichteren Einstieg in das Rollenspiel, vor dem Kinder häufig eine gewisse Schwellenangst haben. Mit Hilfe dieser begrenzten Spielaufträge jedoch kann sie allmählich abgebaut werden und die Freude am darstellenden Spiel wachsen.

Händedrücken

086

T: Rolf Krenzer / M: Rolf Krenzer

2. Händeklatschen, Händeklatschen ist ‘ne schöne Kunst.
Händeklatschen, Händeklatschen ist ‘ne schöne Kunst. Ich
klatsche mit der rechten Hand, ich klatsche mit der linken Hand, der
rechten Hand, der linken Hand, ich klatsch’ mit allen beiden.

3. Fingerschnalzen, Fingerschnalzen ist ‘ne schöne Kunst.
Fingerschnalzen, Fingerschnalzen ist ‘ne schöne Kunst. Ich
schnalze mit der rechten Hand, ich schnalze mit der linken Hand, der
rechten Hand, der linken Hand, ich schnalz’ mit allen beiden.

4. Schulterjucken, Schulterjucken ist ‘ne schöne Kunst.
Schulterjucken, Schulterjucken ist ‘ne schöne Kunst. Ich
jucke mit der rechten Hand, ich jucke mit der linken Hand, der
rechten Hand, der linken Hand, ich juck’ mit allen beiden.

5. Beineklopfen, Beineklopfen ist ‘ne schöne Kunst.
Beineklopfen, Beineklopfen ist ‘ne schöne Kunst. Ich
klopfe mit der rechten Hand, ich klopfe mit der linken Hand, der
rechten Hand, der linken Hand, ich klopf’ mit allen beiden.

6. Fußball spielen, Fußball spielen ist ‘ne schöne Kunst.
Fußball spielen, Fußball spielen ist ‘ne schöne Kunst. Ich
spiele mit dem rechten Fuß, ich spiele mit dem linken Fuß, dem
rechten Fuß, dem linken Fuß, ich spiel’ mit allen beiden.

7. Haare kämmen, Haare kämmen ist ‘ne schöne Kunst.
Haare kämmen, Haare kämmen ist ‘ne schöne Kunst. Ich kämme mit der rechten Hand, ich kämme mit der linken Hand, der rechten Hand, der linken Hand, ich kämm’ mit allen beiden.

8. Zähne putzen, Zähne putzen ist ‘ne schöne Kunst.
Zähne putzen, Zähne putzen ist ‘ne schöne Kunst. Ich putze mit der rechten Hand, ich putze mit der linken Hand, der rechten Hand, der linken Hand, ich putz’ mit allen beiden.

9. Nase bohren, Nase bohren ist ‘ne schöne Kunst.
Nase bohren, Nase bohren ist ‘ne schöne Kunst. Ich bohre mit der rechten Hand, ich bohre mit der linken Hand, der rechten Hand, der linken Hand, ich bohr’ mit allen beiden.

Pinguin Lied

087

T: unbekannt / M: unbekannt
mündlich überliefert

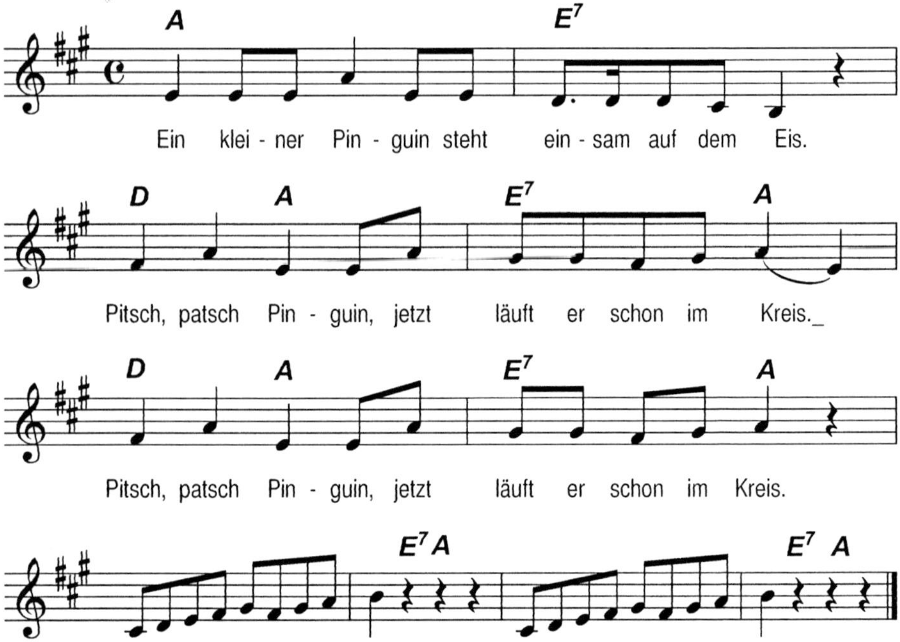

2. Und der Nordwind weht über's weite Meer.
Pitsch, patsch Pinguin, da friert er aber sehr.
Pitsch, patsch Pinguin, da friert er aber sehr.

3. Und er sucht sich einen andern Pinguin.
Pitsch, patsch Pinguin, sie kitzeln sich am Kinn.
Pitsch, patsch Pinguin, sie kitzeln sich am Kinn.

4. X. Macht so lange weiter, bis alle Pinguine mitwatscheln.

Horch, wer brummt denn da, das muß ein Eisbär sein,
und sie ducken sich und machen sich ganz klein,
und sie ducken sich und machen sich ganz klein.

Und der Eisbär tappt schon heran, o Schreck.
Pitsch, partsch Pinguin, da watscheln alle weg.
Pitsch, patsch, Pinguin, da watscheln alle weg.

Ich schaukel auf dem Wasser

T: Lore Kleikamp / M: L. Jöcker

088

2. Ich werfe meine Netze, erst nach links und
dann nach rechts. Die Winde weh'n, die Wellen geh'n, mein
Boot fährt über's Meer.

3. Ich schaue über's Wasser, erst nach links und
dann nach rechts. Die Winde weh'n, die Wellen geh'n, mein
Boot fährt über's Meer.

4. Ich wink zu andern Fischern, erst nach links und
dann nach rechts. Die Winde weh'n, die Wellen geh'n, mein
Boot fährt über's Meer.

5.. Ich zieh die Netze ein, erst von links und
dann von rechts. Die Winde weh'n, die Wellen geh'n, mein
Boot fährt über's Meer.

Schubidua Tanz

089

T + M: Wolfgang Hering, Bernhard Hering, Bernd Meyerholz (Trio Kunterbunt)

Aus: „Sternenfänger" / Trio Kunterbunt, Groß-Gerau

2. Die dicken Daumen tanzen den Schubiduatanz, Schubiduatanz, Schubiduatanz. Die dicken Daumen tanzen den Schubiduatanz, schubidubidubiduah. Sie zeigen sich ein paar Sekunden und sind dann verschwunden: Schubidubidubidubi ...

3. Die schweren Schultern tanzen den Schubiduatanz... ... schubidubidubiduah. Sie schütteln sich vor Vergnügen und bleiben dann müde liegen: Schubidubidubidubi ...

4. Die Ellenbogen tanzen den Schubiduatanz... ... schubidubidubiduah. Schon werden die Ellenbogen ganz nach außen gezogen: Schubidubidubidubi ...

5. Die flinken Füße tanzen den Schubiduatanz ... ... schubidubidubiduah. Wir erheben uns von den Sitzen auf die Zehenspitzen: Schubidubidubidubi ...

6. Die heißen Hüften tanzen den Schubiduatanz ...
   ... schubidubidubiduah. Auf elegante Weise
   dreh'n sie sich im Kreise: Schubidubidubidubi ...

7. Der ganze Körper tanzt den Schubiduatanz ...
   ... schubidubidubiduah. Wir lassen uns mit Luft vollaufen und
   können dann endlich verschnaufen: Schubidubidubidubi ...

In jedem Refrain nach der ersten Wiederholung kurz in die Knie gehen, etwas in sich zusammensacken und die Luft auspusten: Uff.

1. *„Fingeraerobic" Zweimal rechter kleiner Finger, zweimal linker. Dann verbeugt sich der linke kleine Finger zweimal, dann der rechte. Im Refrain steigen die kleinen Finger eine imaginäre Leiter hinauf.*
2. *Zunächst wie "kleine Finger", dann zeigen sich die Daumen (ausstrecken und wackeln) und verschwinden in den geschlossenen Fäusten. Im Refrain steigen die Daumen wieder die Leiter nach oben.*
3. *Rechte Schulter zucken, dann linke. Dann beide Schultern schütteln und müde fallenlassen. Refrain: Wie gehabt!*
4. *Die Ellenbogen an den Körper legen und ausklappen. Wieder erst links, dann rechts. Dann Ellenbogen ganz weit nach links, bzw. rechts strecken. Refrain: Ihr wißt schon ...*
5. *Hände greifen nach vorne, wie an eine Ballettstange, die Füße tippeln mit den Fußspitzen nach vorne. Wieder abwechselnd zunächst links, dann rechts. Dann aufstehen, auf die Zehenspitzen und mit den Händen nach oben greifen.*
6. *Hüfte links, rechts wippen, dann im Kreise drehen. Im Refrain greifen die Hände nach oben, als wollten wir eine Leiter hinaufsteigen.*
7. *Der ganze Körper tanzt wild. Verschnaufen und Atem holen nicht vergessen! Zweite Wiederholung des Refrains in halben Tempo zum Beruhigen.*

Es lebt der Eisbär in Sibirien

090

T: Gustav Schulten / M: trad.

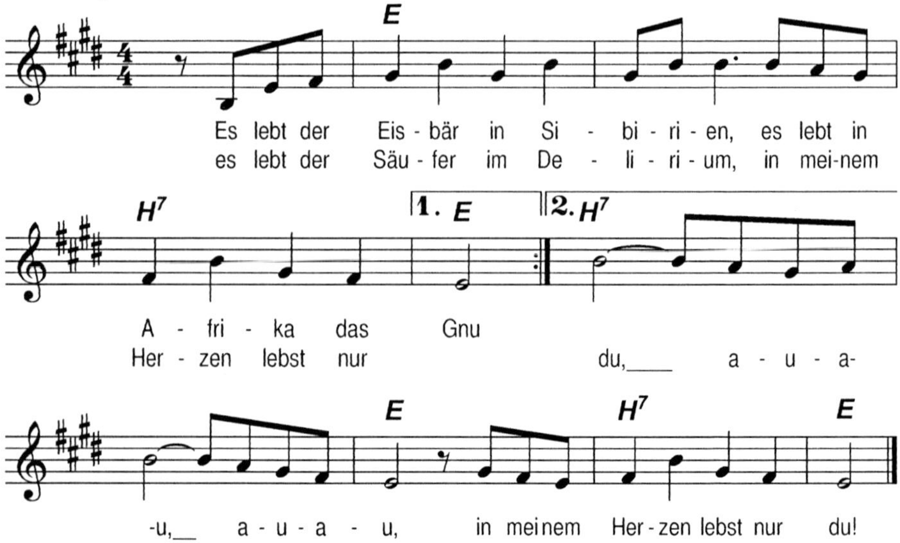

2. Es schwimmt im Meere die Blondine, die Badefrau, die sieht ihr zu,
   es schwimmt im Öle die Sardine in meinem Herzen schwimmst nur du!
   au-au-au-au, in meinem Herzen schwimmst nur du.

3. Es knickt der Sturm die starke Kiefer, es knickt das Gras die bunte Kuh,
   es knickt die Magd das Ungeziefer, mein armes Herze knickst nur du!

4. Es sitzt der Kutscher auf dem Bocke, der Wilde sitzt in dem Kanu,
   es sitzt die Laus wohl auf der Locke, in meinem Herzen sitzt nur du!

5. Es bricht im Glase sich der Funke, die Nacht bricht an zur kühlen Ruh,
   es bricht der Jüngling nach dem Trunke, mein armes Herze brichst nur du.

6. Es spuckt der Bäcker in die Hände, es spuckt die Köchin ins Ragout,
   es spuckt der Lausbub an die Wände, in meinem Herzen spukst nur du!

7. Es haut der Förster seine Föhren, es haut die Magd die Türen zu,
   es haut der Lehrer seine Gören, in meinem Herzen haust nur du!

8. Aus Eimern säuft des Esels Stute, der Säufer säuft ohn' Rast und Ruh,
   der Jüngling säuft im Übermute, in meinem Herzen seufzt nur du!

9. In Polen brummt der Bär, der braune, im Walde schreit das Känguruh,
   der Bandwurm nagt an der Kaldaune, an meinem Herzen nagst nur du!

10. Es rußt bei Krupp der Eisenhammer, es rußt der Schornstein immerzu,
    es rußt der Ofen in der Kammer, in meinem Herzen ruhst nur du!

Beim Sommerfest auf der Wiese

T: Rolf Krenzer / M: Detlev Jöcker

091

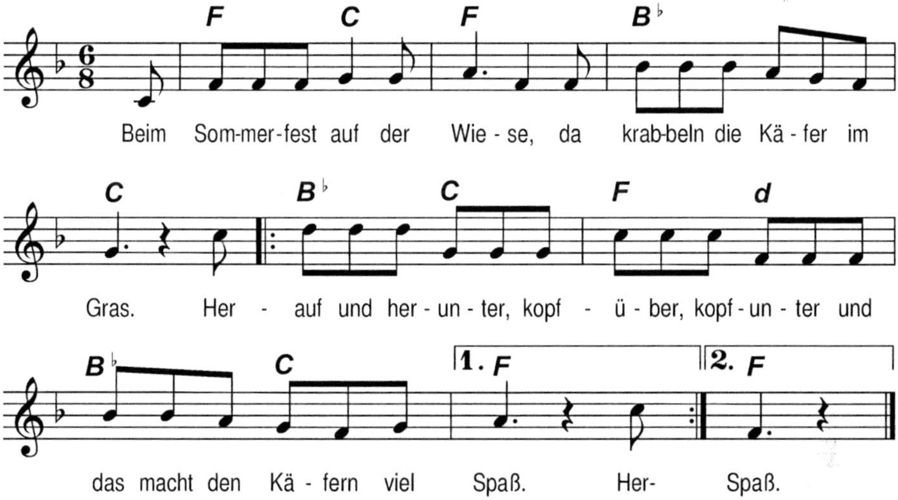

2. Beim Sommerfest auf der Wiese, da summen die Bienen herum. Herauf und herunter, kopfüber, kopfunter und das ist ein herrlich Gebrumm.
3. Beim Sommerfest auf der Wiese, da tanzen die Mäuse ganz leis. Herauf und herunter, kopfüber, kopfunter, und drehen sich fröhlich im Kreis
4. Beim Sommerfest auf der Wiese, da spielen die Brummer den Baß. Herauf und herunter, kopfüber, kopfunter, und das macht dann allen viel Spaß .
5. Beim Sommerfest auf der Wiese, da Pfeifen die Vögel ein Lied. Herauf und herunter, kopfüber, kopfunter, da pfeifen wir alle gleich mit.
6. Beim Sommerfest auf der Wiese, sind auch viele Kinder dabei. Herauf und herunter, kopfüber, kopfunter, sie machen ein Freudengeschrei.
7. Beim Sommerfest auf der Wiese, da singen die Kinder ein Lied. Herauf und herunter, kopfüber, kopfunter, da singen die Großen gleich mit.
8. Das Sommerfest auf der Wiese ist spät erst, wenns dunkel wird, aus. Herauf und herunter, kopfüber, kopfunter, so gehen jetzt alle nach Haus.

Nach und nach versammeln wir die verschiedenen Tierarten mit Ihren typischen Bewegungen in der Runde, bis ein buntes Sommerfest (oder auch Winter-, Frühlings- oder Herbstfest) tobt.

Wibbel nicht so

092

T: Peter Janssens / M: Ludger Edelkötter

Wir öffnen jetzt das Taubenhaus

T: trad. / M: trad.

093

Die Erwachsenen bilden einen engen geschlossenen Kreis um die in der Mitte hockenden Kinder und fassen sich an den Händen. Sie öffnen das Taubenhaus, indem sie auseinandergehen und einen größeren Kreis bilden. Durch die Lücken fliegen die Tauben hinaus - und wieder hinein. Das Taubenhaus wird wieder eng und klein, die Tauben gurren.

Die Reise der Sonne

094

T: Eva Rechlin / M: Heinz Lemmermann

Aus: „Die Zugabe" Band 3 / Fidula-Verlag Boppard/Rhein und Salzburg

Besinnlich

Schneemann Karl

095

T: Wilfried Röhrig / M: Wilfried Röhrig

2. Erst rollen wir zwei Kugeln, dick und tonnenschwer,
immer, immer weiter im Garten kreuz und quer. Und
sind sie schließlich fertig, stellen wir sie auf:
die dicke, große unten, die kleine obendrauf,
die dicke, große unten, die kleine obendrauf.

3. Dann kriegt er eine Rübe mitten ins Gesicht,
denn ohne eine Nase riecht ein Schneemann nicht. Er
braucht auch noch zwei Augen, einen großen Mund,
dann kann er auch was essen und bleibt gesund,
dann kann er auch was essen und bleibt gesund.

(Fortsetzung nächste Seite)

4. Und weil es doch so kalt ist, braucht der gute Mann
einen dicken Mantel mit vielen Knöpfen dran und
auf dem dicken Glatzkopf einen Eimerhut,
für den Hals ein Halstuch - wie gut das tut,
für den Hals ein Halstuch - wie gut das tut!

5. Kommt irgendwann die Sonne zu uns'rem Schneemann Karl,
fließen Abschiedstränen tausend an der Zahl. Er
ruft uns aus dem Garten: „Es war wunderbar!
Tschüß, liebe Kinder, bis zum nächsten Jahr!
Tschüß, liebe Kinder, bis zum nächsten Jahr!"

6. Dann bau'n wir einen Schneemann und nenen ihn dann Karl.
Wir sind seine Freunde, das ist ein klarer Fall. Er
kommt dort in den Garten, das wird wunderbar.
Hallo, lieber Schneemann, bald bist du da!
Hallo, lieber Schneemann, bald bist du da!

Mein Hut, der hat drei Ecken

T: trad. / M: trad.

096

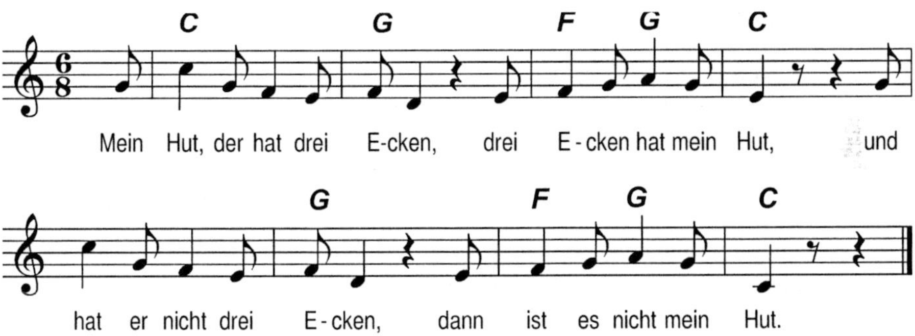

Die einzelnen Worte werden nach und nach durch (passende) Bewegungen ersetzt, bis das ganze Lied nur noch stumm gespielt wird.

Der Hühnerhof

097

T: Fredrik Vahle / M: trad.

2. Das Huhn scharrt herum auf dem Hühnerhof und
denkt sich, der Hahn ist schön bunt, doch doof.
Und das Huhn hör' ich kakeln: (boahk…)
Und der Hahn auf dem Mist, der singt; Kokidudeldu di
dudel di dudel di dudel di du.

3. Die Ente, die watschelt am Mist vorbei und
sagt sich, der Kerl legt nicht mal ein Ei.
Und die Ente die hör' ich: (…)
Und das Huhn hör' ich kakeln: (…)
Und der Hahn auf dem Mist, der singt; Kokidudeldu di
dudel di dudel di dudel di du.

4. Die Katze, die guckt aus dem Kellerloch und
ruft: ihr vertreibt mir die Mäuse noch.
Und die Katze, die hör'ich. (…)
Und die Ente die hör'ich: (…)
Und das Huhn hör'ich kakeln: (…)
Und der Hahn auf dem Mist, der singt; Kokidudeldu di
dudel di dudel di dudel di du.

(Fortsetzung nächste Seite)

5. Der Hund, der nagt grad' einen Knochen ab, den
hat er der Bauersfrau weggeschnappt.
Und den Hund hör' ich bellen: (…)
Und die Katze die hör'ich: (…)
(usw. …)

6. Herrje, wie das Schwein wieder grunzt und quiekt, als
hätte ihm wer in den Po gepiekt.
Und das Schwein hör ich grunzen: (…)
Und den Hund (…)

7. Der Goldfisch, der schwimmt im Aquarium den
ganzen Tag nur im Kreis herum.
Und der Goldfisch der schwimmt und macht: (…)
Und das Schwein (…)

8. Der Bauer, der ruht sich vor'm Fernsehen aus, er
hat so viel Arbeit tagein, tagaus.
Und schon schläft er ein und macht: (…)
Und den Goldfisch, den hör'ich: (…)

Geisterkanon

T: unbekannt / M: unbekannt
Quelle unbekannt

098

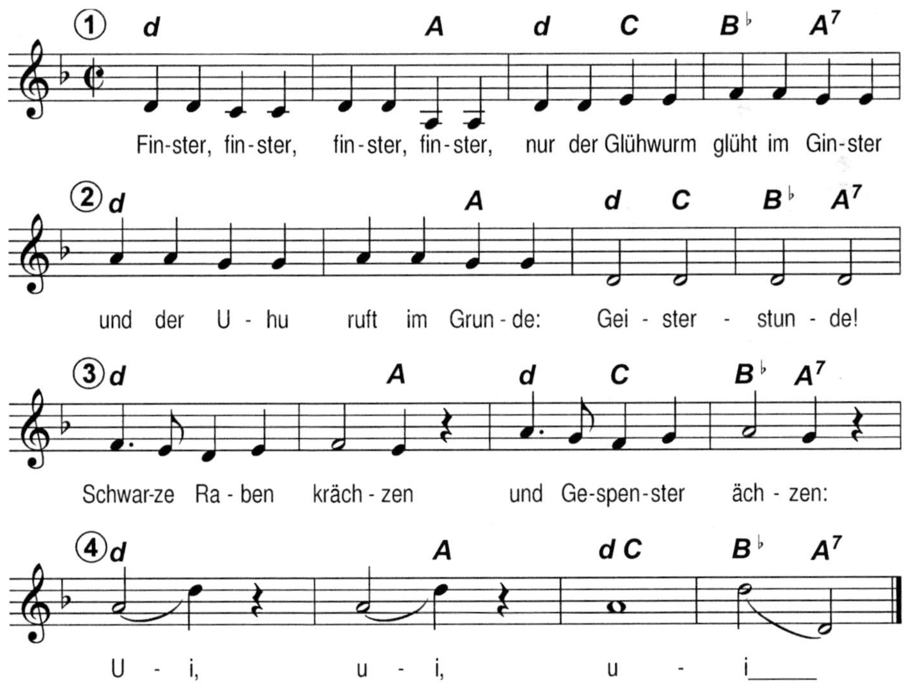

Ein Hase saß im tiefen Tal

099

T: Walter Michaelis / M: Walter Michaelis

2. Der Apparat steigt in die Luft, singing
holly polly doodle all the day, der Motor rattert,
knattert, pufft, singing holly polly doodle all the day.
Farewell, farewell, farewell, my fairy fay; I am
off to Lousiana for to see my Sousy Anna, singing
holly polly doodle all the day.

3. Bei tausend Metern angelangt, singing
holly polly doodle all the day, der Kasten plötzlich
schaurig schwankt, singing holly polly doodle all the day.
Farewell, farewell, farewell, my fairy fay, I am
off to Lousiana for to see my Sousy Anna, singing
holly polly doodle all the day.

4. Der Hase denkt, das geht famos, singing
holly polly doodle all the day, nimmt seinen Fallschirm
und springt los, singing holly polly doodle all the day.
Farewell, farewell, farewell, my fairy fay, I am
off to Lousiana for to see my Sousy Anna, singing
holly polly doodle all the day.

5. Kurz vor der Landung, welche Not, singing
holly polly doodle all the day, sieht er ein Schild: „Hier
Parkverbot!", singing holly polly doodle all the day.
Farewell, farewell, farewell, my fairy fay; I am
off to Lousiana for to see my Sousy Anna, singing
holly polly doodle all the day.

6. Der Hase denkt: „Das macht ja nischt, singing
holly polly doodle all the day, wenn mich kein Poli-
zist erwischt, singing holly polly doodle all the day.
Farewell, farrwell, farewell, my fairy fay; I am
off to Lousiana for to see my Sousy Anna, singing
holly polly doodie all the day.

7. Doch leider war, o Häslein, ach, singing
holly polly doodle all the day, das Auge des Ge-
setzes wach, singing holly polly doodle all the day.
Farewell, farewell, farewell, my fairy fay, I am
off to Lousiana for to see my Sousy Anna, singing
holly polly doodle all the day.

Lied vom Wecken (Wenn ich zum Markt geh)

100

T: Fredrik Vahle / M: trad.

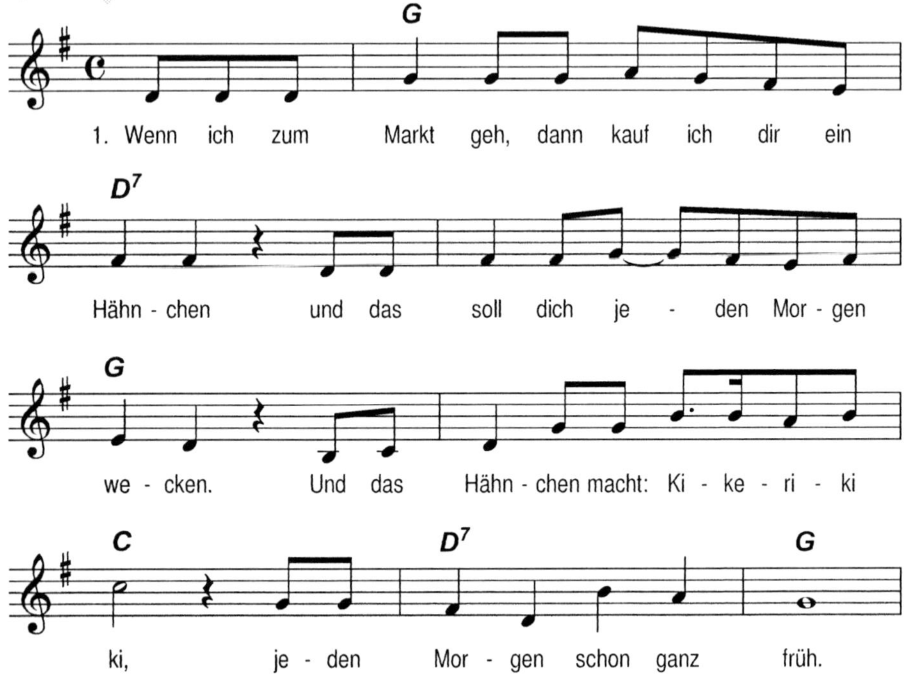

2. Wenn ich zum Markt geh', dann kauf' ich dir ein
Glöckchen und das soll dich jeden Morgen
wecken. Und das Glöckchen macht: Dinnnng, donnnng.
Und das Hähnchen macht: Kikeriki-
ki, jeden Morgen schon ganz früh.

3. Wenn ich zum Markt geh' dann kauf' ich dir ein'
Wecker und der soll dich jeden Morgen
wecken. Und der Wecker macht: Drrrrrm, drrrrrm.
Und das Glöckchen macht: Dinnnng, donnnng.
Und das Hähnchen macht: Kikeriki-
ki, jeden Morgen schon ganz früh.

4. Wenn ich zum Markt geh', dann kauf' ich dir 'ne
Kuckucksuhr und die soll dich jeden Morgen
wecken. Und die Kuckucksuhr macht: Kuckuck, Kuckuck!
Und der Wecker macht: Drrrrrrm, drrrrrrm.
Und das Glöckchen macht: Dinnnng, donnnng.
Und das Hähnchen macht: Kikeriki-
ki, jeden Morgen schon ganz früh.

5. Wenn ich zum Markt geh', dann kauf' ich dir ein
Schäfchen und das soll dich jeden Morgen
wecken. Und das Schäfchen macht: Mäh, mäh.
Und die Kuckucksuhr macht: Kuckuck, Kuckuck!
Und der Wecker macht: Drrrrrrm, drrrrrrm.
Und das Glöckchen macht: Dinnnng, donnnng.
Und das Hähnchen macht: Kikeriki-
ki, jeden Morgen schon ganz früh.

6. Wenn ich zum Markt geh', dann kauf' ich dir ein
Radio und das soll dich jeden Morgen
wecken. Und das Radio macht: Bla, bla, dulijöh, dulijöh!
Und das Schäfchen macht: Mäh, mäh.
Und die Kuckucksuhr macht: Kuckuck, Kuckuck!
Und der Wecker macht: Drrrrrrm, drrrrrrm.
Und das Glöckchen macht: Dinnnng, donnnng.
Und das Hähnchen macht: Kikeriki-
ki, jeden Morgen schon ganz früh.

7. Doch ach herjeh, ich hab kein Geld ein-
stecken und komm vom Markt und muß dich alleine
wecken. Ich mach: Bla, bla, dulijöh, dulijöh!
Ich mach: Mäh, mäh. Ich mach: Kuckuck, Kuckuck!
Ich mach: Drrrrrrm, drrrrm. Ich mach: Dinnnng, donnnng.
Und am Schluß mach ich: Kikeriki-
ki, jeden Morgen schon ganz früh.

Jetzt fahr'n wir über'n See

101

T: trad. / M: trad.

2. Und als wir drüber war'n drüber war'n und
   als wir drüber „ " war'n, da
   sangen alle Vöglein, Vöglein, Vöglein, Vöglein, da
   sangen alle Vöglein, der helle Tag brach „ " an.

3. Der Jäger rief in's Horn, rief in's Horn, der
   Jäger rief in's „ " Horn. Da
   bliesen alle Jäger, Jäger, Jäger, Jäger, da
   bliesen alle Jäger, ein jeder in sein „ '" Horn.

4. Das Liedlein, das ist aus, das ist aus, das
   Liedlein, das ist „ " aus. Und
   wer das Lied nicht singen kann, singen, singen, singen, und
   wer das Lied nicht singen kann, der fang's von vorne „ '" an.

Der Witz in diesem Lied liegt darin, daß jeweils in der ersten Wiederholung jeder Zeile das letzte Wort ausgelassen wird.

Hans Nasens Fahrrad

T: unbekannt / M: trad.
mündlich überliefert

102

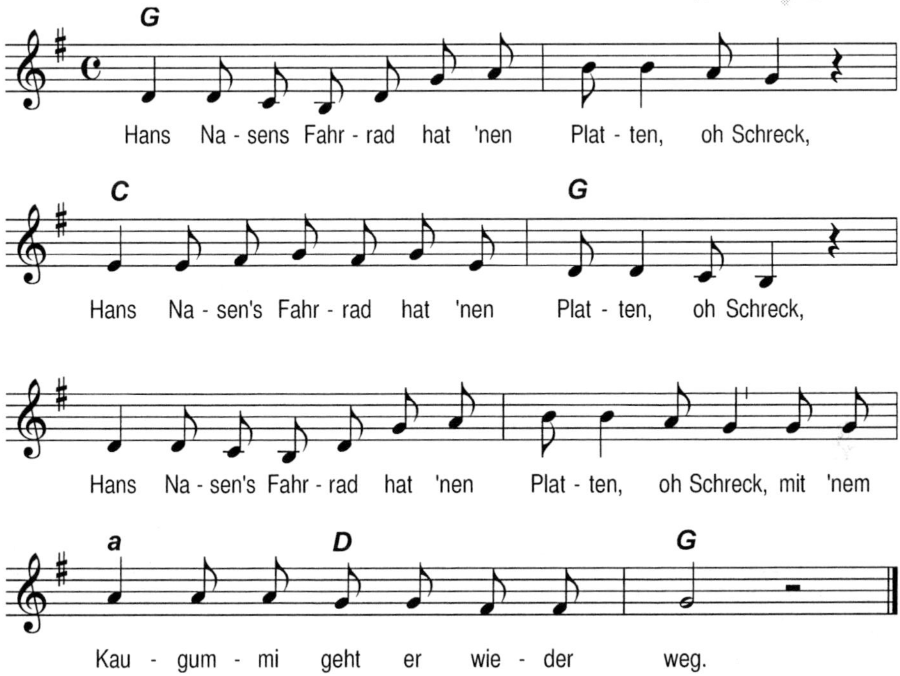

Bewegungen:

Hans:	*auf mich deuten*
Nasens:	*auf Nase deuten*
Fahrrad:	*mit den Händen vor Körper „treten"*
Platten:	*klatsch*
oh Schreck:	*Hände vor dem Körper ausbreiten*
mit dem Kaugummi:	*gemimten Kaugummi lang aus dem Mund* ***ziehen***
geht er wieder weg:	*„Kaugummi" in die Handfläche kleben/drehen*

Von vorne immer ein Wort weglassen und nur noch Bewegungen machen, bis das Lied ganz „stumm" ist.

Die Geschichte vom Hai

103

T: mündlich überliefert / M: mündlich überliefert

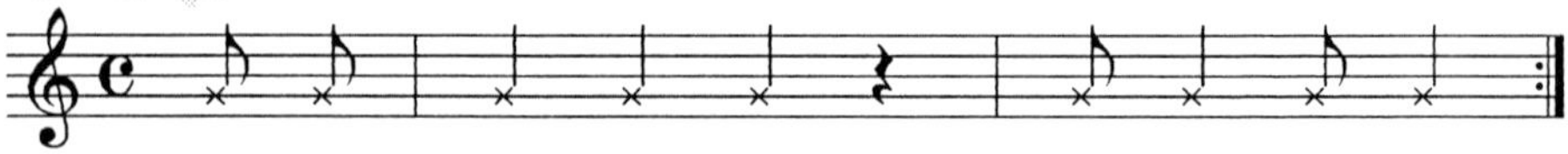

1. Ba - by Hai, dam dam dam dam di dam

2. Kleiner Hai, dam dam ...
3. Großer Hai, dam dam ...
4. Weißer hai, dam dam ...
5. Mädchen schwimmt, dam dam ...
6. Hai schwimmt auch, dam dam ...
7. Mädchen schaut, dam dam ...
8. Hai schaut auch, dam dam ...
9. Mädchen schwimmt schneller, dam dam ...
10. Hai schwimmt auch schneller, dam dam ...
11. Mädchen macht Ahhhh!, dam dam ...
12. Hai frißt Mädchen, dam dam ...
13. Hai macht Mmh, dam dam ...
14. Böser Hai, dam dam ...
15. Blödsinn aus, dam dam ...

"Refrain"

Dam di dam, dam dam di dam.

Hier liegt ein echter Urvater des Rap-Gesangs vor. Der „Vorsänger" schnippst zunächst mit allen im Takt. Dann beginnt er mit dem „Refrain". Er „rappt" vor und alle wiederholen. Damit ist auch das Prinzip für die einzelnen Strophen klar. Wichtig ist, zunächst so lange den „Refrain" zu üben, bis es alle schaffen, den Rhythmus beizubehalten. An markanten Punkten der tragischen Geschichte kann man um die Dramatik zu steigern, immer wieder den Rafrain einbauen, wobei sich hier die Spannung durch Variation von Tempo und Lautstärke ins unermeßliche steigern läßt!

Bewegungen dazu:

Baby Hai	*2 Finger auf und zu*
Kleiner Hai	*Hand auf und zu*
Großer Hai	*beide Hände auf und zu*
Weißer Hai	*Arme auf- und zuklappen*
Mädchen schwimmt	*Schwimmbewegung*
Hai schwimmt auch	*Schwimmbewegung*
Mädchen schaut	*Hand ausschauend an Stirn*
Hai schaut auch	*Hand ausschauend an Stirn*
Mädchen schwimmt schneller	*Schwimmbewegung*
Hai schwimmt auch schneller	*Schwimmbewegung*
Mädchen macht Ahhhh!	*Hände hochreißen*
Hai frißt Mädchen	*Arme zusammenklappen*
Hai macht Mmh,	*Bauch reiben*
Böser Hai	*mit Finger drohen*
Blödsinn aus	*an Stirn tippen*

Du back

104

T: unbekannt / M: unbekannt
mündlich überliefert

Mit verteilten Rollen zu singen. Die jeweils angesprochene Stimme steht auf und schmettert ihren Part lauthals in die Runde:

Du back, du back	*(Der brodelnde, gärende Hefeteig – entsprechend „breiig" zu singen)*
Der Lehrling spricht	*(Erzähler)*
Du back, du back	*(Der Teig)*
Ich kann es nicht	*(Verzweifelter Lehrling)*
Du back, du back	*(Der Teig)*
Zeig mir den Trick, wie wird der Teig so dick	*(Lehrling – noch verzweifelter)*
Nur mit Hefe	*(Der gestandene Bäckermeister mit brummigem Baß)*
Du back, du back	*(Der Teig – immer noch gärend)*
Nur mit Hefe	*(Bäckermeister – immer noch gestanden)*
Du back, du back	*(Der Teig – fast überschäumend)*
Wird der Teig so dick	*(Bäckermeister – immer … ihr wißt ja schon)*

Once again (Dubi, dubi)

105

T: Ulrich Führe / M: Ulrich Führe

Von der Fidula-Cassette 35 JAZZ-KANONS / Fidula-Verlag Boppard/Rhein und Salzburg

Der Elefant auf dem Spinnennetz

106

T: trad. / Fredrik Vahle / M: trad. / Fredrik Vahle

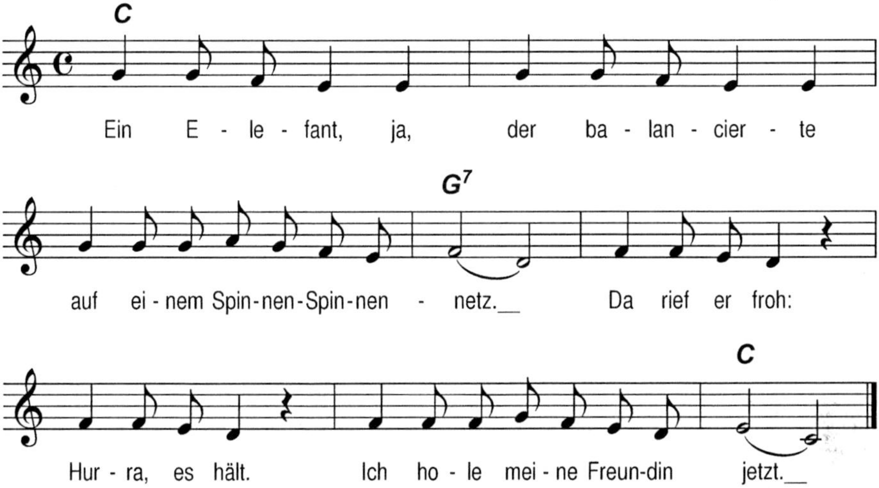

2. Zwei Elefanten, die balancierten
   auf einem Spinnen-, Spinnennetz. Da riefen sie:
   Hurra, es hält! Wir holen die Silke jetzt.

3. Drei Elefanten, die balancierten
   auf einem Spinnen-, Spinnennetz. Da riefen sie:
   Hurra, es hält! Wir holen Alexander jetzt.

Ihr habt es schon erraten: Wir haben hier wieder eines unserer „Schneeball-Lieder". Ein Elefant beginnt und holt sich nach der ersten Strophe den zweiten Elefanten in die Mitte. Die Namen in den Strophen 2 und 3 sind nur als Muster anzusehen. Setzt man das Lied im kleinen Kreis (zum Beispiel zum Kennenlernen in einer Kindergruppe) ein, kann man durchaus alle einzeln mit Namen in die Runde holen.

In großen Gruppen sollte sich jeder Elefant nach jeder Strophe jeweils eine(n) eigene(n) Freund(in) in die Runde holen, damit der Elefantentanz auch irgendwann ein Ende hat.

Hört mal (ich klatsch euch was vor)

107

T: Bernhard Hering, Wolfgang Hering, Bernd Meyerholz / M: trad.

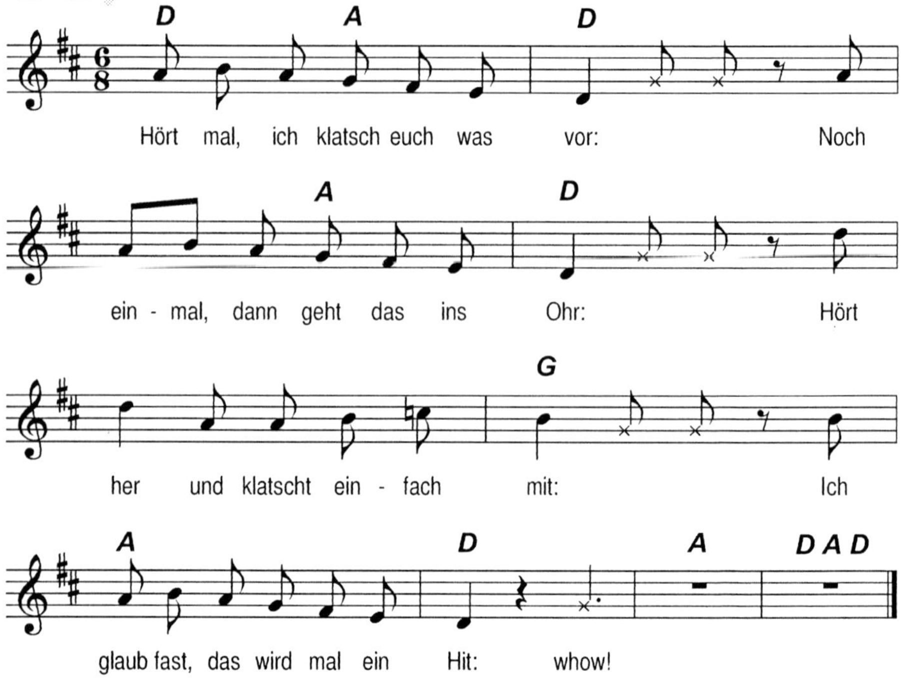

Hört mal, ich pfeif euch was vor: Noch
einmal, dann geht das ins Ohr: Hört
her und pfeift einfach mit: Ich
glaub fast, das wird mal ein Hit: whow!

Hört mal, ich schnalz euch was vor: Noch
einmal, dann geht das ins Ohr: Hört
her und schnalzt einfach mit: Ich
glaub fast, das wird mal ein Hit: whow!

Hört mal, ich grunz euch was vor: Noch
einmal, dann geht das ins Ohr: Hört
her und grunzt einfach mit: ich
glaub fast, das wird rnal ein Hit: whow!

Hört mal, ich knatsch euch was vor: Noch
einmal, dann geht das ins Ohr: Hört
her und knatscht einfach mit: Ich
glaub fast, das wird mal ein Hit: whow!

Hört mal, ich nies euch was vor: Noch
einmal, dann geht das ins Ohr: Hört
her und niest einfach nilt: Ich
glaub fast, das wird mal ein Hit: whow!

Hört mal ich mach euch was vor: Noch
einmal, dann geht das ins Ohr: Hört
her und macht einfach mit: Ich
glaub fast, das ist unser Hit: whow!

Na, was kommt wohl auf die Kreuznoten ohne Text? Richtig: Hier macht ihr das jeweilige Geräusch. Nicht vergessen, alle zum Mitmachen einzuladen, denn nur so wird das Lied wirklich zum Hit. Das „Woauh" sollte man ruhig etwas überdramatisch ausgestalten, damit sich auch wirklich alle von den Hiltqualitäten unseres Songs überzeugen lassen.

Das Lied ist ganz toll für Gruppen geeignet, die sich noch nicht so gut kennen und noch etwas schüchtern sind, wenn es ans gemeinsame Singen und Spielen geht.
Wer noch nicht mitsingen möchte, kann sich nämlich ganz prima aufs Mitmachen der Geräusche beschränken. Das „Woauh" wird mit wachsender Begeisterung zum Ende hin ganz von selbst viel lauter und überzeugter.

Oh heppo di taja he

T: trad. / M: trad.

Aus: „Hast du unseren Hund gesehen" / Ernst Kaufmann Verlag, Lahr

108

Als Bewegungslied mit folgenden Spielhandlungen:

1. *auf die Oberschenkel patschen*
2. *Hände in der Luft kreuzen und auf die Oberschenkel patschen (d. h. linke Hand auf rechten Oberschenkel und umgekehrt)*
3. *nochmals auf die Oberschenkel patschen (wie 1.)*
4. *in die Hände klatschen*
5. *mit dem Daumen über die jeweilige Schulter zeigen, also, rechter Daumen hinter die rechte Schulter, linker Daumen hinter die linke Schulter*

– wieder von vorne –

Der Tausendfüßler

109

T: Gerda Bächli / M: Gerda Bächli

Aus: „Der Tausendfüssler" / Musikverlag zum Pelikan. Hug & Co. Musikverlage, Zürich

2. Aua – hier ist die Tür verschlossen und kein Platz zum
Steh'n und Dreh'n. Welch ein Entschluß: Unser
Tausendfüßler muß nun mit allen tausend Füßen rückwärts geh'n.
Tiggedi taggi tiggi taggi dum dum dum. Tiggedi taggi tiggi taggi dum dum dum.
Tiggedi taggi tiggi taggi dum dum dum und jetzt fällt er um.

Bevor wir den leibhaftigen Tausendfüßler in unserer Runde erscheinen lassen, üben wir mit allen zunächst mehrfach den Refrain, bis er allen in Fleisch und Blut übergegangen ist. Denn nur mit dem Tausendfüßlerschritt wäre doch von euch noch niemand ausgelastet, oder?

Durch den engen Körperkontakt solltet Ihr das Lied nur bei Gruppen einsetzen, die sich schon sehr gut kennen und vertrauen, zum Beispiel in einer Abschlußrunde.

Wenn Ihr mit einigen in einer Gruppe zusammen seid – je mehr, desto besser – könnt ihr den Tausendfüßler beim Singen auch spielen.

Das geht so:

Stellt euch (in sehr großen Gruppen villeicht auch nur ein repräsentativer Teil) alle eng hintereinander und faßt eure(n) Vorderfrau/mann an den Hüften.

Nun gilt es, auf Kommando mit dem rechten Fuß beginnend, im Takt zum Lied vorwärts zu laufen. Wichtig ist dabei: Ganz eng beisammenbleiben. Darauf sollte unbedingt der Kopf achten, der ja die Schrittlänge vorgibt. Hier gilt: Ohne Fleiß kein Preis. Bis der Tausendfüßlergang zur Musik funktioniert, solltet Ihr einige Male „trocken" üben.

Wie ein Tausendfüßler anklopft, wollt Ihr noch wissen? Der letzte im Schwanz beginnt zu stampfen: Rechts - links. Dann sein Vordermann … und so weiter, bis das Stampfen am „Kopf" angekommen ist. Ihr solltet auch das gut üben, denn gerade bei langen Tausendfüßlern klingt das tierisch gut. Der Rest der Bewegungen erklärt sich wohl aus dem Text heraus selbst, oder?

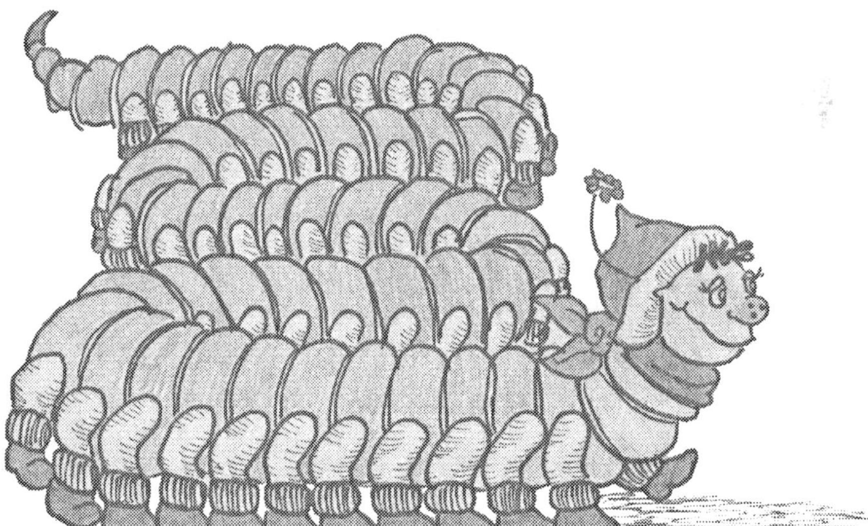

Zaubermeister Zarobald

110

T: Michael Widmer, Stefan Ölke / M: Michael Widmer, Stefan Ölke

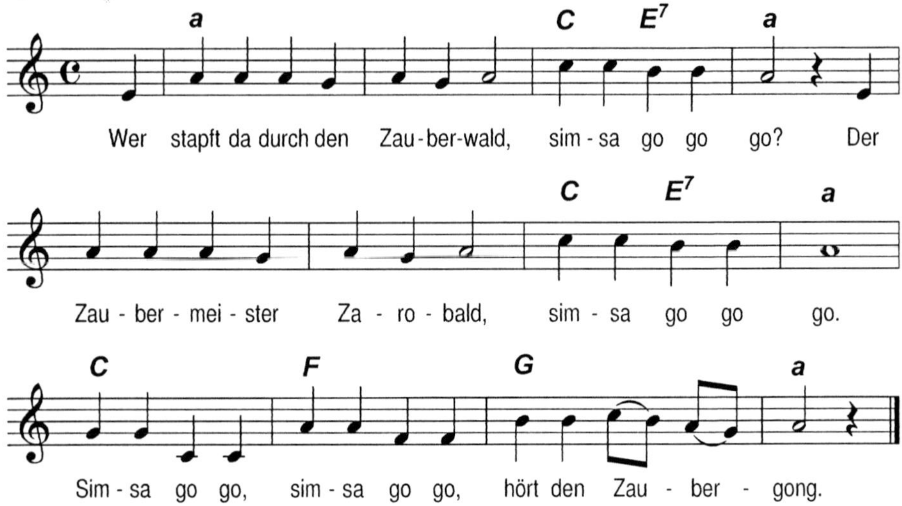

Zunächst suchen wir uns einen Zauberer Zarobald. Der bekommt einen spitzen Zauberhut, einen Zaubermantel aus glänzendem Stoff und einen Gong in die Hand (eine leere Flasche und ein Kochlöffel tun's zur Not auch). Alle verteilen sich im Raum, breiten die Arme hoch oben in der Luft wie eine Baumkrone aus und stellen einen unheimlichen, leise murmelnden Zauberwald dar. Der Zauberer stapft zum Gesang durch seinen Wald, bis er den Zaubergong schlägt. Dazu spricht der einen geheimnisvollen Zauberspruch und verwandelt alle Zauberbäume in …, ja das muß er sich selbst aussuchen.
Der Phantasie sind dabei keine Grenzen gesetzt. Der- oder diejenige, die die Rolle am besten gespielt hat, wird vom Zauberer zum nächsten Zarobald bestimmt. Und schon beginnt das Spiel von vorne.

BEWEGUNG

Ich male heute einen Baum

111

T: Hannelore Kleikamp / M: Detlev Jöcker
Menschenkinder Musikverlag

2. Der Baum hat Kirschen, dunkelrot, sie lachen durch die Blätter.
Die Sonne hoch am Himmel steht, denn es ist Sommerwetter.

3. Ein Vogel fliegt zu seinem Nest. Er will zu seinen Kleinen.
Ich male ihn mit Kopf und Schwanz, mit Flügeln und zwei Beinen.

4. Ich selbst bin auch auf meinem Bild, ganz oben auf der Leiter.
Du stehst und hältst die Leiter fest, sonst wagt' ich mich nicht weiter.

5. Jetzt schließ' ich meine Augen zu, die Hände sind nun leer.
Ich schau mein Bild noch einmal an. Ja, es gefällt mir sehr.

Eine kleine Traumreise in musikalischer Form: Einer spielt Gitarre und singt, während alle anderen entspannt und mit geschlossenen Augen sitzen oder liegen und sich in die besungene Welt träumen. Zwischen den Strophen sollte eine Weile nur die Gitarre klingen, damit sich jeder das eigene Bild ausmalen und festhalten kann.
Holt alle nach der Reise behutsam in die Gegenwart zurück.

Dinotanz (Der Dinosauriertanz)

112

T: Michael Suljic / M: Michael Suljic

2. Ottosaurus mit Malvine, Brontosaurus, Dinofant,
   Little Foot und Saurierwilli, tanzten es ist weltbekannt.
   Bumm klack klack bumm klack klack vor zurück und zack zack zack,
   bumm klack klack bumm klack klack vor zurück und zack zack zack.
3. Mond versteckt sich hinter Wolken, Dinos schliefen alle ein,
   und sogar in ihren Träumen tanzten sie im Mondenschein.
   Bumm klack klack bumm klack klack vor zurück und zack zack zack,
   bumm klack klack bumm klack klack vor zurück und zack zack zack.

4. Wie 1.

Hinweise

Trainierte Bässe (mal singt er Baß, mal singt er Bässer) können die erste Wiederholung des Refrains auch eine Oktave tiefer singen. In jedem Fall gilt: Die zweite Wiederholung des Refrains wird mit fistelnder Kopfstimme eine Oktave höher gesungen!

Tanzanleitung:

Die ganze Meute stellt sich in zwei Kreisen auf und faßt sich an der Hand, wobei im Innenkreis die kleinen Dinosaurier zu stehen kommen. Während der „Gitarrosaurus" in der Mitte die Strophen alleine singt, bewegen sich alle wiegenden Schrittes im Kreis. Der Innenkreis rechtsherum, der Außenkreis linksherum.

Der Gitarrosaurus, der es fertigbringt, daß alle Dinos auch während den Strophen 2 - 4 im Kreise tanzen, soll mir bitte Bescheid geben: Noch jede Gruppe hat während des Tanzes diesen Teil spätestens nach zwei Strophen vergessen.
Der Refrain ist das Highlight des Tanzes und wird auch gemeinsam von allen gesungen. Also nicht vergessen: Vor dem Tanz kommt das Üben des Refrains. Die Tanzschritte, die dazu gemacht werden passen zum Text und machen ihn so leichter erlernbar (Textstelle zur Bewegung in Klammern angegeben):

Der Gitarrosaurus warnt am besten kurz vor Beginn des Refrains die „Saurierrunde" vor. Zunächst stoppen die großen Dinosaurier im Außenkreis ihren Rundtanz und stellen sich zur Mitte hin.
Rechter Fuß stampft (Bumm) - zweimaliges Händeklatschen (klack, klack)
linker Fuß stampft (bumm) - zweimaliges Händeklatschen (klack, klack)
der Oberkörper des Sauriers schwankt vor und zurück (vor und zurück)
der Saurier stellt sich gerade hin und wackelt dreimal mit dem Po (zack zack zack)

Der Refrain wird wiederholt, wobei nun der Innenkreis mit den kleinen Dinosauriern an der Reihe ist (hohe Stimme nicht vergessen). Die großen Dinos tanzen dabei schon wieder im Kreis herum.

Kröten in der Nacht

mündlich überliefert **113**

Ich bin so gern bei dir

114

Aus: „Ich gebe Dir die Hände (IMP 1017) u.a. / T: Rolf Krenzer / M: Ludger Edelkötter

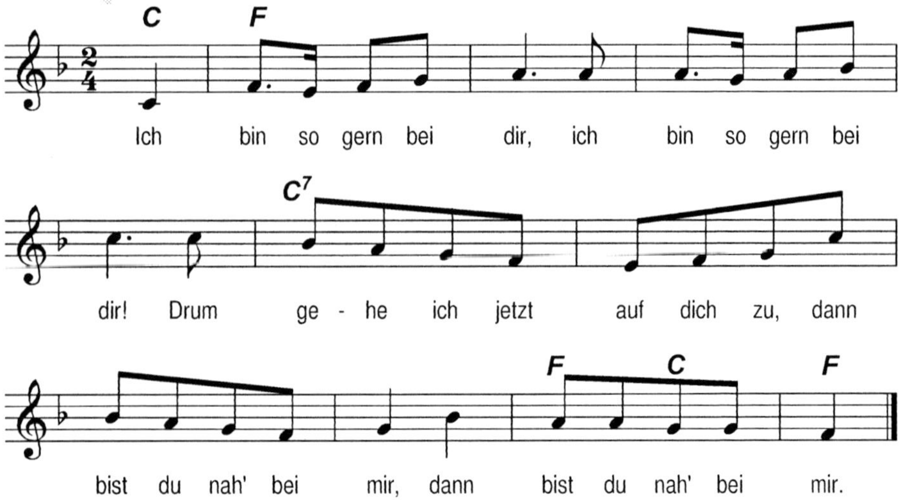

2. Ich geb' dir meine Hand, ich geb' dir meine
Hand. Und wenn wir zwei zusammenstehn, dann
sind wir gleich bekannt, dann sind wir gleich bekannt.

3. Ich geb' dir meinen Arm, ich geb' dir meinen
Arm. Und wenn wir zwei zusammen gehn, dann
wird es mir ganz warm, dann wird es mir ganz warm.

4. Komm' leg den Arm um mich, kommt leg den Arm um
mich. Und wenn wir zwei zusammen gehn, weißt
du, dann freu' ich mich, weißt du, dann freu' ich mich.

5. So tanze ich mit dir, und so tanzt du mit
mir. Und alle Leute, die das seh'n, die
machen's so wie wir, die machen's so wie wir.

Shu' Fly

T: unbekannt / M: unbekannt
mündlich überliefert

115

(deutsch: Hsch - Fliege, stör' mich nicht, ich gehöre zu jemandem. Ich fühle mich dem Morgenstern gleich ...!)

Beschreibung: *(Kreis, anfassen, jeder hat eine/n Partner/in neben sich stehen)*

Shu'Fly don't bother me -	*in die Kreismitte gehen*
Shu' Fly don't bother me -	*wieder nach außen gehen*
Shu'Fly, don't bother me -	*in die Kreismitte gehen*
I belong to somebody -	*nach außen gehen, dabei nur seine/n Partner/in anfassen*
I feel, I feel, I feel like morningstar -	*Partner einhaken und um die eigene Achse (rechts) hüpfen*
I feel I feel, I feel like morningstar -	*Richtungswechsel links) wieder um die eigene Achse mit Partner hüpfen, beim Ende darauf achten, daß das Paar andersherum nebeneinander steht, damit sich für die einzelnen Partner ein neuer Partner ergibt.*

Zwei lange Schlangen

116

T: Wolfgang Hering, Bernd Meyerholz / M: Wolfgang Hering

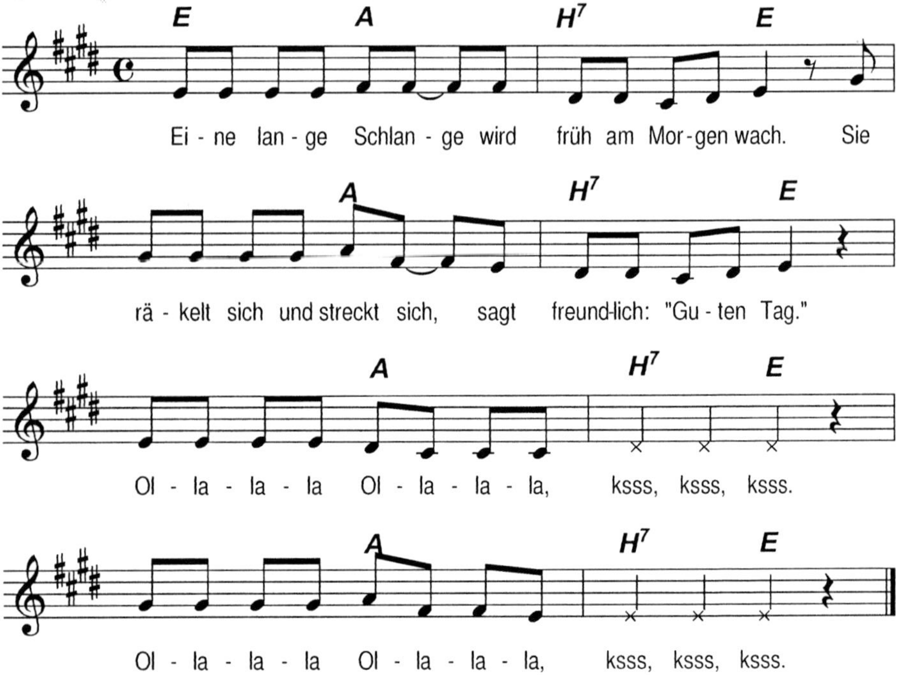

2. Zwei lange Schlangen schau'n sich richtig an und
jede zeigt, wie schön sie ihren Kopf bewegen kann.
Ollalala, Ollalala, ksss, ksss, ksss.
Ollalala, Ollalala, ksss, ksss, ksss.

3. Zwei lange Schlangen die schleichen querfeldein und
beide beschließen, komm, laß uns Freunde sein.
Ollalala Ollalala ksss ksss ksss.
Ollalala Ollalala ksss ksss ksss.

4. Zwei lange Schlangen die schwimmen durch den Fluß, und
geben sich am andern Ufer einen dicken Kuß.
Ollalala, Ollalala, ksss, ksss, ksss.
Ollalala, Ollalala, ksss, ksss, ksss.

5. Zwei lange Schlangen die schmusen auch ganz gern und
wenn sie so verschlungen sind, dann darf man sie nicht stör'n.
Ollalala Ollalala ksss ksss ksss.
Ollalala Ollalala ksss ksss ksss.

(Fortsetzung nächste Seite)

6. Zwei lange Schlangen die haben auch mal Streit.
   Sie beißen sich und kratzen sich, solang' bis eine schreit.
   Ollalala Ollalala ksss ksss ksss.
   Ollalala Ollalala ksss ksss ksss.

7. Zwei lange Schlangen die schlängeln viel herum, und
   wenn sie müde sind, dann dreh'n sie sich zum Schlafen um.
   Ollalala, Ollelala, ksss, ksss, ksss.
   Ollalala, Ollelala, ksss, ksss, ksss.

Tomatensalat

117

T: unbekannt / M: unbekannt
mündlich überliefert

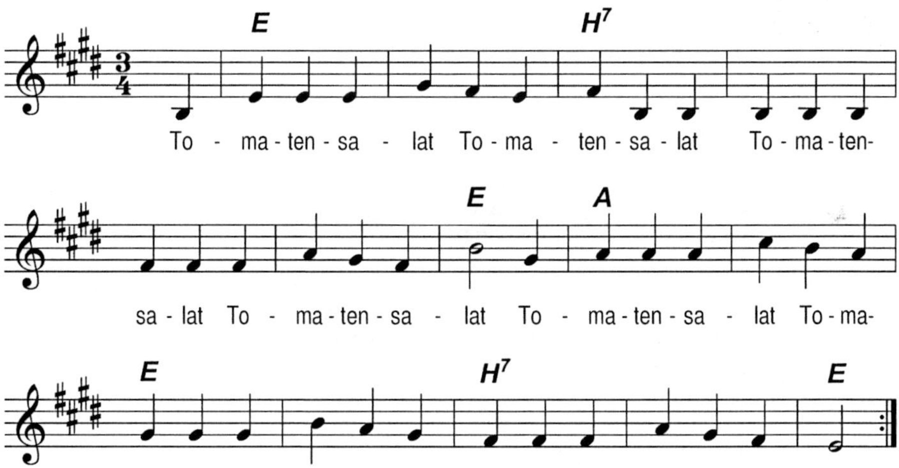

Und immer schneller, bis keiner mehr mitkommt. Wenn ihr genug vom Tomatensalat habt, oder Tomaten gar nicht mögt, kann man auch spontan andere fünfsilbige Wörter sammeln: Mar-zi-pan-schwein-chen, Wasch-mit-tel-kar-ton, Im-präg-nie-rungs-spay …

TiP

Möchten Sie was kaufen?

118

T: Wilfried Röhrig / M: Wilfried Röhrig

2. Guten Tag, guten Tag, möchten Sie was kaufen?
   Guten Tag, guten Tag es kostet gar nicht viel.
   Vielleicht ein paar Steine, fast kugelrund,
   ein riesengroßes Poster mit einem dicken Hund?

3. Guten Tag, guten Tag, möchten Sie was kaufen?
   Guten Tag, guten Tag es kostet gar nicht viel.
   Vielleicht ein rotes Windrad, das sich im Kreise dreht,
   einen grünen Wecker, der tickert, wenn er geht?

4. Guten Tag, guten Tag, möchten Sie was kaufen?
   Guten Tag, guten Tag es kostet gar nicht viel.
   Vielleicht 'nen bunten Streifen für Ihre große Wand
   oder Glitzerbänder für Ihre schöne Hand?

5. Guten Tag, guten Tag, möchten Sie was kaufen?
   Guten Tag, guten Tag es kostet gar nicht viel.
   Zum Schluß noch etwas Buntes, ganz sicher selbst gemalt,
   dazu ein paar Pommes mit Ketchup und Salat?

Kopf und Schulter

Worte und Weise mündlich überliefert

119

Ganz einfach:
Wir deuten auf die jeweils besungenen Körperteile. Ganz einfach? Wartet mal ab, bis wir das Lied immer schneller singen, dann kommen wir bestimmt alle ganz schön ins Schwitzen.

Die rechte Hand fängt an

120

T: Rolf Krenzer / M: Detlev Jöcker / Aus: Buch, CD und MC „Denkt euch nur, der Frosch war krank"

2. Der rechte Arm, der rechte Arm fängt an und bewegt sich. Der linke Arm, der linke Arm. Seht her, er bewegt sich. Und damit fängt es an! Die rechte Hand, die linke Hand. Der rechte Arm, der linke Arm. Seht nur, wie schnell man sich bewegen kann.

3. Der rechte Zeh, der rechte Zeh fängt an und bewegt sich. Der linke Zeh, der linke Zeh. Seht her, er bewegt sich. Und damit fängt es an! Die rechte Hand, die linke Hand. Der rechte Arm, der linke Arm. Der rechte Zeh, der linke Zeh. Seht nur, wie schnell man sich bewegen kann.

4. Der rechte Fuß, der rechte Fuß fängt an und be-
wegt sich. Der linke Fuß, der linke Fuß. Seht her, er be-
wegt sich. Und damit fängt es an! Die
rechte Hand, die linke Hand. Der rechte Arm, der linke Arm.
Der rechte Zeh, der linke Zeh.
Der rechte Fuß, der linke Fuß. Sehr nur, wie
schnell man sich bewegen kann.

5. Das rechte Bein, das rechte Bein fängt an und be-
wegt sich. Das linke Bein, das linke Bein. Seht her, es be-
wegt sich. Und damit fängt es an! Die
rechte Hand, die linke Hand. Der rechte Arm, der linke Arm.
Der rechte Zeh, der linke Zeh.
Der rechte Fuß, der linke Fuß.
Das rechte Bein, das linke Bein. Sehr nur, wie
schnell man sich bewegen kann.

6. Wir stehen auf. Schon setzen wir uns alle gleich
nieder. Wir stehen auf. Schon setzen wir uns alle gleich
nieder. Und damit fängt es an! Die
recht Hand, die linke Hand. Der rechte Arm, der linke Arm.
Der rechte Zeh, der linke Zeh.
Der rechte Fuß, der linke Fuß.
Das rechte Bein, das linke Bein.
Wir stehen auf uns setzen uns. Seht nur, wie
schnell man sich bewegen kann.

Wenn du glücklich bist

121

Text: trad. / M: Gerhard Schöne

Aus: Gerhard Schöne, „Das Auto von Lucio", Patmos Verlag Düsseldorf

2. If you're happy and you know it, slape your sides, if you're
   happy and you know it, slape your sides, if you're
   happy and you know it and you really want to show it,
   if you're happy and you know it, slape your sides.

3. If you're happy and you know it, stamp your feet, if you're
   happy and you know it, stamp your feet, if you're
   happy and you know it and you really want to show it,
   if you're happy and you know it, stamp your feet.

4. If you're happy and you know it, snap your fingers, if you're
   happy and you know it, snap your fingers, if you're
   happy and you know it and you really want to show it,
   if you're happy and you know it, snap your fingers.

5. If you're happy and you know it, sniff your nose, if you're
   happy and you know it, sniff your nose, if you're
   happy and you know it and you really want to show it,
   if you're happy and you know it, sniff your nose.

6. If you're happy and you know it, shout, we are! If you're
   happy and you know it, shout, we are! If you're
   happy and you know it and you really want to show it,
   if you're happy and you know it, shout, we are!

Bist du heute einmal froh

T: W. Hering / B. Meyerholz / M: überliefert
Von der Fidula-Cassette 19 „Kunterbunt“ / Fidula-Verlag Boppard/Rhein und Salzburg

122

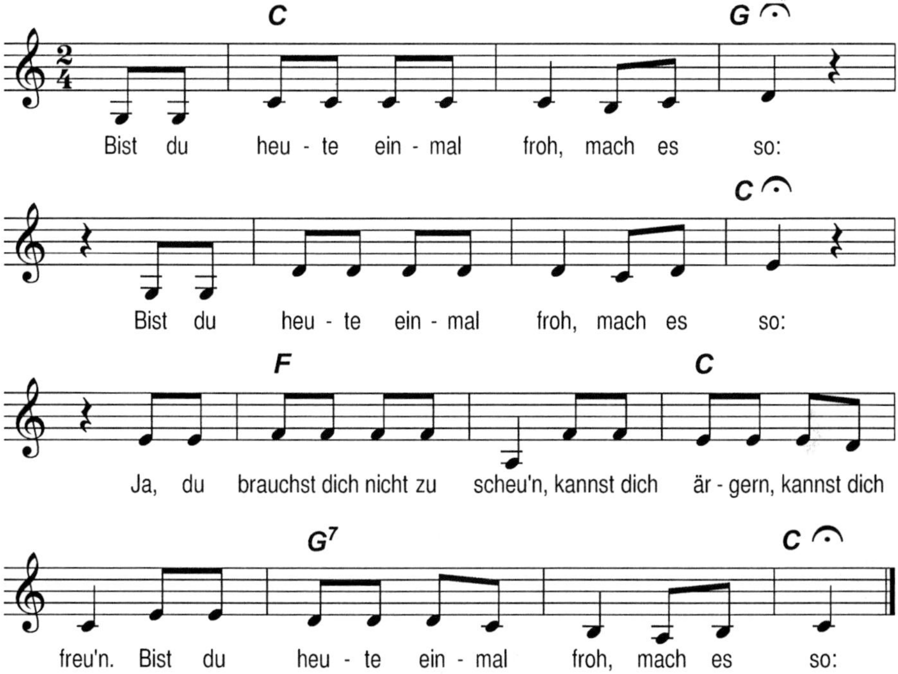

Bist du heute einmal schüchtern, mach es so:
Bist du heute einmal schüchtern, mach es so:
Ja, du brauchst dich nicht zu scheu'n, kannst dich ärgem, kannst dich
freu'n. Bist du heute einmal schüchtern, mach es so.

Ist dir heute einmal kalt, mach es so: (brrr)
Ist dir heute einmal kalt, mach es so: (brrr)
Ja, du brauchst dich nicht zu scheu'n, kannst dich ärgem, kannst dich
freu'n. Ist dir heute einmal kalt, mach es so.

Bist du heute einmal ängstlich, mach es so:
Bist du heute einmal ängstlich, mach es so:
Ja, du brauchst dich nicht zu scheu'n, kannst dich ärgern, kannst dich
freu'n. Bist du heute einmal ängstlich, mach es so.

Bist du heute mal verliebt, mach es so:
Bist du heute mal verliebt, mach es so:
Ja, du brauchst dich nicht zu scheu'n, kannst dich ärgern, kannst dich
freu'n. Bist du heute mal verliebt, mach es so.

Bist du heute einmal müde, mach es so:
Bist du heute einmal müde, mach es so:
Ja, du brauchst dich nicht zu scheu'n, kannst dich ärgern, kannst dich
freu'n. Bist du heute einmal müde, mach es so.

Hier versuchen wir, uns alle in Gesten zu übertreffen. Es gilt, die angesungene Gefühlsregung möglichst lebensecht bis dramatisch übertrieben darzustellen. Dazu nehmen wir uns am Ende jeder Zeile soviel Zeit wie wir brauchen, um unsere Darstellung zu Ende zu führen und bis jeder andere in der Runde die Möglichkeit hatte, unsere schauspielerische Leistung gebührend zu bewundern. Der „Vorsänger" sollte dabei nicht unbedingt aus der schüchternen Fraktion stammen und mit offenherzigen Gefühlsdarstellungen ein leuchtendes Beispiel für die Runde sein.

TIP

Wettermacher

123

T: B. Hering, W. Hering, B. Meyerholz / M: Hering, W. Hering, B. Meyerholz

Wenn der Spielplatz draußen leer ist, ein Sonnentag schon lange
her ist, ja Wettermacher, was machst du bloß,
du weißt doch, wir sind hier nicht bei den Eskimos. Wenn der Wind nur noch von Norden weht,
sich um die verschnupften Nasen dreht. Hey Wettermacher, schick uns,
das wär schön, ein bißchen warme Luft aus deinem Fön.
Lieber Wettermacher, mach das Wetter ein bißchen netter, ein bißchen netter.
Lieber Wettermacher, mach das Wetter ein bißchen netter, laß die Sonne 'raus.

Die Bäume

124

T: Aus Holland; deutscher Text: James Krüss / M: Kurt Brüggemann

Aus: „VOLKS- UND KINDERLIEDER AUS EUROPA", Heft 2 / Fidula-Verlag Boppard/Rhein und Salzburg

Sternenfänger

T: Wolfgang Hering, Bernhard Hering / M: Wolfgang Hering, Bernd Meyerholz

125

Schnipps mal mit den Fingern, fang zu klatschen an, du
ziehst die Schulter an den Kopf ganz nah heran. Schlabberst mit den Knien,
hüpfst auf einem Bein. Streck dich und fang die
Sterne ein. Wir sind die Sternenfänger oh, Sternenfänger
oh, oh, Sternenfänger oh, Sternenfänger oh.

Stampf mal mit den Füßen, reib dir deinen Bauch, du
schüttelst dich, das macht'n Wackelpudding auch. Mach dich mal ganz klein,
wie ein Frosch so klitzeklein. Streck dich und fang die
Sterne ein. Wir sind die Sternenfänger oh, Sternenfänger
oh, oh, Sternenfänger oh, Sternenfänger oh.

Such dir einen Nachbarn, guck ihn freundlich an, pro-
bier mal, ob man den auch kitzeln kann. Dann tanzen zwei Freunde
in den Himmel rein, zusammen fangen sie die
Sterne ein. Wir sind die Sternenfänger oh, Sternenfänger
oh, oh, Sternenfänger oh, Sternenfänger oh.

Zu den Sternenfängern kann man eine kleine Einleitung erzählen: Wißt ihr, warum sich die Menschen morgens strecken und ganz lang machen? Sie versuchen die Sterne, die in der Nacht am Himmel standen, herunterzuholen. Probiert's doch auch einmal!
Den Refrain trainieren wir vor dem gemeinsamen Singen gründlich mit der ganzen Runde. Die Strophen singt dann der „Vorsänger" alleine. So können sich alle auch viel besser auf die Bewegungen konzentrieren.

Bei den Bewegungen machen alle fast wie von selbst mit. Man sollte nur alle auffordern, sich zu diesem Lied hinzustellen.

Zum Refrain strecken wir uns greifen nach den Sternen …

Wenn ein schöner Tag beginnt

126

T: Volker Rosin / M: Volker Rosin

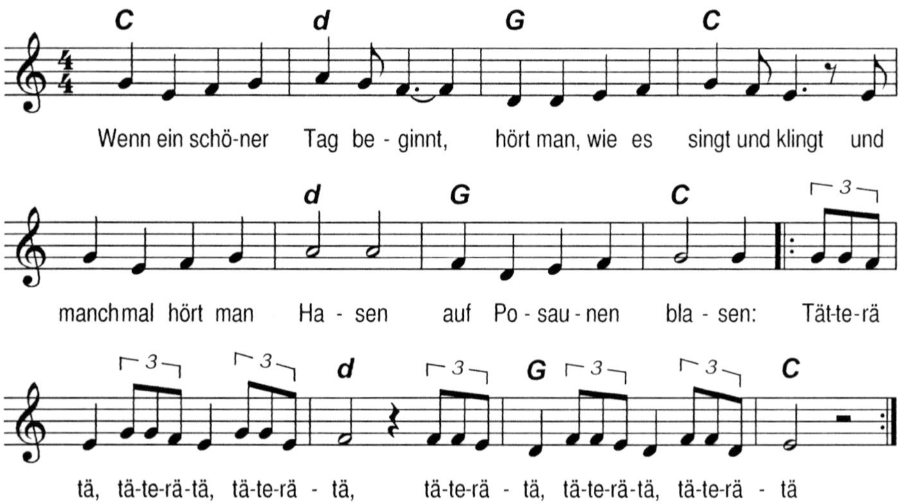

2. Wenn ein schöner Tag beginnt, hört man, wie es singt und klingt. Und oben auf den Zweigen spiel'n die Vögel Geigen: Fiedeldidei, Fideldidei, Fideldidei, Fideldidei, Fideldidei, Fideldidei.

3. Wenn ein schöner Tag beginnt, hört man, wie es singt und klingt. Am Tümpel hört man Kröten auf den Flöten flöten: Flötötötö, Flötötötö, Flötötötö, Flötötötö, Flötötötö, Flötötötö.

4. Wenn ein schöner Tag beginnt, hört man, wie es singt und klingt. Die dunklen Töne wie ein Baß, spielt der Maulwurf unter'm Gras: Dumdumdumdum, Dumdumdumdum, Dumdumdumdum, Dumdumdumdum, Dumdumdumdum, Dumdumdumdum.

5. Wenn ein schöner Tag beginnt, hört man, wie es singt und klingt: Selbst Bello ruft: „Ich komme schon", und spielt das Metallophon: Klingedibim, Klingedibim, Klingedibim, Klingedibim, Klingedibim, Klingedibim.

(Fortsetzung nächste Seite)

6. Wenn ein schöner Tag beginnt, hört man, wie es singt und klingt. Und die ganze Runde singt wie aus einem Munde: …

Wie wär's, ihr verteilt die Rollen in diesem Lied und laßt Gruppen von Mitsingern jeweils ein Tier darstellen. Zur letzten Strophe ertönt ein wohlklingendes (oder ohrenbetäubendes) Morgenkonzert der Tiere.

Elidors

Worte und Weise mündlich überliefert **127**

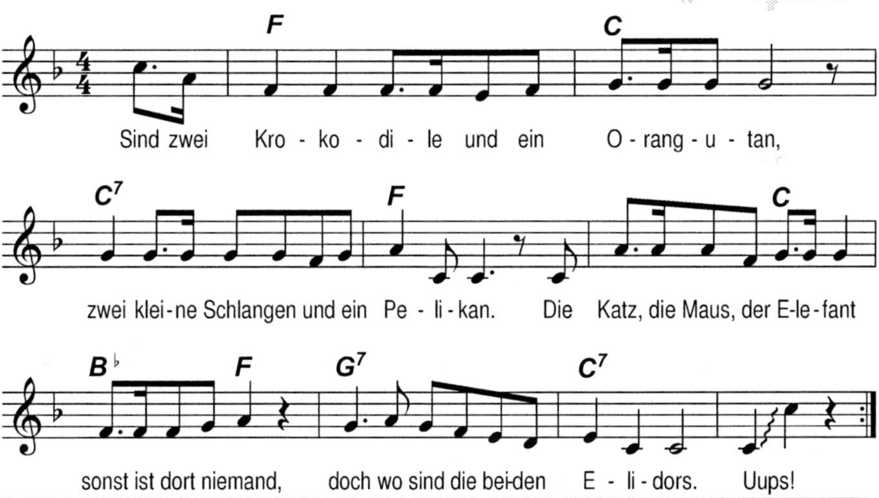

Zu diesem Lied paßt es ganz gut, wenn wir alle im Kreis oder mehreren „konzentrischen" Kreisen (da war wieder mal eines unserer Lieblingswörter) tanzen und dabei die einzelnen Bewegungen machen.

Krokodile: *Die ausgestreckten Arme wie ein Krokodilmaul zusammenklappen.*
Orang-Utan: *„Affenhaltung" – Ihr wißt bestimmt, wie*
Schlangen: *Hände aneinanderlegen und vor dem Körper schlängeln*
Pelikan: *Rechten Arm nach vorne, linken nach hinten, rechten Fuß nach hinten strecken.*
Katz: *Mit den Fingern Schnurrhaare andeuten.*
Maus: *Mit den Händen Mauseohren am Kopf andeuten.*
Elefant: *Rechten Arm ausstrecken, mit der linken Hand um den rechten Arm an die Nase fassen.*
Niemand: *Abwehrende Bewegung mit der linken Hand.*
Elidors: *Bei geschlossenen Füßen leicht in die Knie gehen, die Arme geschlossen, Ellenbogen an die Brust ziehen und Hände nach unten abknicken (Hunde-Bettelhaltung).*
Uuups: *Die Elidors machen bei weiter geschlossenen Beinen einen kleinen Hopser in die Luft.*

Die Geschichte vom betenden Gaukler

128

T: Werner Gerz / M: Werner Gerz
nach einer französischen Legende

2. Der Gaukler freute sich zwar sehr über Applaus,
doch eines Tages wünschte er sich ein Zuhaus.
Alles, was er hatte, verkaufte er sodann
und klopfte bald darauf bei einem großen Kloster an.

3. Er wurde Mönch und wollte wie die andern sein.
Jedoch: Er wußte kein Gebet und konnte kein Latein.
Da dachte er: Ich kann ja nichts, hier bin ich wohl verkehrt,
denn richtig beten kann ich nicht, ach Gott ich bin nichts wert.

4. Und so ging er schließlich traurig und allein
zu einer kleinen Kirche und er trat dort ein.
Die Kutte zog er aus, als zum Gebet die Glocke schlug
und stand im bunten Röckchen da, das er als Gaukler trug.

5. Wenn ich halt nicht wie die andern beten kann,
so will ich 's doch auf meine Weise, dacht' er dann.
Und mit Leib und Seele tanzt' er hin und her,
linksrum, rechtsrum, hoch und runter und noch kreuz und quer.

6. Er ging auch auf den Händen, macht' die kühnsten Sprüng'
um Gott zu loben, bis die Puste ihm ausging.
Jedoch ein andrer Mönch war heimlich ihm gefolgt
und hat's dem Abt gemeldet, worauf der den Gaukler holt.

7. Dem Gaukler wurde bange und er fürcht' sich fast.
Jedoch der Abt umarmt ihn und sagt zu ihm: Du hast
auf deine Weise Gott gelobt und das ist bestimmt
mehr als große Worte, wenn sie nicht von Herzen sind.

8. Jeder kann etwas besonders, das ist ganz normal,
Zuhör'n, Reden, Singen, Tanzen oder Mal'n.
Und wenn wir es von Herzen tun, dann kann es sein es geht
uns so wie diesem Gaukler - dann wird es zum Gebet.

Lappadu

129

Worte und Weise überliefert

Lappadu: Tanzanleitung

Aufstellung im Kreis. Der Vortänzer reiht sich ein.

Basis des ganzen Tanzes ist die Frage an die Gruppe: "Schon mal Lappadu getanzt?", die von Strophe zu Strophe ergänzt wird. Wichtig ist, daß die Gruppe die Antwort auf die Frage so lange übt, bis alle im Chor gleichzeitig die Antwort brüllen können.

Jede Strophe wird zweimal gesungen. Beim ersten Mal wird im gemäßigten Tempo in Tanzrichtung (gegen den Uhrzeigersinn), beim zweiten Mal im exakt doppelten Tempo gegen die Tanzrichtung getanzt. Der Grundtanzschritt besteht jeweils in einem Seitschritt in die aktuelle Tanzrichtung und einem Beistellschritt des anderen Fußes. Pro Takt ein Schritt und Beistellschritt.

Vortänzer: Normalschrift *Gruppe:* **Fett** *Tanzschritt: Kursiv*

1. Strophe:
„Schon mal Lappadu getanzt?" **„Nein!"** „Dann wird's aber Zeit!"
Seitschritte nach rechts. Wiederholung im doppelten Tempo nach links.

2. Strophe
„Schon mal Lappadu getanzt?" **„Ja!"** *(Bitte keine falsche Antwort akzeptieren, gegebenenfalls mit bösem Blick nachfragen, was wir denn wohl gerade gemacht haben.)* „Schon mal Lappadu getanzt und Hände angefaßt?" **„Nein!"**
Tanzschritte wir erste Strophe nur dabei im Kreis an den Händen fassen. Wiederholung nicht vergessen!

3. Strophe
„Schon mal Lappadu ...?" **„Ja!"** „Schon mal Lappadu getanzt und Hände angefaßt?" **„Ja!"**
„Schon mal Lappadu getanzt und Schultern ...?" **„Nein!"**
Wie erste Strophe nur beim Tanzen im Kreis Arme gegenseitig auf die Schultern legen.

Das Prinzip ist jetzt hoffentlich verstanden??
Ellenbogen, Ohren, Hüften, Knie und zur Krönung Knöchel. Wer möchte, kann den Tanz beliebig ausdehnen.

Letzte Strophe
„Schon mal ..." (etc. ...) „Schon mal Lappadu getanzt und Knöchel angefaßt?" ***„Ja!"*** *„Na, dann können wir uns ja wieder hinsetzen!"*
Der Schlußsatz ist schon fast ein Geheimtip. Selbst bei Gruppen über 100 Personen habe ich damit nach dem Lappadu fast immer eine relativ ruhige Gruppe (abgesehen von einer gewissen Kurzatmigkeit), die „brav"" auf ihren Plätzen sitzt, erreicht.

Auf der grünen Wiese

Worte und Weise sind mündlich überliefert

130

Spiel für eine gemischte Erwachsenen-Kind-Gruppe. Im Kreis stehen abwechselnd Erwachsene und Kinder. Beim „Einsteigen" werden die Kinder unter den Oberarmen hochgehoben. Das Karussell dreht sich dann im Kreis und die Kinder können „fliegen".

Beim nächsten Durchgang die Richtung wechseln.

Grün, grün, grün sind alle meine Kleider

131

T: trad. / M: trad.

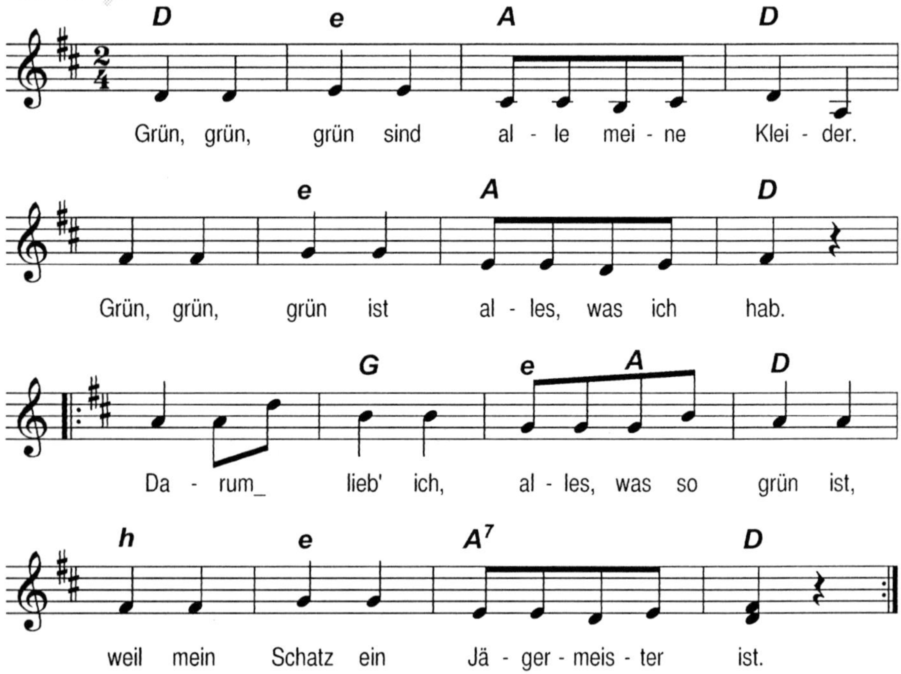

2. Weiß, weiß, weiß sind alle meine Kleider.
   Weiß, weiß, weiß ist alles, was ich hab.
   Darum lieb' ich, alles, was so weiß ist,
   weil mein Schatz ein Müller, Müller ist.

3. Blau, blau, blau sind alle meine Kleider.
   Blau, blau blau ist alles, was ich hab.
   Darum lieb' ich, alles was so blau ist,
   weil mein Schatz ein Färber, Färber ist.

4. Bunt, bunt, bunt sind alle meine Kleider.
   Bunt, bunt bunt, ist alles, was ich hab'.
   Darum lieb' ich alles, was so bunt ist,
   weil mein Schatz ein Malermeister ist.

5. Schwarz schwarz, schwarz sind alle meine Kleider.
   Schwarz, schwarz, schwarz ist alles was kh hab'.
   Darum lieb' ich, alles, was so schwarz ist,
   weil mein Schatz ein Schornsteinfeger ist.

Eine freudige Nachricht breitet sich aus

T: Prof. Martin Gotthard Schneider / M: Prof. Martin Gotthard Schneider

132

(Verse siehe nächste Seite)

2 Erst war die Nachricht noch wie versteckt. Drei oder vier, die haben's entdeckt. Und haben die Nachbarn aufgeschreckt.

3 Türen und Fenster rissen sie auf, schrien's die Straße hinunter, hinauf. Und so nahm die Freude ihren Lauf.

4 Einer fragte den andern: „Du! Hast du's gehört? Was sagst du dazu?" Und Hunderte, Tausende wußten's im Nu.

5 Das war ein Singen und Fröhlichsein, ein Klatschen und Tanzen ein Ringelreihn, und jeder fiel in den Jubel mit ein.

6 Und wer es hörte, irgendwann, die Nachricht, die viele Menschen gewann, für den fing ein neues Leben an.

Hier zur Sommerszeit

133

T: unbekannt / M: unbekannt

mündlich überliefert

Zu diesem Chorgesang solltet ihr für die einzelnen Stimmen Gruppen bilden, die sich auch tatsächlich zusammenstellen oder -setzen. Dann wird geprobt wie im richtigen Chor: Erst alle Stimmen einzeln, dann zwei Stimmen zusammen, dann drei, dann alle. Den größten Trainingsbedarf hat normalerweise der Tenor, der regelmäßig seine Pause vor „keinen" verpatzt und aus dem „Na-na-na-na" einen einzigen Klangbrei zaubert. Zu seiner Ehrenrettung: Der Tenor hat's wirklich schwer getroffen.

Veröffentlichungen von Ludger Edelkötter

Ludger Edelkötter Impulse Musikverlag

Religion

3-930974-41-x	Ich bin geborgen bei Dir	Heft
3-930974-38-x	Ich bin geborgen bei Dir	MC
3-930974-42-8	Ich bin geborgen bei Dir	CD
3-926597-19-4	Weil du mich so magst	Buch
3-926597-85-2	Weil du mich so magst	DMC
3-930974-55-x	Weil du mich so magst	DCD
3-930974-59-2	Weißt du wo der Himmel ist	Heft
3-930974-60-6	Weißt du wo der Himmel ist	DMC
3-930974-61-4	Weißt du wo der Himmel ist	CD

Meditation

3-926597-83-6	Komm mit zur Quelle	CD
3-926597-21-6	Mit Kindern a.d. Weg i.d. Stille	Buch
3-930974-57-6	Leben	CD
3-932472-17-9	Träumen Entspannen	CD
3-930974-15-0	Zeit für Ruhe im Advent	CD
3-930974-18-5	Zeit für Ruhe im Alltag	CD
3-930974-75-4	Zeit für Ruhe im Frühling	CD
3-930974-40-1	Zeit für Ruhe unterwegs	CD

HörSingSpiele

3-926597-32-1	Das Frühlingslied d. Spatzen	Heft
3-926597-30-5	Das Frühlingslied d. Spatzen	MC
3-926597-31-3	Das Frühlingslied d. Spatzen	CD
3-932472-09-8	Der kleine Käfer Immerfrech	Heft
3-932472-10-1	Der kleine Käfer Immerfrech	MC
3-932472-11-x	Der kleine Käfer Immerfrech	CD
3-932472-15-2	Der kleine Käfer Immerfrech	CDMit.
3-926597-24-0	Die kleine Raupe Nimmersatt	Heft
3-926597-39-9	Die kleine Raupe Nimmersatt	MC
3-930974-23-1	Die kleine Raupe Nimmersatt	CD

Ludger Edelkötter Impulse Musikverlag

3-926597-35-6	Märchen v. d. Schneeglöckchen	Heft
3-926597-33-x	Märchen v. d. Schneeglöckchen	MC
3-926597-34-8	Märchen v. d. Schneeglöckchen	CD

Weihnachten

3-926597-23-2	Bald schon ist Weihnachten	Heft
3-926597-50-x	Bald schon ist Weihnachten	MC
3-930974-43-6	Bald schon ist Weihnachten	CD
3-930974-90-8	Mein kleiner Wunderstern	Heft
3-930974-78-9	Mein kleiner Wunderstern	BiBu
3-930974-79-7	Mein kleiner Wunderstern	MC
3-930974-80-0	Mein kleiner Wunderstern	CD
3-932472-06-3	Kerzenzauber	Heft
3-932472-07-1	Kerzenzauber	MC
3-932472-08-x	Kerzenzauber	CD
3-930974-81-9	Martin und Cemile	BiBu
3-930974-82-7	Martin und Cemile	MC
3-930974-83-5	Martin und Cemile	CD
3-932472-27-6	Silberglöckchen klinge	Heft
3-932472-28-4	Silberglöckchen klinge	MC
3-932472-29-2	Silberglöckchen klinge	CD
3-926597-48-8	Uns gefällt d. Weihnachtszeit	MC
3-930974-52-5	Uns gefällt d. Weihnachtszeit	CD
3-932472-00-4	Weihnachtsglöckchen	Heft
3-932472-01-2	Weihnachtsglöckchen	MC
3-932472-02-0	Weihnachtsglöckchen	CD
3-932472-16-0	Weihnachtsglöckchen	CDMit
3-932472-19-5	Wenn Herz und Hände	Heft
3-932472-20-9	Wenn Herz und Hände	MC

Spiel und Spaß-Lieder

3-930974-88-6	Da lacht die Kuh	Heft
3-930974-98-3	Da lacht die Kuh	MC
3-930974-99-1	Da lacht die Kuh	CD
3-926597-38-0	Die Dinobande	Buch

Ludger Edelkötter Impulse Musikverlag

3-926597-36-4	Die Dinobande	MC
3-926597-37-2	Die Dinobande	CD
3-926597-17-8	Du, ich geh einfach auf	Heft
3-926597-70-4	Du, ich geh einfach auf	MC
3-926597-14-3	Ich gebe dir die Hände	Heft
3-926597-69-0	Ich gebe dir die Hände	MC
3-926597-74-7	Schoß-+Schmuselider	BiBu
3-926597-73-9	Schoß-+Schmuselider	MC

Lieder für die Grundschule

3-930974-84-3	ABC im Zirkuszelt	ArbBu
3-930974-85-1	ABC im Zirkuszelt	BiBu
3-930974-86-x	ABC im Zirkuszelt	MC
3-930974-87-8	ABC im Zirkuszelt	CD
3-930974-89-4	ABC im Zirkuszelt	CDMit
3-926597-16-x	Hast Du etwas Zeit für mich	Heft
3-926597-71-2	Hast Du etwas Zeit für mich?	MC
3-926597-42-9	Hexentanz + Rattenschwanz	MC
3-926597-43-7	Hexentanz + Rattenschwanz	CD
3-926597-26-7	Ja, ja, bei uns ist immer	Heft
3-926597-68-2	Ja, ja, bei uns ist immer	MC
3-926597-41-0	Vorhang auf zur Zahlenwahl	Heft
3-926597-40-2	Vorhang auf zur Zahlenwahl	MC
3-930974-24-x	Vorhang auf zur Zahlenwahl	CD
3-932472-24-1	Wunschkonzert für die GS Vol1	Heft
3-932472-25-x	Wunschkonzert für die GS Vol1	MC
3-932472-26-8	Wunschkonzert für die GS Vol1	CD

Umwelt und Natur und Jahreszeiten

3-926597-75-5	Igel, Frosch und Fledermaus	MC
3-980133-61-3	Mit Kindern unsere Umwelt	Buch
3-926597-76-3	Mit Kindern unsere Umwelt	DMC
3-926597-22-4	So. schmeckt wie Himbeereis	Heft
3-926597-65-8	So. schmeckt wie Himbeereis	DMC
3-926597-44-5	Uns gefällt die Frühlingszeit	MC

Guter Mond

T: trad. / M: trad. **134**

Aus unserer beliebten Reihe: Wir ersetzen Liedtext durch Bewegungen: Bei jedem Durchgang ersetzt Ihr jeweils ein Wort durch die zugehörige Bewegung, bis das Lied (vom „so" einmal abgesehen, das bis zum Schluß gesungen wird) ganz stumm nur noch gespielt wird. Achtung: Auch „ohne Lied" solltet Ihr den ursprünglichen Rhythmus unbedingt beibehalten, weil sonst das Durcheinander vorprogrammiert ist. Es hilft dabei sehr, wenn der „Vorsänger" das Lied stumm im Kopf für sich singt, während er die Bewegungen macht.
So haben alle einen „Dirigenten", an den sie sich ahlten können. Vor jedem Durchgang führt der „Dirigent" die neue Bewegung kurz vor.

mit Bewegungen

Guter: *Hand aufs Herz legen*
Mond: *mit dem Zeigefinger einen Halbmond in die Luft zeichnen*
du: *auf jemanden zeigen*
gehst: *mit Zeige- und Mittelfinger eine Laufbewegung machen*
so:
stille: *Finger auf den Mund legen*
durch die: *linken Arm angewinkelt hoch halten und mit der rechten Hand unter dem linken Arm hindurchfahren*
Abend-: *Kopf auf die flach zusammengelegten Hände betten wie auf ein Kissen (zum Schlafen)*
-wolken: *mit beiden Händen eine Wolke in die Luft malen*
hin: *„krr"-Geräusch und Bewegung des „Halsabschneidens"*

Zunächst wird dieser 1. Teil des bekannten Abendliedes gesungen. Bei den 10 Wiederholungen ersetzt man jeweils ein weiteres Wort durch die angegebene Bewegung.

Lord of the dance

135

T: Sidney Carter / M:Sidney Carter

2. Ich tanzte für den Schreiber und den Priester hier, ich tanzte, sie tanzten aber nicht mit mir. Ich tanzte für die Fischer an dem See: Folgt mir nach es kann weitergehn.

Tanz, tanz ...

(Fortsetzung nächste Seite)

3. Ich tanzte am Sabbat und ich heilte einen Mann. Die Frommen fragten ob man das denn machen kann. Sie schlugen mich. peitschten mich, hängten mich hoch und feierten meinen Kreuzestod.

Tanz, tanz ...

4. Ich tanzte am Karfreitag und der Himmel war schwarz, doch tanzte sich's nicht gut mit den Bösen als Last. Sie begruben meinen Körper und sie dachten: „alles klar", aber ich bin der Tanz, es geht weiter ja.

Tanz, tanz ...

5. Sie schlugen mich klein, doch ich sprang hoch herauf. Ich bin das Leben darum gebt euch niemals auf. Ich tanze in dir, so tanz du jetzt für mich, ich bin der Herr, komm und tanz für mich.

Tanz, tanz ...

Ein ganz tolles Lied mit viel „Swing" und „Pep" in der Melodie. Bitte nicht zu langsam anstimmen!!
Achtung! Die Textverteilung in den einzelnen Strophen ist ziemlich anspruchsvoll.
Wer das Lied anstimmt, ohne vorher selbst alle Strophen zumindest einmal trainiert zu haben, kommt garantiert ins Schleudern (besonders in der zweiten Strophe).

Noch ein Kommentar zum Inhalt: Es soll hier das Bild Jesu als kosmischer Tänzer erfahren werden. Man sollte, wenn man zu diesem Lied tanzen möchte, nur den Refrain tanzen und in den Strophen zum Hören und Mitsingen einladen, damit die Aussage nicht in Aktion verflacht wird. Mit seiner inhaltlichen Tiefe ist das Lied ausschließlich für Jugendliche und Erwachsene geeignet. Kleine Kinder können eventuell zuschauen, sind vielleicht beeindruckt, wenn Ihnen die Großen etwas vortanzen und spüren ein Stück weit das Geheimnis, das hinter der Intention des Lieds steckt.

Herr, gib uns deinen Frieden

136

Aus: „Ein Mann aus Assisi" (IMP 1004) u.a. / T: Wolfgang Poeplau / M: Ludger Edelkötter

Friedensnetz

137

Aus: „Ich suche einen Sinn heraus“, 1975 / T: Hans-Jürgen Netz / M: Peter Janssens

2. Jeder fängt in's eig'ne Netz, versucht einzufangen, was zu fangen ist. Wer denkt da an Frieden, wer denkt an Shalom, wer denkt da an Frieden, wer denkt an Shalom? Wir knüpfen …

3. Einer hängt im fremden Netz, versucht noch zu retten, was zu retten ist. E-r denkt an Frieden, er denkt an Shalom, e-r denkt an Frieden, er denkt an Shalom.Wir knüpfen …

4. Wir zap-peln im alten Netz, versuchen zu tragen, was zu tragen ist. Wir suchen den Frieden, wir suchen Shalom, wir suchen den Frieden, wir suchen Shalom. Wir knüpfen …

5. Wir knüpfen ein neues Netz, verbinden, was für Frieden ist. Wir bringen den Frieden, wir bringen Shalom, wir bringen den Frieden, wir bringen Shalom. Wir knüpfen …

Zu diesem Lied können wir ein Friedensnetz knüpfen:
Man nehme ein (nicht zu kleines) Wollknäuel, halte das Ende fest und werfe es einem anderen zu (der nicht zu nahe steht).
Dieser hält den Faden so fest, daß sich zwischen den beiden Partnern eine nicht zu lockere Verbindung ergibt und wirft das Knäuel dann weiter.

Wenn niemand vergißt, seinen „Abschnitt" festzuhalten, ergibt dich mit der Zeit ein dichtes Netz, das man zum krönenden Abschluß hoch über die Köpfe hält.

Vom Aufgang der Sonne

T: Psalm 113.3 / Kanon: Paul Ernst Ruppel

138

Der Gitarrero kommt am besten in die Mitte des innersten Kreises. So hat er wenigstens eine kleine Chance, die Kontrolle über den Kanon zu behalten.
„Vom Aufgang der Sonne" sollte sehr ruhig und besinnlich gesungen werden. Ein Gebet oder eine kleine Meditation vor dem Lied hilft manchmal, etwas Ruhe zu finden.
Toll geeignet, um ein Morgen- oder Abendgebet zu „umrahmen". Dabei wird der Kanon vor und nach dem Gebet gesungen, zum Beten bleiben wir dann einfach an den Händen gefaßt im Kreis stehen.

BEWEGUNG

Wir stellen uns in konzentrischen Kreisen auf, in denen alle Richtung Kreismitte schauen. Die Anzahl der Kreise richtet sich nach der Zahl der Stimmen, die wir singen möchten und wird sich wohl von der Musikalität (und Altersstruktur) unserer Gruppe abhängen. Jeder Kreis singt dabei eine Stimme des Kanons. Wir beginnen mit beiden Händen links vom Körper in Höhe unserer Knie in gebückter Haltung.
Bei „Vom Aufgang der Sonne" richten wir uns auf und heben beide Hände hoch über den Kopf.
Zu „Bis zu ihrem Niedergang" wandern die Hände weiter nach rechts unten, bis in die gebückte Haltung. Die Hände sind nun rechts neben unseren Knien. Das Ganze soll eine ruhige, halbkreisförmige Bewegung ergeben.
„Sei gelobet der Name des Herrn": Wir fassen uns im Kreis an den Händen (jeder Kreis natürlich nur unter sich, schließlich spielen wir nicht den „Gordischen Knoten").
„Sei gelobet der Name des Herrn": Wir heben die Hände, die immer noch gefaßt sind, in die Höhe.

Schenk uns Herr das tägliche Brot

139

T: Rolf Krenzer / M: Inge Lotz / Aus: Krenzer/Lotz, „Wir sind die Musikanten"

Refrain: Schenk uns, Herr,
schenk uns, Herr,
schenk uns, Herr, das tägliche Brot.
Hilf uns, Herr,
hilf uns, Herr,
hilf uns Herr, sonst leiden wir Not.

1. Das Korn wird gesät.
Das Korn wird gesät,
damit nach dem Säen die Saat bald aufgeht.
(Wir zeigen mit beiden Händen einen Sack voll Körner
und füllen ihn dann in die Maschine, die sät.)

2. Das Korn wächst heran.
Das Korn wächst heran.
Es bilden sich Ähren voll Körner daran.
(Wir zeigen, wie das Korn wächst. Wir machen uns ganz klein. Dann werden wir größer und größer. Schließlich haben wir eine dicke Ähre voller Körner. Wir bilden sie mit den Händen über unserem Kopf.)

(Fortsetzung nächste Seite)

3. So reif ist das Korn.
So reif ist das Korn.
Die Ernte beginnt, und es geht nichts verlorn.
(Wir legen die Hand an die Stirn und schauen umher, wie gut die Ernte steht.)

4. Die Ernte beginnt.
Die Ernte beginnt.
Der Mähdrescher schneidet und drischt ganz geschwind.
Wir zeigen mit beiden Händen und Armen, wie das Korn abgeschnitten wird. Wir zeigen mit allen Fingern, wie die Körner in den Sack rieseln.)

5. Zur Mühle hinein!
Zur Mühle hinein!
Das Korn wird gemahlen zu Mehl weiß und rein.
(Die Mehlsäcke werden mit Mehl gefüllt, anschließend zugebunden.)

6. Die Säcke füllt schnell!
Die Säcke füllt schnell!
Es braucht doch der Bäcker zum Backen das Mehl.
(Die Mehlsäcke werden auf den Wagen geladen und zum Bäcker gebracht und dort heruntergenommen, schwere Mehlsäcke schleppen.)

7. Er knetet es fein.
Er knetet es fein,
und schiebt in den Ofen die Brote hinein.
(Wir schöpfen Mehl aus dem Sack, mischen einen Teig, kneten ihn und formen einen Brotlaib und schieben ihn in den Backofen.)

8. Das Brot kommt heraus.
Das Brot kommt heraus.
Wir kaufen und tragen das Brot dann nach Haus.
(Wir holen das Brot aus dem Backofen, kaufen es und packen es in die Einkaufstasche.)

9. Wer Hunger jetzt hat,
wer Hunger jetzt hat,
der ißt von dem Brot. Und wir werden all satt.
(Wir schneiden das Brot auf und beißen hinein.)

Alle Spielanleitungen können gestisch bzw. pantomimisch ausgeführt werden.

Mit den Kindern kann man zu diesem Lied ein tolles Stehgreif Theaterstück aufführen.

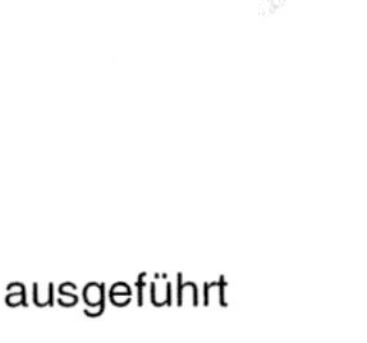

Laßt uns miteinander

140

T: trad. / M: trad.

Sing mit mir ein Halleluja

141

T: Thomas Eger / M: Thomas Eger

Sing mit mir ein Ha - le - lu - ja, sing mit mir ein Dan-ke - schön,

denn im Danken, da liegt Se - gen, und im Dan ken preis ich ihn.

1. Für die Ru - he in der Nacht, für die Son - ne, die mir lacht,
2. Für die Freun - de, die ich hab', für die Lie - be je - den Tag,
3. Für das Wun - der, das ge - schah, dort am Kreuz auf Gol - ga - tha,
4. Da - für, daß er auf - er - stand, und der Höl - le Macht ge - bannt,
5. Da - für, daß er heut noch lebt, und mir treu zur Sei - te steht,

1. für die Luft, die mir den A - tem gibt.
2. die aus sei - ner gro - ßen Gna - de quillt.
3. als er starb, da - mit ich le - ben kann.
4. da - für, daß er mich hat neu ge - macht.
5. da - für, daß mich sei - ne Lie - be trägt.

Ja, wenn der Herr einst wiederkommt

142

T: trad. / M: Spiritual / Satz und deutscher Text: Hoffmann, Fr. Mausberg, K. Norres, L. Schuhen

2. /: Und wenn die Heil'gen auferstehn,:/
dann laß mich auch da-
bei sein, wenn die Heil'gen auferstehn.

3. /: Und wenn sie stehn um Deinen Thron, :/
dann laß mich auch da-
bei sein, wenn sie stehn um Deinen Thron.

4. /: Und wenn das Buch geöffnet wird, :/
dann laß mich auch da-
bei sein, wenn das Buch geöffnet wird.

5. /: Und wenn man singt: Alleluja, :/
dann laß mich auch da-
bei sein, wenn man singt: Alleluja.

6. /: Und wenn die Welt wird wieder neu, :/
dann laß mich auch da-
bei sein, wenn die Welt wird wieder neu.

7. /: Und wenn das Lamm zur Hochzeit kommt, :/
dann laß mich auch da-
bei sein, wenn das Lamm zur Hochzeit kommt.

8. /: Und wenn du uns beim Namen rufst,:/
dann laß mich auch da-
bei sein, wenn Du uns beim Namen rufst.

Lobt den Herrn auf Straßen und auf Plätzen!

T: unbekannt / M: unbekannt
mündlich überliefert

143

2. Lobt den Herrn, ihr Jungen und ihr Alten! Halleluja. Halleluja.
   Lobet ihn, denn er ist unsre Hoffnung! Halleluja. Halleluja.

3. Lobt den Herrn am Morgen und am Abend! Halleluja. Halleluja.
   Lobet ihn, denn er ist unsre Freude! Halleluja. Halleluja.

4. Lobt den Herrn, ihr Völker und Nationen! Halleluja. Halleluja.
   Lobet ihn, denn er ist unser Leben! Halleluja. Halleluja.

Diese fröhliche Loblied paßt zu fast jeder Gelegenheit!

Die Sonne hoch am Himmelszeit

144

T: Hermann Bergmann / M: Hartmut Wortmann

Aus: „Pfälzer Kindermesse" /

2. Die Blumen, Vögel, jedes Tier: Alles hat Gott gemacht.
   Er schenkte sie zur Freude mir. Alles hat Gott gemacht.
   Niemand ist größer als unser Herr und Gott.
   Niemand ist größer als unser Herr und Gott.

3. Die Wälder, Flüsse und das Meer: Alles hat Gott gemacht.
   Und darum loben wir ihn sehr. Alles hat Gott gemacht.
   Niemand ist größer als unser Herr und Gott.
   Niemand ist größer als unser Herr und Gott.

Ich will eine Brücke bauen

T: unbekannt / M: unbekannt
mündlich überliefert

145

2. Ich will ein paar Schritte tanzen, eine Weile stille stehn,
ich will eine Blume pflanzen, ich will nach den Wolken sehn.

3. Ich will mit der Sonne lachen, ich will ins Gesicht dir sehn,
ich will große Sprünge machen, ich will bei den andren stehn.

4. Ich will laute Lieder singen, ich kann mit dir traurig sein,
ich will euch die Blumen bringen, ich kann mich von Herzen freun.

5. Gott, ich will dir dafür danken, daß mein Mund so singen kann,
du, ich will dir dafür danken, daß und wie ich Mensch sein kann.

6. Ich will eine Brücke bauen und auch ein paar Schritte gehn,
ich will zu den andren schauen, ich will zu den andren gehn.

Dieses besinnliche Lied sollte nicht atemlos ohne Pause gesungen werden. Zwischen den Strophen sollte man ruhig jeweils etwas Atem holen und einen Moment der Gitarre lauschen.

Dieses Lied haben wir mit Bewegungen schon erfolgreich bei Großveranstaltungen (z.B. dem Diözesanfamilientag) eingesetzt:

1 Strophe:	*Hände fassen und hochhalten, daß sich zwischen allen eine Brücke spannt.*
2. Strophe:	*Einige Schritte vor- und zurückgehen, dann eine Weile stille stehn.*
Ab 3. Strophe:	*Hände loslassen.*
4. Strophe:	*Wir bauen wie in der ersten Strophe wieder Brücken untereinander.*

Wir sehen schon die neue Stadt

146

Aus: „Ein Halleluja für dich“ , 1973 / T: Alois Albrecht / M: Peter Janssens

2. Jetzt muß mehr geschehn, als daß an Schreibtischen geplant und in Büchern geschrieben wird.
Freiheit ereignet sich, wenn wir jeden Menschen achten.
Jetzt muß mehr geschehn, als daß mit Schaufeln gegraben und mit Hebeln bewegt wird.
Menschlichkeit ereignet sich, wenn wir Herr des Werkszeugs bleiben.

3. Jetzt muß mehr geschehn, als daß mit Löffeln gefressen und mit Scheinen erkauft wird.
Liebe ereignet sich, wenn wir miteinander teilen.
Jetzt muß mehr geschehn, als daß mit Fäusten gedroht und mit Lippen gebetet wird.
Friede ereignet sich, wenn wir uns die Hände reichen.

Singt dem Herrn aller Völker und Rassen

147

Aus: „Gute Nachricht für alle Völker", 1970 / T: Hans Bernhard Meyer / M: Peter Janssens

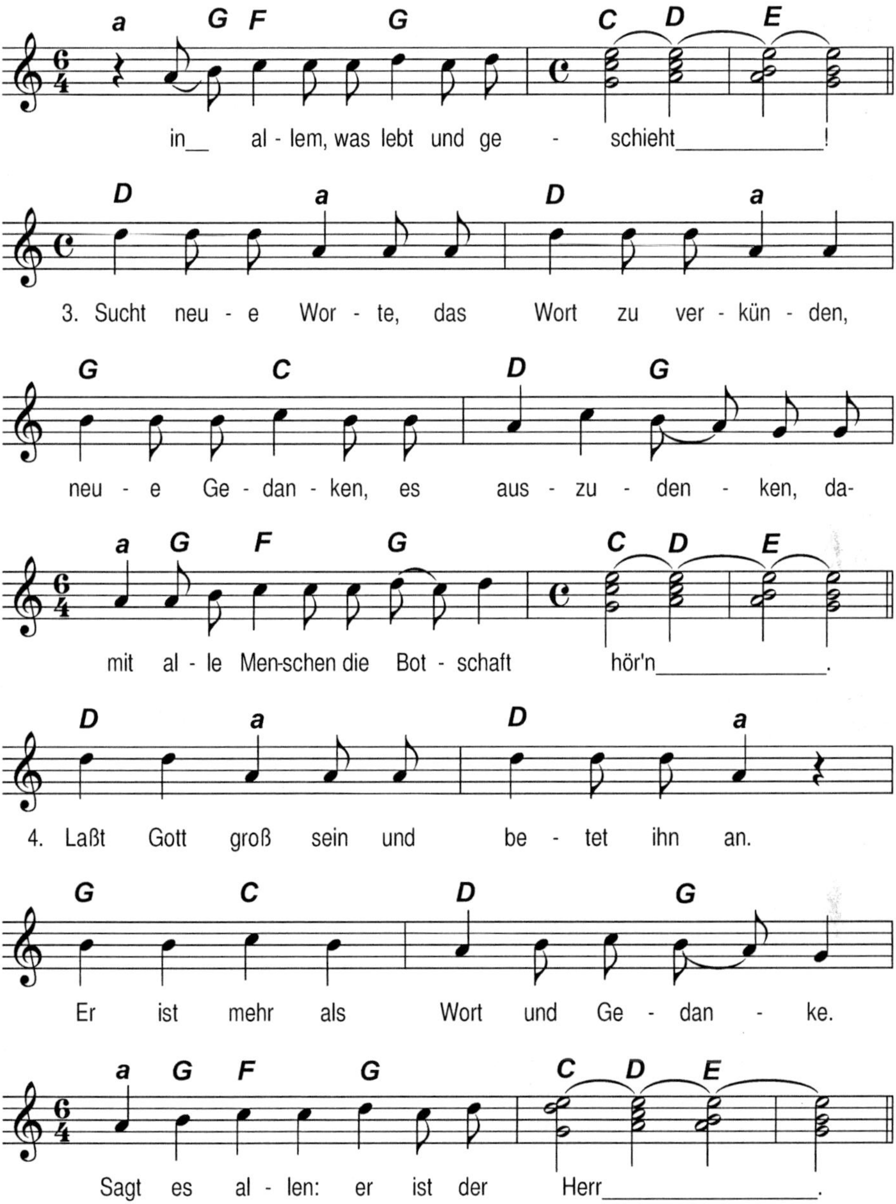
a G F G C D E
in__ al - lem, was lebt und ge - schieht____________!
D a D a
3. Sucht neu - e Wor - te, das Wort zu ver - kün - den,
G C D G
neu - e Ge - dan - ken, es aus - zu - den - ken, da-
a G F G C D E
mit al - le Men-schen die Bot - schaft hör'n______________.
D a D a
4. Laßt Gott groß sein und be - tet ihn an.
G C D G
Er ist mehr als Wort und Ge - dan - ke.
a G F G C D E
Sagt es al - len: er ist der Herr________________.

Herr und Gott, du bist Brot

148

T: Hermann Bergmann / M: Hartmut Wortmann

2. Du mein Freund, dir vereint möchte ich dich lieben.
Ich bin dein, du bist mein, laß mich bei dir sein.
Nun kommst du zu mir; groß ist deine Liebe.
Nun komm ich zu dir; Freundschaft schließen wir.

3. Schritt für Schritt, gehst du mit auf dem Lebenswege.
Und dein Brot gibt mir Kraft auch in größter Not.
Nun kommst du zu mir; groß ist deine Liebe.
Nun komm ich zu dir; Freundschaft schließen wir.

4. Nach der Zeit öffnet weit Gott das Tor zum Leben.
Führe mich in dein Reich! Ewig lieb ich dich.
Nun kommst du zu mir; groß ist deine Liebe.
Nun komm ich zu dir; Freundschaft schließen wir.

Jesus wohnt in unsrer Straße

Aus: „Biblische Spiellieder Äthiopien£ (IMP 1009) u.a. / T:Rudolf Otto Wiemer / M: Ludger Edelkötter

149

2. Jesus wohnt in uns'rer Straße, hat keine Beine mehr. Gestem bin ich ihm begegnet, rollte vor mir her. Und er saß in seinem Rollstuhl, und er sah mich an und sprach: Wer …

(Fortsetzung nächste Seite)

3. Jesus wohnt in uns'rer Straße,
ist 'ne alte Frau. Gestem bin ich ihr begegnet,
und ihr Haar war grau. Und es zitterten die
Hände, und sie sah mich an und sprach: Wer …

4. Jesus wohnt in uns'rer Straße,
ist ein Schlüsselkind. Gestern bin ich ihm begegnet,
eiskalt pfiff der Wind. Und es stand am Zaun und
weinte, und es sah mich an und sprach: Wer …

5. Jesus wohnt in uns'rer Straße, man
hatte ihn gefaßt. Gestern bin ich ihm begegnet
nach zwei Jahren Knast. Und da wurde er ent-
lassen, und er sah mich an und sprach: Wer …

6. Jesus wohnt in uns'rer Straße
wohnt da ganz am End'. Und er fragte: Du, wie kommt es,
daß mich keiner kennt? Gestern bin ich ihm be-
gegnet, und ich sah ihn an und sprach: Wer …

Shalom chaverim

T: trad. / M: trad.

150

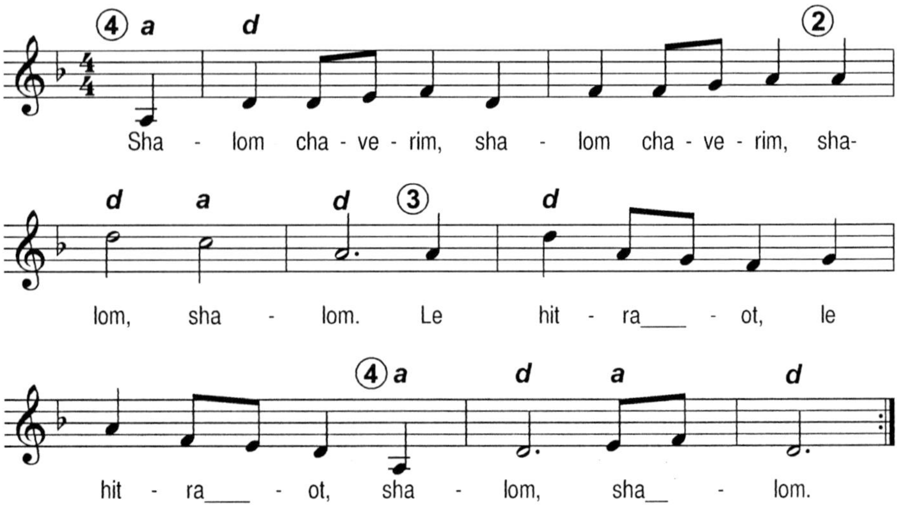

Wegzeichen

151

T: Friedrich Karl Barth, Peter Horst / M: Peter Janssens

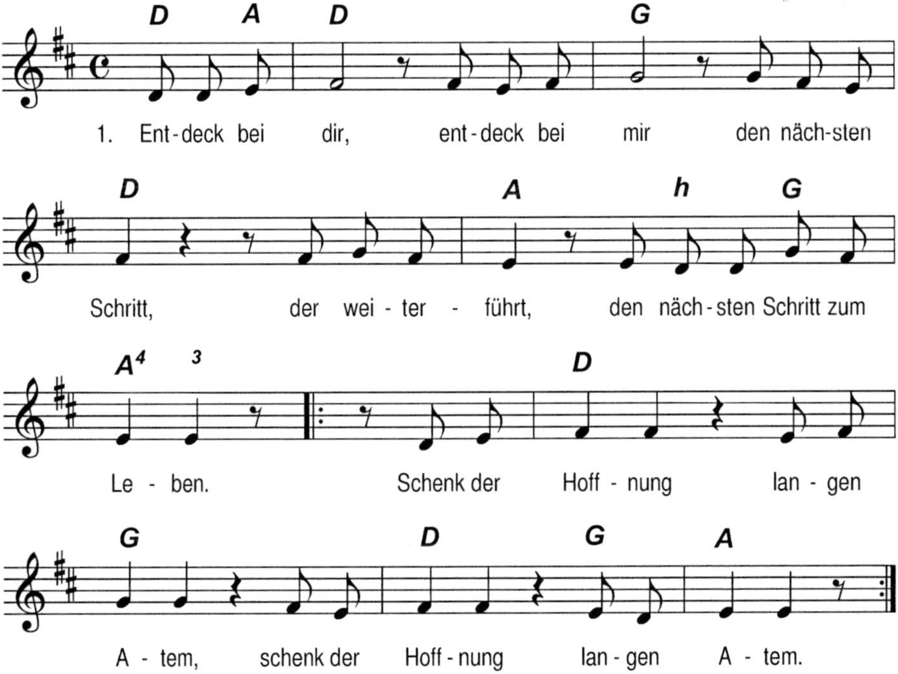

2. Erquicke dich, erquicke mich mit einem
Schritt, der weiterführt, mit einem Schritt zum
Leben. Schenk der Liebe große
Augen, schenk der Liebe große Augen.

3. Vertrau auf dich, vertrau auf mich beim nächsten
Schritt, der weiterführt, beim nächsten Schritt zum
Leben. Schenk dem Glauben starke
Arme, schenk dem Glauben starke Arme.

4. Komm stärke dich, komm stärke mich zum nächsten
Schritt, der weiterführt, dem nächsten Schritt zum
Leben. Schenk dem Hunger frische
Nahrung, schenk dem Hunger frische Nahrung.

Die Sache Jesu

152

T: Alois Albrecht / M: Peter Janssens

g F
2. Wer ver - zwei - felt ist, wer ver - bit - tert klagt,
g A-9 D g D7
Wer ent - frem - det lebt wer be - freit sie zur Hoffnung?
g F
3. Wo Fron - ten sind, wo Gren - zen tren - nen,
g A-9 D7 g D7
wo Mau - ern steh'n, wer be - freit uns zum Ge - spräch?
g F
4. Wo Schrei - e sind, wo Hun - ger herrscht,
g A-9 D7 g D7
Wo E - lend haust wer be - freit uns zur Ge - rech - tig - keit?
g F
5. Wo Krie - ge sind, wo Schüs - se fal - len,
g A-9 g D7
Wo Ge - fan - ge - ne lei - den wer be - freit uns zum Le - ben?

Andere Lieder wollen wir singen

153

T: Alois Albrecht / M: Peter Janssens

Vater unser

154

Aus: „Wir können nicht schweigen", 1970 / T: Liturgie / M: Peter Janssens

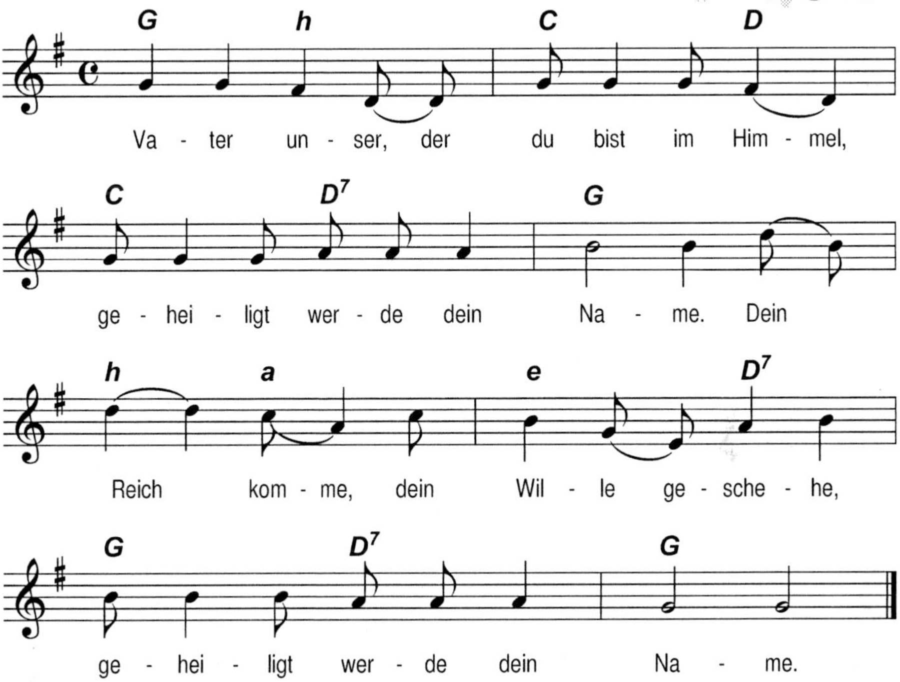

2. Wie im Himmel, also auch auf Erden,
geheiligt werde dein Name. Unser
täglich Brot, Herr, gib uns heute,
geheiligt werde dein Name.

3. Und vergib uns all unsre Schulden,
geheiligt werde dein Name, Wie auch
wir vergeben unseren Schuldnern,
geheiligt werde dein Name.

4. Und führ uns, Herr, nicht in Versuchung,
geheiligt werde dein Name. Son-
dern erlöse uns von dem Bösen,
geheiligt werde dein Name.

5. Denn dein ist das Reich und die Kraft und
geheiligt werde dein Name.
Und die Herrlichkeit in Ewigkeit. Amen.
Geheiligt werde dein Name.

Vater unser, der du bist im

155

T: Oskar Gottlieb Blarr / M: Nach einem südmaerikanischen Spiritual

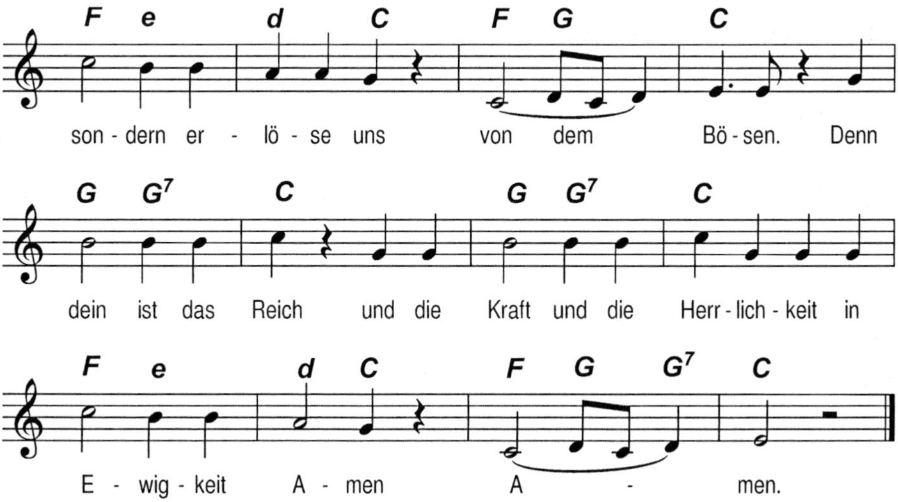

Ubi caritas et amor

T: Altkirchliche Liturgie / M: Jacques Berthier / Satz: Jacques Berthier
Rechteinhaber: Les Presses de Taizé / Deutsche Rechte bei Verlag Herder, Freiburg

156

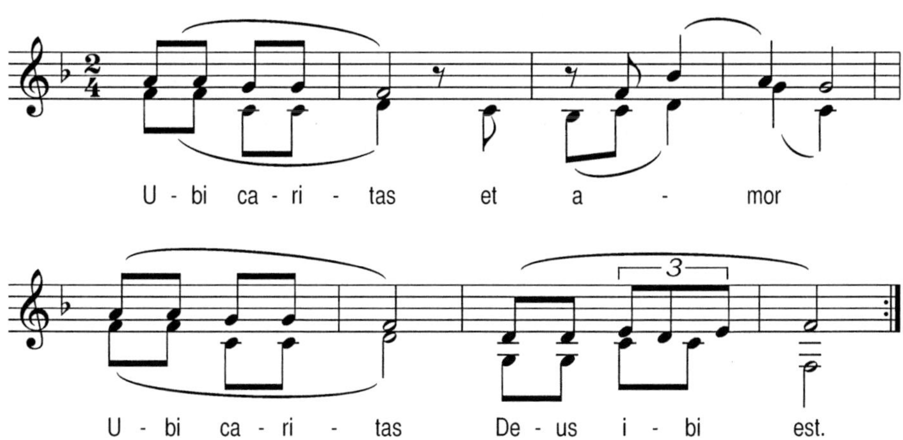

Besinnlich

Alle Kinder dieser Welt sind dein

157

T: Hermann Bergmann / M: Hartmut Wortmann

Aus: „Pfälzer Kindermesse“ / © Lahn-Verlag, Limburg

Alle, schwarze, weiße, groß und klein: Segne sie alle, Herr!
Millionen leiden Hungersnot: Segne sie alle, Herr!
Gib den armen Kindern täglich Brot: Segne sie alle, Herr!
Viele Kinder leiden, sie sind krank: Segne sie alle, Herr!
Viele müssen leiden lebenslang: Segne sie alle, Herr!

KV: Breite deine Hände aus, nimm uns all in deine Hut.
Breite deine Hände aus, dann wird alles gut.

Schütze uns vor Unfall und Gefahr: Hilf uns, Herr Jesus Christ!
Sei bei Spiel und Sport uns immer nah: Hilf uns, Herr Jesus Christ!
Laß die Augen immer Gutes sehn: Hilf uns, Herr Jesus Christ!
Laß die Füße gute Wege gehn: Hilf uns, Herr Jesus Christ!
Laß die Hände immer Gutes tun: Hilf uns, Herr Jesus Christ!
Nach getaner Arbeit laß uns ruhn: Hilf uns, Herr Jesus Christ!

KV: Breite deine Hände aus nimm uns all in deine Hut.
Breite deine Hände aus dann wird alles gut.

Gott liebt die Kinder

T: Hermann Bergmann / M: Hartmut Wortmann

158

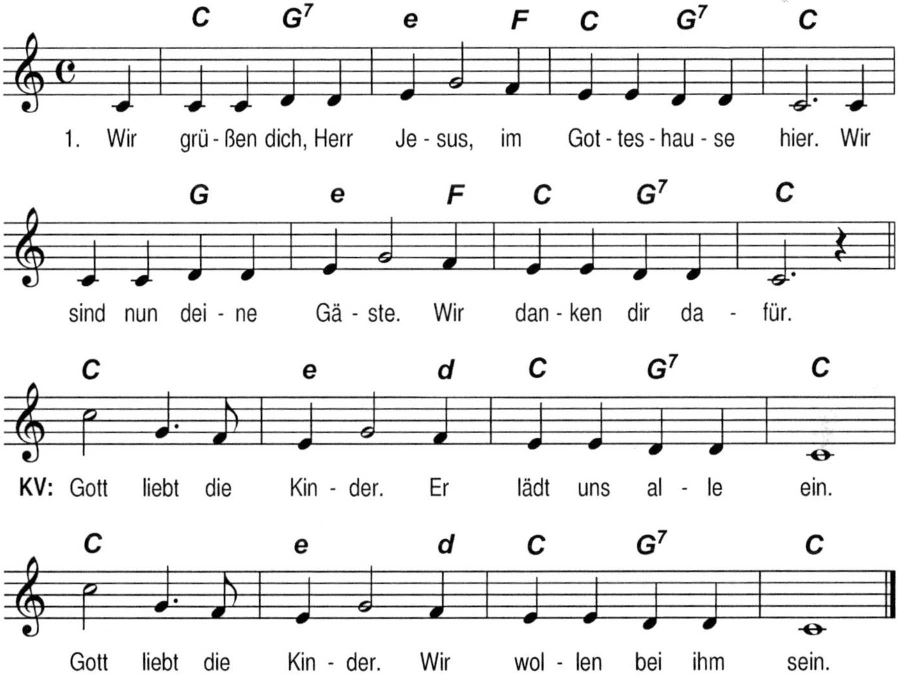

2. Laßt alle Kinder kommen, so sagt Herr Jesus Christ.
   Sie sollen zu mir kommen und wehrt es ihnen nicht. -

3. Er will uns glücklich machen, von Herzen froh und gut.
   Als seinen Gotteskindern gibt er uns frischen Mut. -

Ja, freuet euch im Herrn

159

T: Johann Koller / M: Spiritual

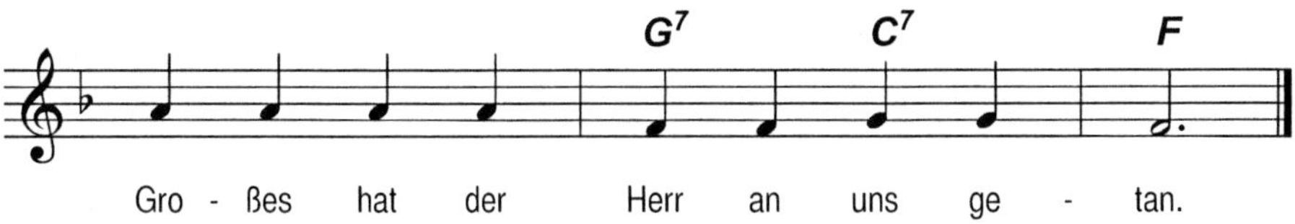

2. Ein wunderbarer Tag, den uns der Herr gemacht. Zu neuem Leben hat er uns gebor'n.
3. Mit deinem Brot, o Herr, hast du uns reich bedacht, und Freude schenkst du uns durch seine Kraft.
4. Mit deinem Blut, o Herr, hast du uns frei gemacht. Du bist für uns gestorben an dem Kreuz.
5. Ja würdig bist du Herr, zu hören unser Lob. Und alle Menschen preisen deine Macht.

Für Speis und Trank

Kanon zu 2 Stimmen / T: Lothar Gassmann / M: Lothar Gassmann

Aus: „Wir loben Dich", Heft 3 / Rechte bei Hänssler-Verlag, Neuhausen-Stuttgart

160

Manchmal ist weniger tatsächlich mehr: Die Gitarre hat hier wirklich Ruhepause. Zum Einsatzzweck: Vor dem Essen nicht vergessen …

Hungertuchlied (wir spinnen feine Fäden)

161

T: Wilhelm Willms / M: Peter Janssens

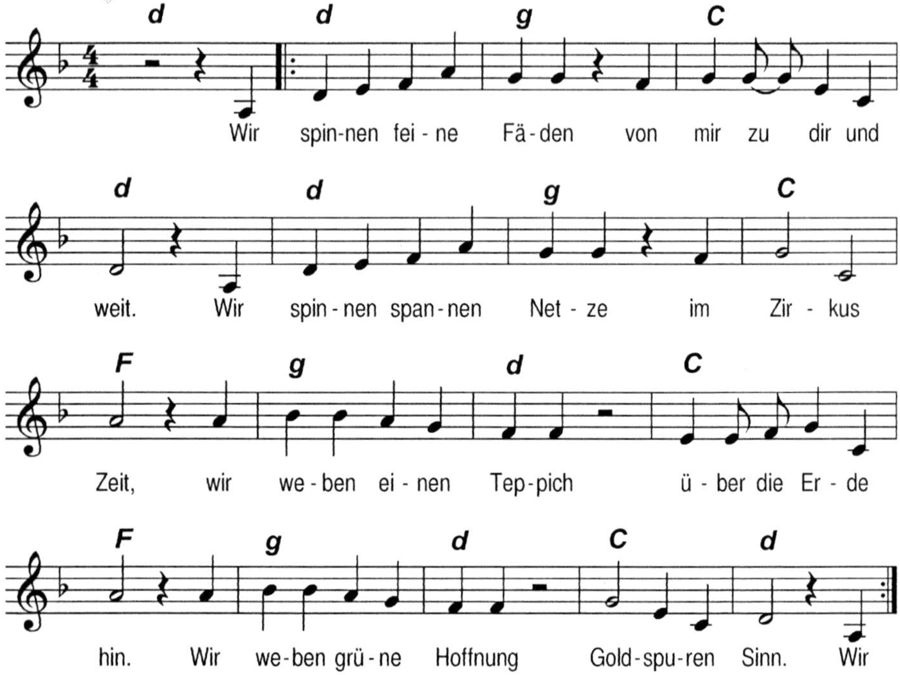

2. Wir weben einen Teppich über die Wüste
hin. Wir weben Weizenfelder, Goldähren
drin. Wir weben in den Teppich ganz neue Muster
ein, wir weben schwarzen Hunger, Weißbrot und Wein.

3. Wir knüpfen eine Brücke tausendundeine
Nacht, wir knüpfen nicht ins Blaue, Land zuge-
sagt, wir knüpfen eine Brücke über das weite
Meer, so kommen und so gehen wir hin und her.

4. Wir spinnen feine Fäden von mir zu dir und
weit, wir spinnen spannen Netze im Zirkus
Zeit, wir knüpfen eine Freundschaft, die nie mehr enden
wird, wir geben und wir nehmen, sind Gast und Wirt.

Zu diesem Lied können wir ein Friedensnetz knüpfen: Man nehme ein (nicht zu kleines) Wollknäuel, halte das Ende fest und werfe es einem anderen zu (der nicht zu nahe steht).
Dieser hält den Faden so fest, daß sich zwischen den beiden Partnern eine nicht zu lockere Verbindung ergibt und wirft das Knäuel dann weiter.
Wenn niemand vergißt, seinen „Abschnitt" festzuhalten, ergibt sich mit der Zeit ein dichtes Netz, das man zum krönenden Abschluß hoch über die Köpfe hält.

Teilt das Brot mit anderen

T: Johannes Hansen / M: Dominik Kubietziel

162

2.. Teilt das Wort mit anderen; es
ist zu reich für euch allein.
Teilt das Wort mit anderen; es
soll zum Heil für viele sein.
Teilt das Wort mit anderen; es
soll zum Heil für viele sein.

3. Teilt das Leid mit anderen; es
ist doch eurer Brüder Not.
Teilt das Leid mit anderen; die
Liebe ist des Herrn Gebot.
Teilt das Leid mit anderen; die
Liebe ist des Herrn Gebot.

4. Teilt das Licht mit anderen, daß
es die Finsternis vertreibt.
Teilt das Licht mit anderen, daß
keiner mehr im Dunkel bleibt.
Teilt das Licht mit anderen,
daß keiner mehr im Dunkel bleibt.

Von guten Mächten

163

T: Dietrich Bonhoeffer / © Gütersloher Verlagshaus / Chr. Kaiser / Kiefel, Gütersloh

M: Siegfried Fietz / © ABAKUS Musik Barbara Fietz, D - 35753 Greifenstein

2. Noch will das alte unsre Herzen quälen, noch drückt uns böser Tage schwere Last; ach Herr gib unsern aufgescheuchten Seelen das Heil, für das du uns bereitet hast.

3. Und reichst du uns den schweren Kelch den bittern, des Leids gefüllt bis an den nächsten Rand, so nehmen wir ihn dankbar, ohne Zittern, aus der guten und geliebten Hand.

(Fortsetzung nächste Seite)

4. Doch willst du uns noch einmal Freude schenken, an deiner Welt und ihrer Sonne Glanz, so woll'n wir des vergangenen gedenken und dann gehört dir unser Leben ganz.

5. Laß warm und still die Kerzen heute flammen, die du in unsre Dunkelheit gebracht, führ, wenn es sein kann, wieder uns zusammen, wir wissen es, dein Licht scheint in der Nacht.

6. Wenn sich die Stille nun tief um uns breitet, so laß uns hören jenen vollen Klang, der Welt, die unsichtbar sich um uns weitet, all deiner Kinder hohen Lobgesang.

Gib uns Frieden jeden Tag

T: Kurt Rommel/Rüdiger Lüders / M: Rüdiger Lüders

Aus: „Neue geistliche Lieder" Liedblatt 6 (BE 256) / © by Gustav Bosse Verlag, Kassel

164

2. Gib uns Freiheit jeden Tag! Laß uns nicht allein.
Laß für Frieden uns und Freiheit immer tätig sein. Denn durch dich, unsern Gott, denn durch dich, unsern Gott,
sind wir frei in jedem Land. Laß uns nicht allein.

3. Gib uns Freude jeden Tag! Laß uns nicht allein.
Für die kleinsten Freundlichkeiten laß uns dankbar sein. Denn nur du, unser Gott, denn nur du, unser Gott,
hast uns alle in der Hand. Laß uns nicht allein.

(1. Strophe auf Wunsch des Lizenzgebers 1997 abgeändert.)

Brot, das die Hoffnung nährt

165

T: Krenzer, Rolf / M: Krenzer, Rolf

Aus: „Hast du unseren Hund gesehen" / Ernst Kaufmann Verlag, Lahr

Der Himmel geht über allen auf

T: Wilhelm Willms / M: Peter Janssens

166

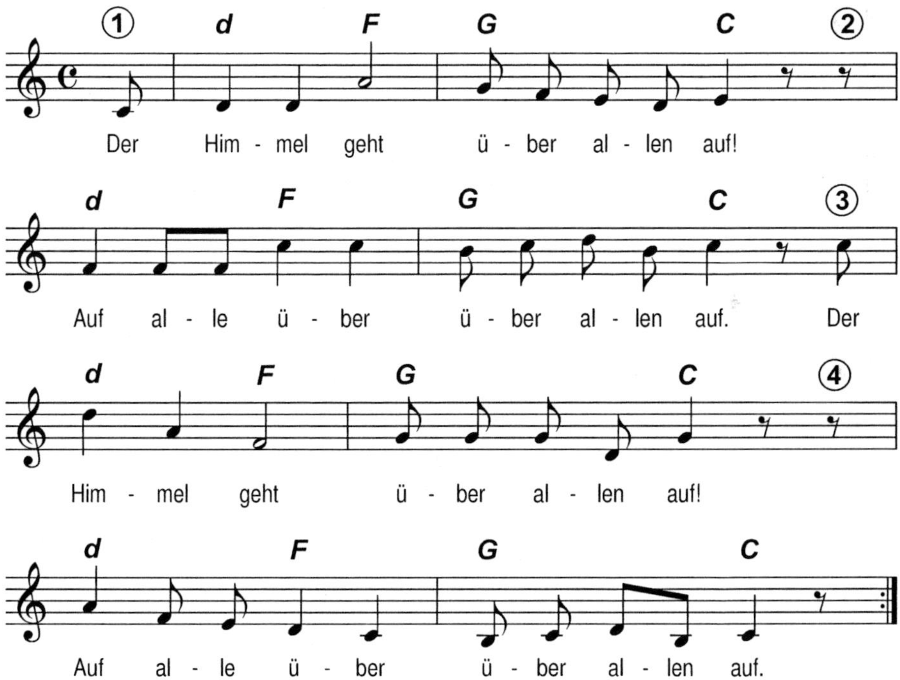

Die Erde ist schön

167

T: Redaktionsteam am Neue Stadt Verlag / M: Souir Sourire

Aus: „Lieder einer neuen Generation" / Neue Stadt Verlag

2. Alle Menschen sind uns Brüder, teilen
woll'n wir Freud und Leid, daraus wächst das wahre
Leben, das die Welt erwartet heut.

3. Bei der Arbeit und beim Spiele, fern sei
Zwietracht, Zorn und Neid, schenk dem andern deine
Liebe, und ins Herz zieht ein die Freud.

Besinnlich

Brüder, ruft in Freude

168

T: trad. / M: Spiritual / Satz und deutscher Text: L. Hoffmann, Fr. Mausberg, K. Norres, L. Schuhen

2. In Güte lebt zusammen, auch
wo man euch bedrängt, die Nähe Gottes
macht euch stark, und Gott ist's der euch lenkt.

3. Die Freundschaft Gottes trägt euch ja, gibt
Frieden eurem Herz. Sein Friede macht euch
froh und frei, läßt froh sein auch im Schmerz.

Bitte nicht zu langsam!!!

Dieses Lied hat Schwung: So let it swing!!!

Mein Gott, welche Freude

169

T: trad. / M: Spiritual / deutscher Satz und Text: L. Hoffmann, Fr. Mausberg, K. Norres, L. Schuhen

2. Auf jetzt, ihr Müden, erstarket, die der Tod beherrscht!
   Tröstet euch, seid ohne Furcht, Gott ist unterwegs zu uns!

3. Er baut eine Straße, Erlöste pilgern auf ihr hin.
   Bald seh'n sie Jerusalem, Gott führt in Freuden heim.

4. Der Herr ist der Retter aus Fesseln und aus Dunkelheit.
   Hebt die Augen und vertraut, trosten wird er bald sein Volk!

5. Er rüstet zum Mahle, viel köstlich Speise steht bereit.
   Hochzeit ihm sein Herz gebeut, jubeln laßt uns alle Zeit!

Jeder Teil dieser Erde

170

Rede des Indianerhäuptlings Seattle / aus: „Mein Liederbuch", Band 1, 1981

T: Häuptling Seattle 1854 / M: Stefan Vesper / alle Rechte im tvd-Verlag, Düsseldorf

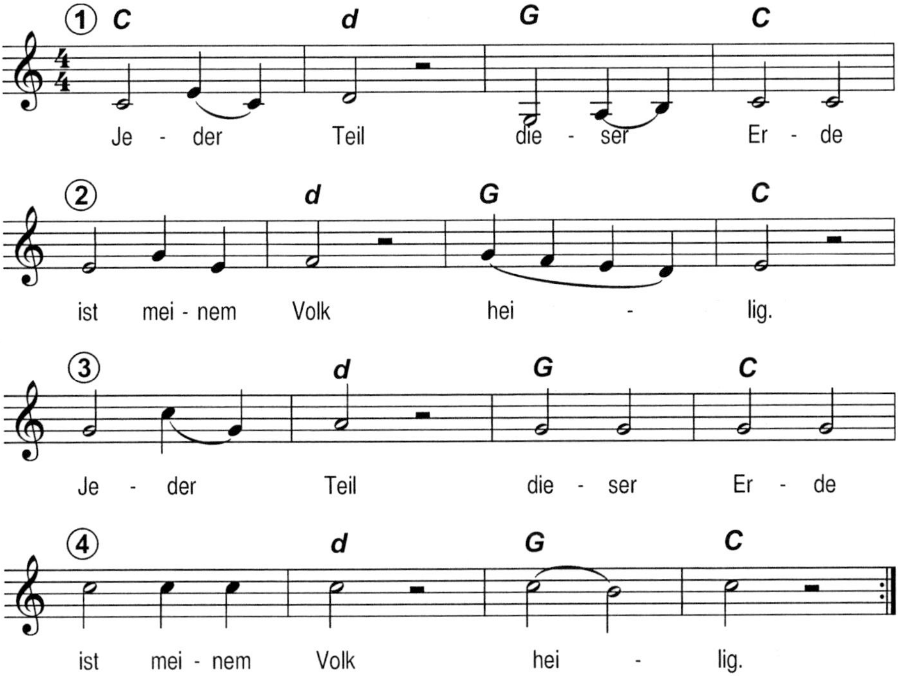

Jubilate Deo

171

T: Gesang aus Taizé / M: Jacques Berthier

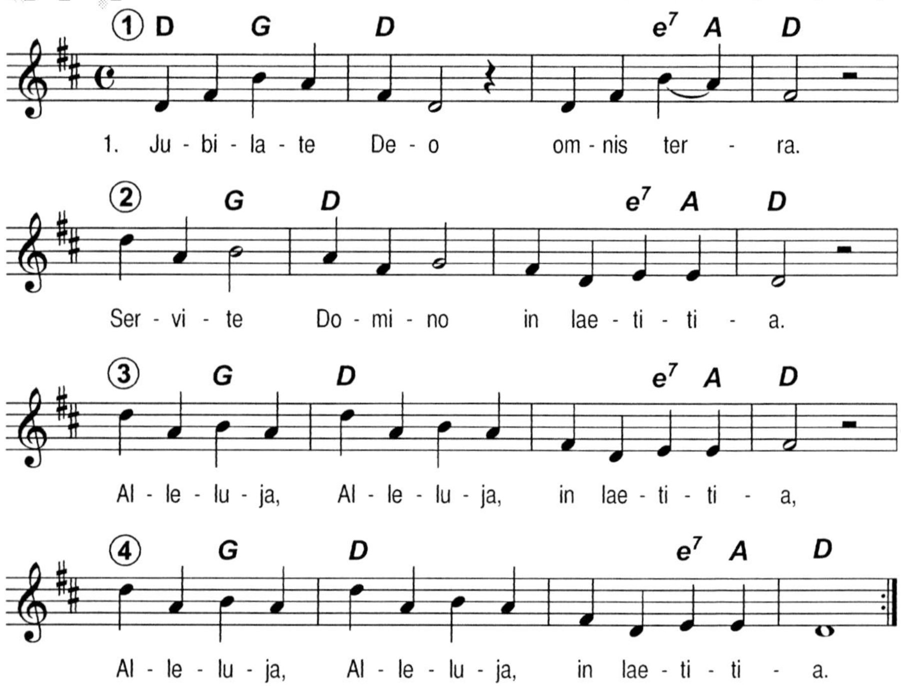

Jubelt Gott alle Lande, dient dem Herrn in Freude!

Weizenkörner, Trauben

172

AusP: „Biblische Spiellieder Äthiopien" (IMP 1009) u.a. / T: Wilhelm Willms / M: Ludger Edelkötter

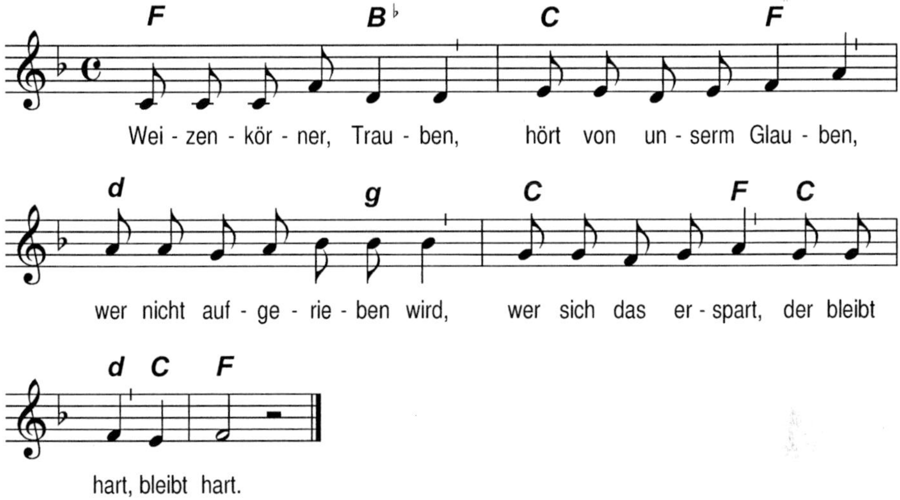

2. Weizenkörner, Trauben, hört von unserm Glauben.
Wer nicht in die Mühle fällt, leidet keine Not,
wird kein Brot, kein Brot.

3. Weizenkörner, Trauben, hört von unserm Glauben.
Wer nicht in den Kelter fällt, wird auch nicht gepreßt,
für das Fest, das Fest.

Tragt in die Welt nun ein Licht

173

T: Wolfgang Longardt / M: Wolfgang Longardt

Tragt zu den Alten ein Licht ...

Tragt zu den Kranken ein Licht ...

Tragt zu den Kindern ein Licht ...

Der Text ist in der Aussage sehr einfach geraten.
Wer das verschmerzen kann, erhält hier einen meditativen Begleitgesang z.B. zu einer Lichterprozession.
Bei diesem Lied können alle nach kurzem Üben Text und Noten aus der Hand legen, oder brauchen diese Hilfsmittel erst gar nicht, wenn jemand das Lied vorsingt. Man übt am besten die einzelnen Textzeilen getrennt voneinander, indem man sie mit allen mehrfach wiederholt singt. So prägt man sich Text und Melodie viel besser ein.
Erst zum Schluß "montiert" man die geübten Teile zum ganzen Lied.

T: trad. / M: trad.

174

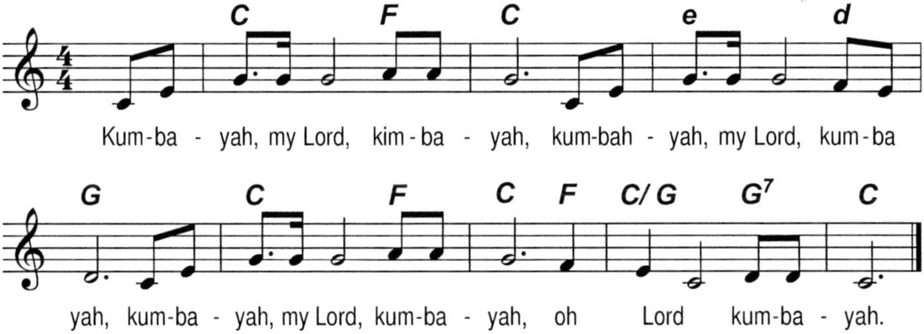

2. Someone's crying my Lord, kumbayah, someone's crying my Lord, kumbayah, someone's crying my Lord, kumbayah, oh Lord, kumbayah.

3. Someone's praying my Lord, kumbayah, someone's praying, my Lord, kumbayah, someone's praying my Lord, kumbayah, oh Lord, kumbayah.

4. Someone's singing my Lord, kumbayah, someone's singing, my Lord, kumbayah, someone's singing my Lord, kumbayah, oh Lord, kumbayah.

1. Gott ist gut, mein Bruder, Gott ist gut, Gott ist gut, mein Bruder, Gott ist gut, Gott ist gut, mein Bruder, Gott ist gut. Der Hergott, ist gut.

2. Gott vergibt, mein Bruder, Gott vergibt, Gott vergibt, mein Bruder, Gott vergibt, Gott vergibt, mein Bnuder, Gott vergibt. Der Hergott, vergibt.

3. Gott kommt bald, mein Bruder, Gott kommt bald,
Gott kommt bald, mein Bruder, Gott kommt
bald, Gott kommt bald, mein Bruder, Gott kommt bald. Der Hergott, kommt bald.

4. Gott ist nah, mein Bruder, Gott ist nah, Gott ist nah, mein Bruder, Gott ist nah, Gott ist nah, mein Bruder, Gott ist nah. Der Hergott, ist nah.

5. Gott ist hier, mein Bruder, Gott ist hier, Gott ist hier, mein Bruder, Gott ist hier, Gott ist hier, mein Bruder, Gott ist hier. Der Hergott, ist hier.

Die deutsche Fassung erwähnen wir hier wirklich nur der Vollständigkeit halber. Wir halten diese Übersetzung nicht wirklich für gelungen. Etwas Mut zu fremden Sprachen ist offensichtlich unerläßlich.

Magnificat

175

T: Gesang aus Taizé / M: Jacques Berthier

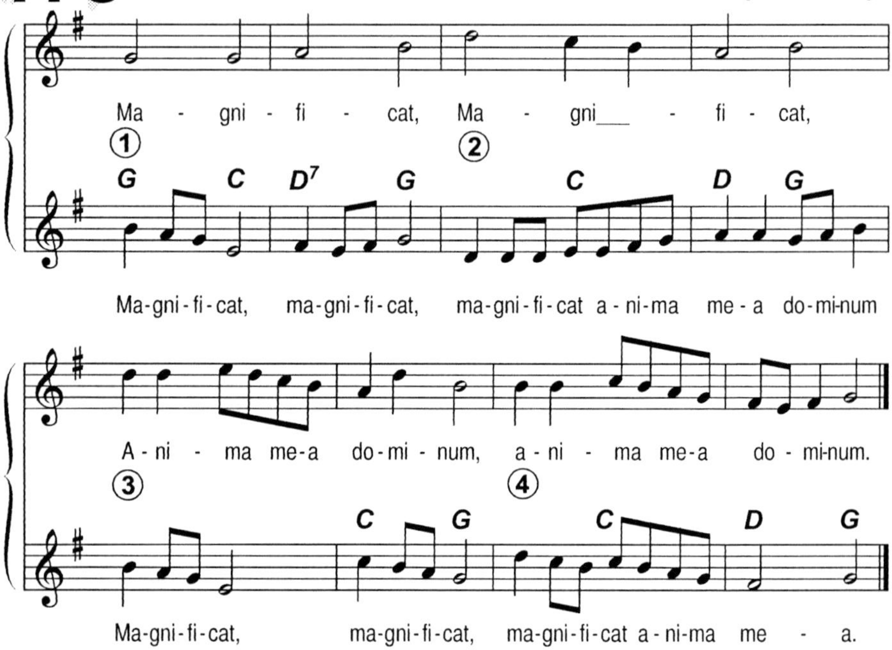

Keine Angst: Das sieht komplizierter aus, als es ist:
Die eigentliche Singstimme versteckt sich in der jeweils unteren Zeile der beiden oberen Systeme.
Für einen Kanon „auf die Schnelle" haben wir uns immer mit dieser Stimme begnügt.
Die Oberstimme in den beiden oberen Systemen und der vierstimmige Satz sind die Kür:
Habt ihr stimmgewaltige Sänger und etwas Zeit zum Üben, kann man damit einen wunderschönen Chorgesang einstudieren.
Dabei ist alles erlaubt: Erste Stimme, zweite Stimme, Chorsatz, alles oder teilweise im Kanon --- klingt echt gut!

Daß du mich einstimmen läßt

T: Jesus-Bruderschaft / M: Jesus-Bruderschaft

176

2. Und du reichst mir das Brot, und du reichst mir den Wein, und bleibst selbst, Herr, mein Begleiter.

3. Und du sendest den Geist, und du machst mich ganz neu und erfüllst mich mit deinem Frieden.

4. Und nun zeig mir den Weg, und nun führ mich die Bahn, deine Liebe zu verkünden.

5. Gib mir selber das Wort, öffne du mir das Herz, deine Liebe, Herr zu schenken.

6. Und ich dank' dir, mein Gott, und ich preise dich, Herr, und ich schenke dir mein Leben!

Emaus (Zwei Jünger gingen)

177

T: Helga Poppe / M: Helga Poppe

Aus: „Herr wir sind Brüder“ / Rechte bei Präsenz-Verlag, Gnadenthal

2. Herr, deine Wege, die du mich leitest, kann ich oft nicht versteh'n.
Doch weil du mitgehst und um das Ziel weißt,
will ich sie gern mit dir geh'n

3. Was uns dein Wort sagt, ist klar und deutlich, täglich sprichst du zu mir.
Doch all mein Reden, mein Tun und Denken,
zeigt herzlich wenig von dir.

(Fortsetzung nächste Seite)

4. Doch weil wir dein sind, mit Leib und Leben, komme, was immer mag.
Wir mögen fallen, in Nacht verzagen,
bei dir ist Hilfe und Tag.

5. Viel Jünger gehen, voll Not und Zweifel, traurig ist ihr Gesicht.
Doch da kommt Jesus und spricht mit ihnen
und um sie leuchtet sein LIcht.

Licht auf meinem Weg

T: unbekannt / M: unbekannt
Quelle unbekannt

178

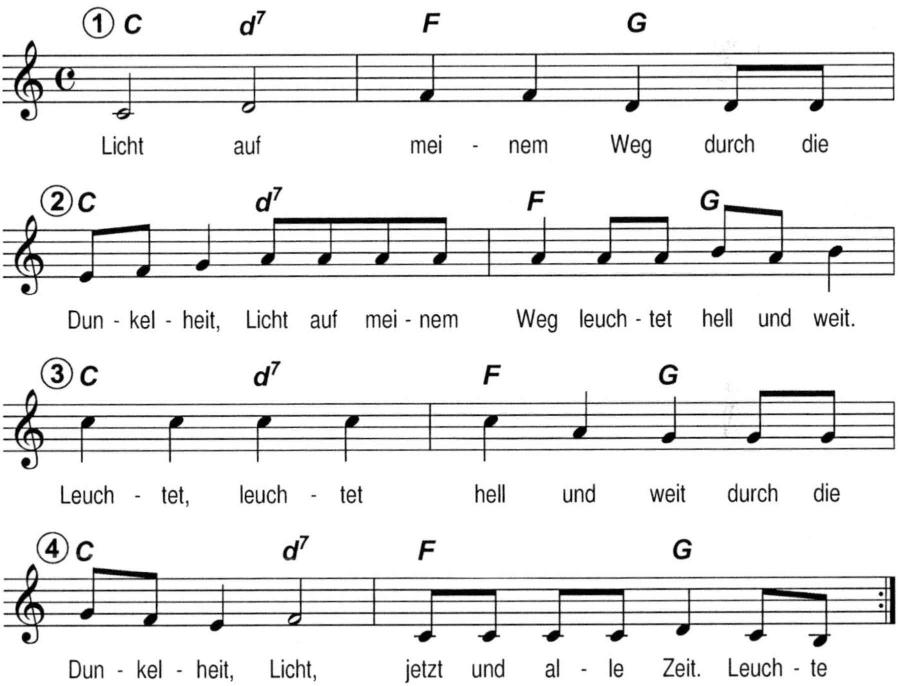

Singt man sich die Melodie einstimmig vor, klingt das nicht besonders beeindruckend. Erst im Kanon erkennt man den wahren Wert des Werkes!

Bau ein großes Boot

179

T: Rolf Krenzer / M: Peter Janssens

Aus: „Noah unterm Regenbogen", 1984 /

2. Die Welt, die so gut ausgedacht, die haben sie kaputtgemacht. Was ich gab, das war nicht genug, sie halten sich für superklug, weil keiner
meine Schöpfung je begriff.
Du kamst und darum baust du jetzt ein Schiff.

3. Wer Macht hat, lebt in Saus und Braus auf Kosten anderer sich aus. Wer reich wird, der hat mit Bedacht, den andern Menschen arm gemacht. Es hängt das
Recht nach allen Seiten schief!
Du aber kamst sogleich, als ich dich rief.

4. Auf mich, den Herrn, verzichten sie. Und was ich gab, vernichten sie. Ich seh' mir diesen Größenwahn auf keinen Fall mehr länger an! Ich laß sie
fallen. Und sie fallen tief.
Du aber kamst sogleich, als ich dich rief.

Lobet und preiset ihr Völker den Herrn

T: trad. / M: trad. **180**

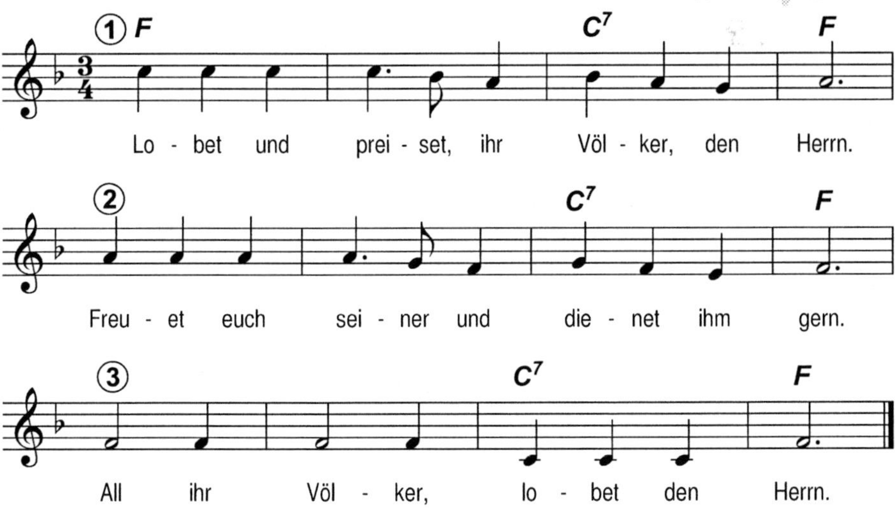

Danke für diesen guten Morgen

181

T: Martin Gotthard Schneider / M: Martin Gotthard Schneider

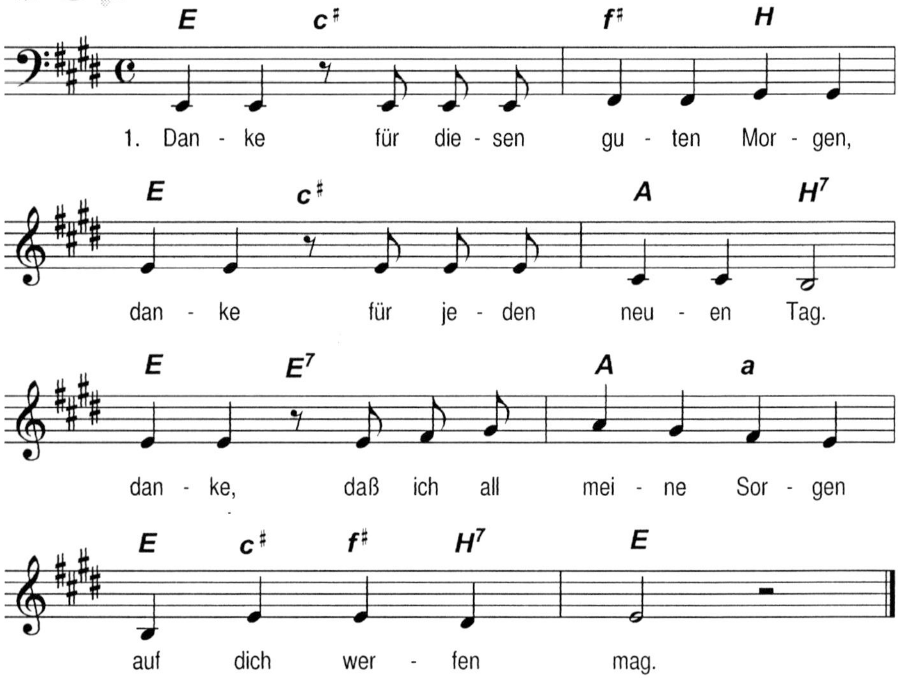

2. Danke für alle guten Freunde,
danke, o Herr für jedermann,
danke, wenn auch dem größten Feinde
ich verzeihen kann.

3. Danke für meine Arbeitsstelle,
danke für jedes kleine Glück,
danke für alles Frohe, Helle
und für die Musik.

4. Danke für manche Traurigkeiten,
danke für jedes gute Wort,
danke, daß deine Hand mich leiten
will an jeden Ort.

5. Danke, daß ich dein Wort verstehe,
danke, daß deinen Geist du gibst,
danke, daß in der Fern und Nähe
du die Menschen liebst.

6. Danke, dein Heil kennt keine Schranken,
danke, ich halt mich fest daran,
danke, ach Herr, ich will dir danken,
daß ich danken kann.

Das wünsch ich sehr

182

T: unbekannt / M: unbekannt
unbekannt

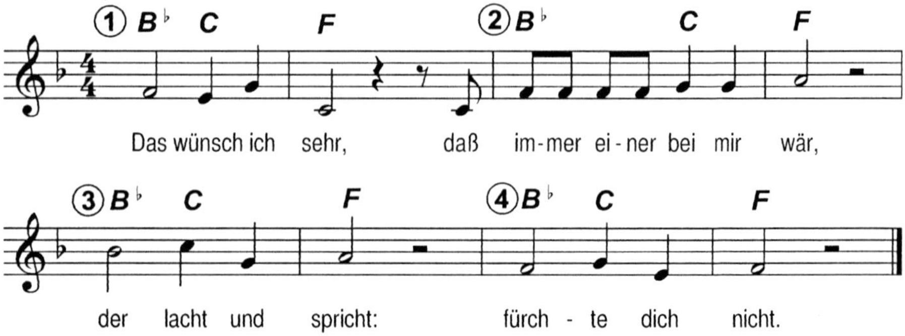

Eine kleine, eingängige Melodie. Schön für Abendrunden mit Kindern (Abendgebet).

Wir sind nicht irgendwer

183

T: Kurt Rose / M: Detlev Jöcker

Du hast uns, Herr, gerufen

184

T:Kurt Rommel / M: Kurt Rommel

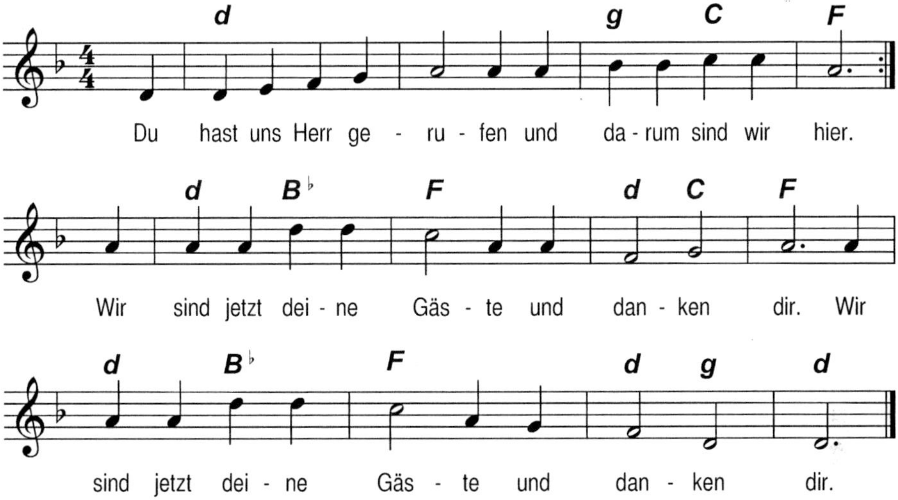

2. Du legst uns deine Worte und deine Taten vor.
Herr öffne uns're Herzen und unser Ohr. Herr
öffne uns're Herzen und unser Ohr.

3. Herr, sammle die Gedanken und schick uns deinen Geist,
der uns das Hören lehrt und dir folgen heißt, der
uns das Hören lehrt und dir folgen heißt.

Halleluja

185

T: Winfried Pilz / M: überliefert

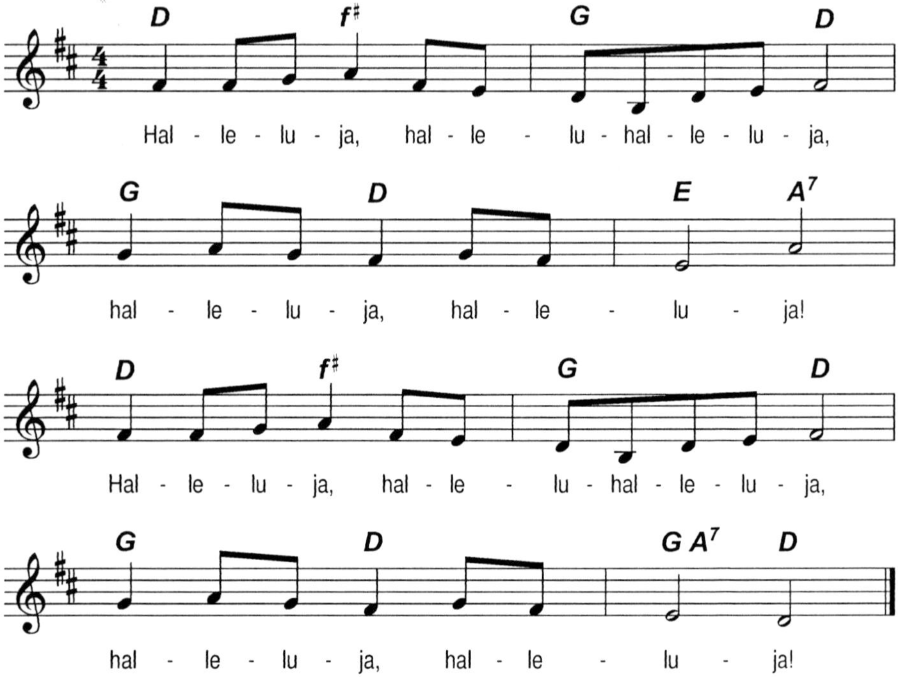

(Zweite Stimme)

(Melodie der Strophen wie Kehrvers)

1. Gehet nicht auf in den Sorgen dieser Welt,
   suchet zuerst Gottes Herrschaft.
   Und alles andere wird euch dazu geschenkt.
   Halleluja, halleluja.

(Fortsetzung nächste Seite)

2. Ihr seid das Volk, das der Herr sich ausersehn.
Seid eines Sinnes und Geistes.
Ihr seid getauft durch den Geist zu einem Leib.
Halleluja, halleluja.

3. Ihr seid das Licht für die Dunkelheit der Welt,
ihr seid das Salz für die Erde.
Denen die suchen, machet hell den schweren Weg.
Halleluja, halleluja..

4. Liebet einander, wie euch der Herr geliebt.
Er liebte euch bis zum Tode.
Er hat den Tod ein für allemal besiegt.
Halleluja, halleluja.

5. So wie die Körner auf den Feldern weit verstreut,
zu einem Brote geworden,
so führt der Herr die zusammen, die er liebt.
Halleluja, halleluja.

Auch wenn es oft so genannt wird: Dieses Lied hat nichts mit Taizé zu tun und heißt auch nicht Taizé Halleluja. Aber schön ist es trotzdem.

TIP

Danket dem Herrn

T: trad. / M: trad.

186

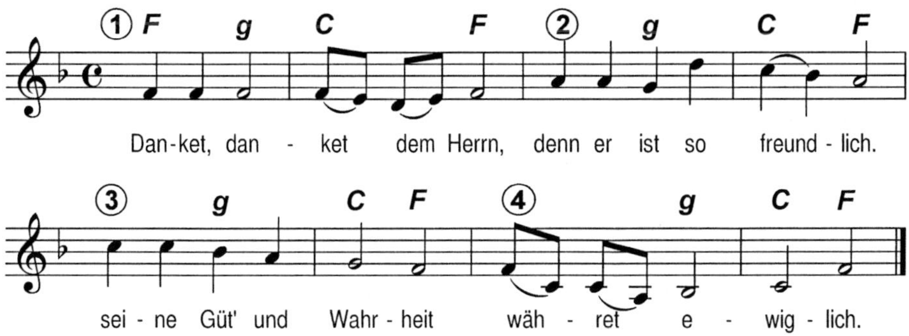

Alles, was wir haben

187

T: Hermann Bergmann / M: Hartmut Wortmann

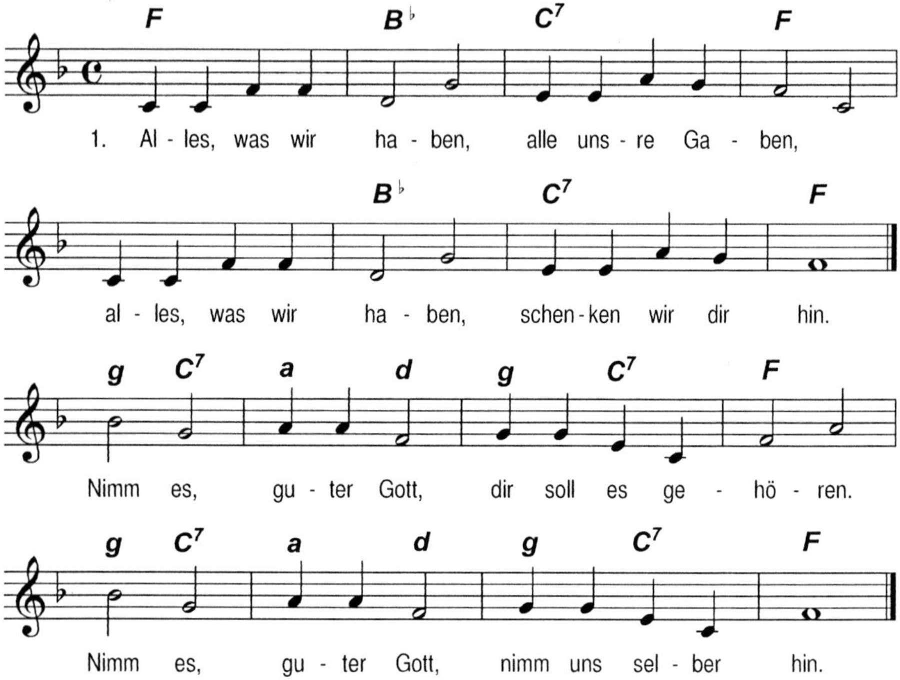

2. Du schenkst mir das Leben, deshalb will ich geben
alles, was ich liebe, schenke ich dir hin.
Nimm es, guter Gott, dir soll es gehören.
Nimm es, guter Gott, nimm uns selber hin.

3. Weil ich dich so liebe, will ich dich beschenken,
immer an dich denken, schenk mich selber hin.
Nimm es, guter Gott, dir soll es gehören.
Nimm es, guter Gott, nimm uns selber hin.

Guter Gott, dankeschön

T: Hermann Bergmann / M: Hartmut Wortmann

Aus: „Pfälzer Kindermesse" /

188

2. Segne uns, guter Gott, daß wir halten dein Gebot,
daß wir treu zu dir stehen, deine Wege gehn.
Fröhlich gehe ich, denn der Herr segnet mich.
Fröhlich gehe ich, er begleitet mich.

3. Sonnenschein laß es sein bis in unser Herz hinein,
daß wir stets frohgesinnt deine Kinder sind.
Fröhlich gehe ich, denn der Herr segnet mich.
Fröhlich gehe ich, er begleitet mich.

Du bist das Licht der Welt

189

Satz: Klaus Heizmann / Rechte bei Hänssler-Verlag, Stuttgart

T: Helga Poppe / M: Helga Poppe / Rechte bei Präsenz-Verlag, Gnadenthal

2. So, wie eine Lampe plötzlich Wärme bringt und Licht,
wie ein Schein der Nebelleuchte durch die Sichtwand bricht,
wie ein rasches Streichholz eine Kerze hell entflammt
und dadurch die Dunkelheit verbannt!

3. So, wie im Widerschein ein Fenster hell erstrahlt,
wenn die Sonne an den Himmel bunte Streifen malt.
Wie ein altes Haus im Licht der Straßenlampe wirkt
und dadurch manch' Häßlichkeit verbirgt.

Und bis wir uns wiedersehen

190

T: unbekannt / M: unbekannt

Quelle unbekannt

1. Mö - ge die Stra - ße uns zu - sam - men - füh - ren
2. Füh - re die Stra - ße, die Du gehst,
3. Hab' un - term Kopf ein wei - ches Kis - sen
4. Bis wir uns 'mal__ wie - der - se - hen,

und der Wind in Dei - nem Rük - ken sein;
im - mer nur zu Dei - nem Ziel berg - ab;
ha - be Klei - dung und das täg - lich Brot;
hof - fe ich, daß Gott Dich nicht ver - läßt;

sanft fal - le Re - gen auf Dei - ne Fel - der, und
hab', wenn es kühl wird, war - me Ge - dan - ken,
sei ü - ber vier - zig Jah - re im Him - mel, be-
er hal - te dich in sei - nen__ Hän - den, doch

warm auf Dein Ge - sicht der Son - nen - schein.
und den vol - len Mond in dunk - ler Nacht.
vor der Teu - fel merkt: Du bist schon tot.
drük - ke Sei - ne Hand Dich nie zu fest.

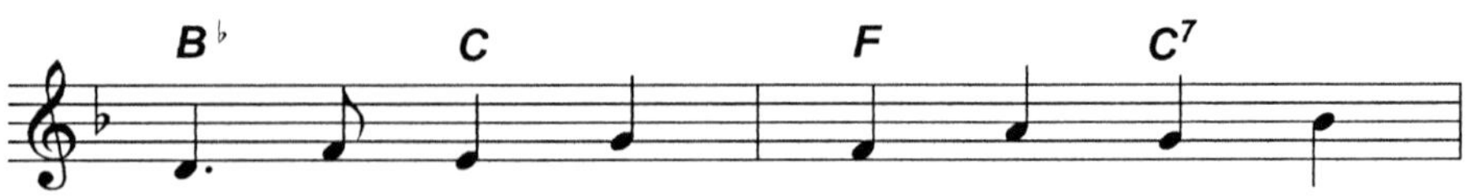

Und bis wir uns wie - der - se - hen,

hal - te Gott Dich fest in Sei - ner Hand,

Herr wir bringen in Brot und Wein

T: Hans Bernhard Meyer / M: Peter Janssens

191

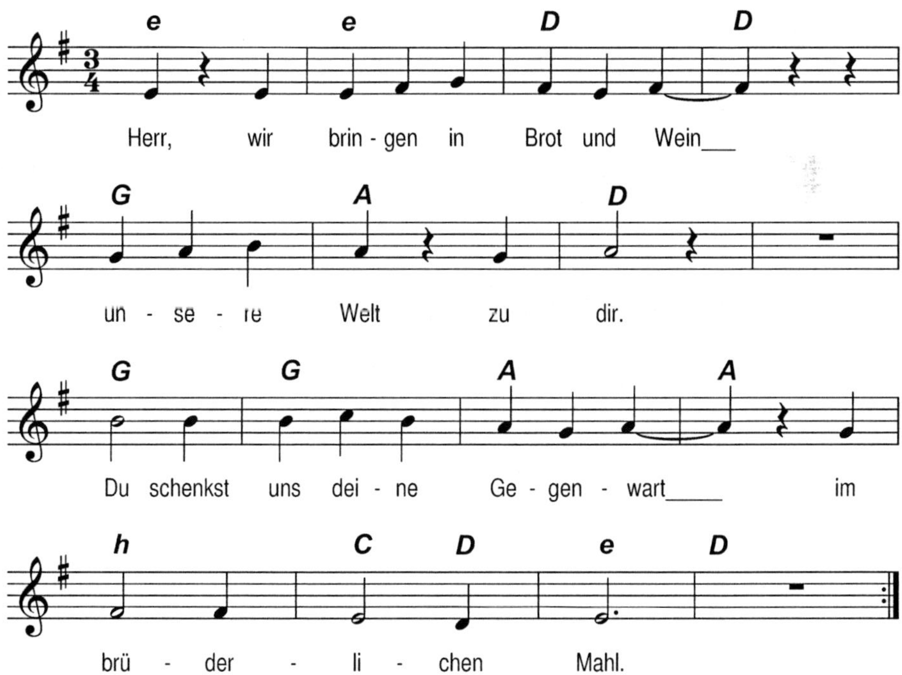

Unser Leben sei ein Fest

192

T: Josef Metternich Team / M: Peter Janssens

Unser Lied nun erklingt

193

T: Hermann Bergmann / M: Hartmut Wortmann

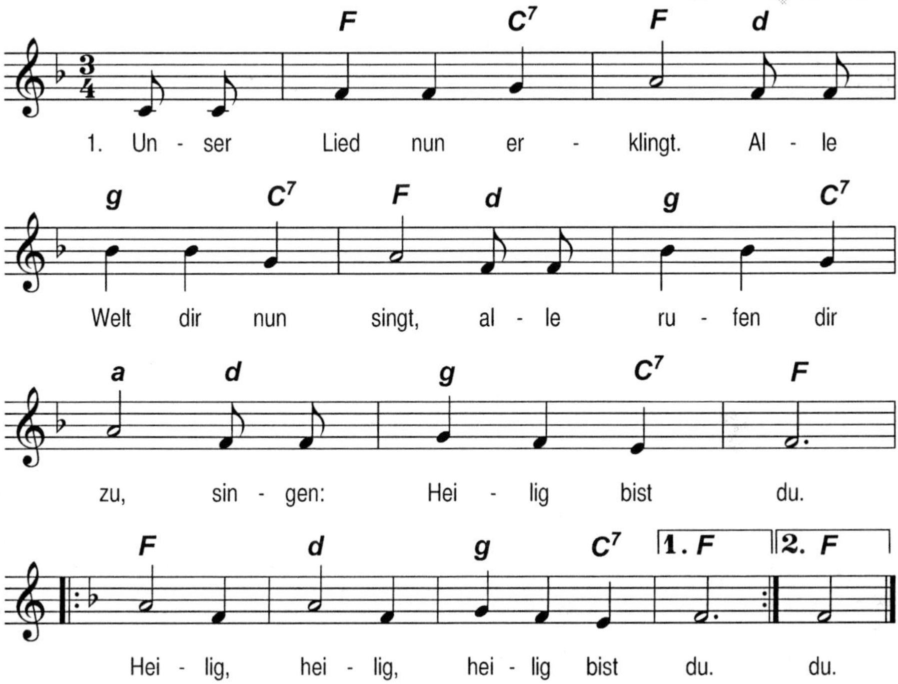

2. Sieh, die herrliche Welt! Sieh die Blumen im Feld! Hör die Vögel im Wald: Nun ihr Loblied erschallt: Heilig, heilig, heilig bist du!

3. Auch wir Kinder sind da, deine fröhliche Schar, und wir tragen im Chor unser Loblied dir vor: Heilig, heilig, heilig bist du!

Kyrie guter Gott

194

T: Günter Hildebrandt / M: Peter Janssens

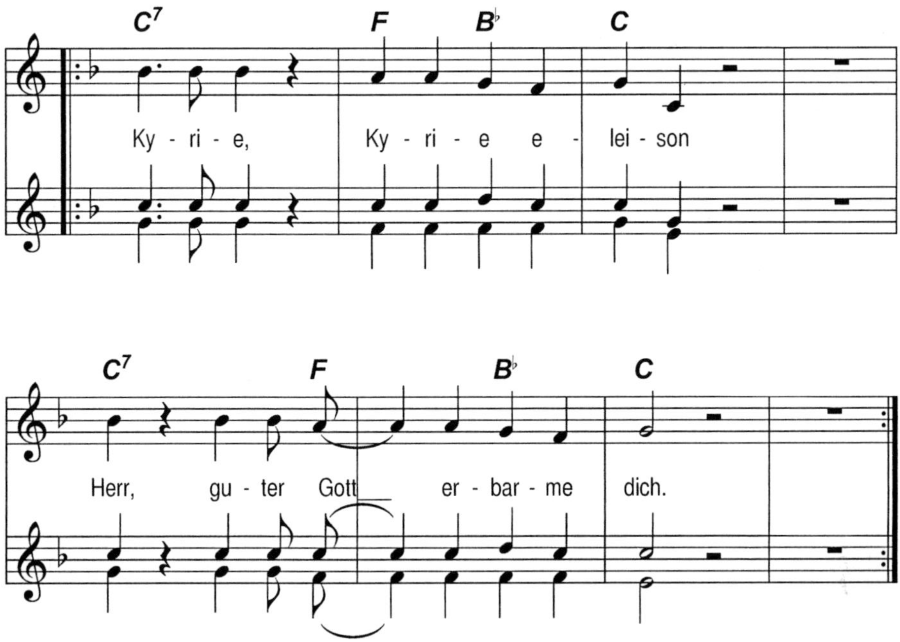

Geh geh geh zum Fels

195

T: Wilhelm Willms / M: Peter Janssens

2. Geh, geh, geh zur Nacht und sage: hell, hell, hell, denn wir sind verirrt.
3. Geh, geh, geh zum Stein und sage: Brot, Brot, Brot, denn wir sind in Not.
4. Geh, geh, geh zu ihm und sage: Mensch, Mensch, Mensch, wir sind so allein.

Einer hat uns angesteckt

196

T: Eckart Bücken / M: Oskar Gottlieb Blarr

2. Wer die Armut kennt,
   wird im Reichtum leben. Wer von
   Herzen brennt, kann sich andern geben.

3. Wer betroffen ist,
   wird das Wort neu sagen. Wer sich
   selbst vergißt, kann auch Lasten tragen.

Eines Tages kam einer

197

T: Alois Albrecht / M: Peter Janssens

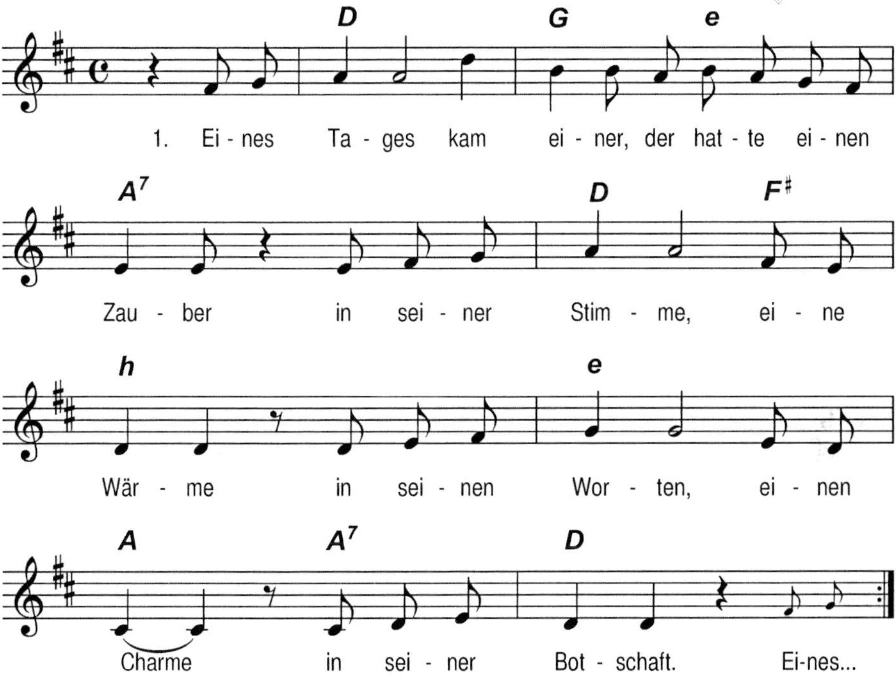

2. Eines Tages kam einer, der hatte
Freude in seinen Augen, eine
Freiheit in seinem Handeln, eine
Zukunft in seinen Zeichen.

3. Eines Tages kam einer, der hatte eine
Hoffnung in seinen Wundern, eine
Kraft in seinem Wesen, eine
Offenheit in seinem Herzen.

4. Eines Tages kam einer, der hatte eine
Liebe in seinen Gesten, eine
Güte in seinen Küssen, eine
Brüderlichkeit in seinen Umarmungen.

5. Eines Tages kam einer, der hatte einen
Vater in seinen Gebeten, einen
Helfer in seinen Ängsten, einen
Gott, in seinem Schreien.

6. Eines Tages kam einer, der hatte einen
Geist in seinen Taten, eine
Treue in seinem Leiden, einen
Sinn, in seinem Sterben.

7. Eines Tages kam einer, der hatte einen
Schatz in seinem Himmel, ein
Leben. In seinem Tode eine
Auferstehung, in seinem Glauben.

Selig seid ihr

198

T: Friedrich Karl Barth, Peter Horst / M: Peter Janssens
Aus: „Uns allen blüht der Tod", 1979 / alle Rechte im Peter Janssens Musik Verlag, Telgte-Westfalen

Wir bitten dringend um etwas Mut zum Chorgesang. Der Klang ist wirklich beeindruckend. Es empfiehlt sich, für dieses Lied einen Chor zusammenzustellen, der im Laufe einer Veranstaltung gelegentlich zum Proben zusammenkommt.

TIP

Ich kann sehen

T: V. Schmitt / M: V. Schmitt
Quelle unbekannt

199

2. Ich kann hören, ich kann hören! Wie ist das so schön!
   Danke, danke, danke, danke! Großer Gott, wie gut bist du.

3. Ich kann sprechen, ich kann sprechen! Wie ist das so schön!
   Danke, danke, danke, danke! Großer Gott, wie gut bist du.

4. Ich kann singen, ich kann singen! Wie ist das so schön!
   Danke, danke, danke, danke! Großer Gott, wie gut bist du.

Du, Herr, gabst uns dein festes Wort (It's me oh)

200

T: trad. / M: Spiritual / Satz und deutscher Text: Hoffmann/Mausberg/Norres/Schuhen

Kehrvers: Du, Herr …

2. Deinen Atem gabst du uns jetzt schon als Unterpfand,
   gib uns allen deinen Geist, denn als Kinder deines Vaters sind wir anerkannt, gib uns allen deinen Geist.
   Kehrvers: Du, Herr...

(Forsetzung nächste Seite)

3. Nähr die Kirche, alle Glieder, stets mit deiner Kraft,
gib uns allen deinen Geist, stärk uns täglich, immer wieder in der Jüngerschaft, gib uns allen deinen Geist.
Kehrvers: Du, Herr ...

4. Von den Mächten dieser Weltzeit sind wir hart bedrängt,
gib uns allen deinen Geist doch im Glauben hast du uns schon Gottes Kraft geschenkt, gib uns allen deinen Geist.
Kehrvers: Du, Herr ...

5 Immer wieder will ich singen: Gib uns deinen Geist,
gib uns allen deinen Geist, der die Herzen, auch die trägen, mit der Freude speist, gib uns allen deinen Geist.
Kehrvers: Du, Herr ...

Weißt du, wo der Himmel ist

Aus: „Weißt du wo der Himmel ist" (IMP 3001) u.a. / T: Wilhelm Willms / M: Ludger Edelkötter

201

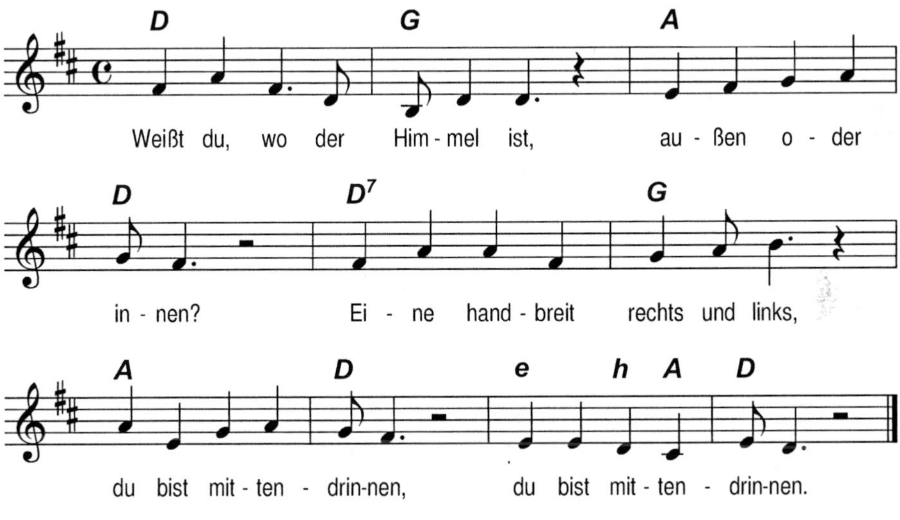

2. Weißt du, wo der Himmel ist, nicht so tief verborgen,
einen Sprung aus dir heraus, aus dem Haus der
Sorgen, aus dem Haus der Sorgen.

3. Weißt du, wo der Himmel ist, nicht so hoch da oben,
sag doch ja zu dir und mir, du bist aufge-
hoben, du bist aufgehoben.

Welcher Engel wird uns sagen

202

T: Wilhelm Willms / M: Hans-Jörg Bockeler

2. Welcher Engel wird uns zeigen, wie das Leben zu bestehn
Welcher Engel schenkt uns Augen, die im Keim die Frucht schon sehn?
Wirst du für mich - werd ich für dich der Engel sein?
Wirst du für mich - werd ich für dich der Engel sein?

3. Welcher Engel öffnet Ohren, die Geheimnisse verstehn?
Welcher Engel leiht uns Flügel, unsern Himmel einzusehn?
Wirst du für mich - werd ich für dich der Engel sein?
Wirst du für mich - werd ich für dich der Engel sein?

Achtung: Die Taktwechsel machen dieses Lied ziemlich anspruchsvoll.

Danke

203

T: unbekannt / M: unbekannt
Quelle unbekannt

Danke, für alle guten Freunde, danke, o Herr für jedermann. Danke, wenn auch dem größten Feinde ich verzeihen kann.

Danke, für manche Traurigkeiten, danke, für jedes gute Wort. Danke, daß deine Hand will leiten mich an jeden Ort.

Danke, daß ich dein Wort verstehe. Danke, daß deinen Geist du gibst. Danke, daß in der Fern und Nähe du die Menschen liebst.

Willkommen hier in unserm Haus

204

T: Wilfried Röhrig / M: Wilfried Röhrig

2. Willkommen hier in unserm Haus. Willkommen all ihr Leute
groß und klein, wie schön, daß ihr gekommen seid, um
heute hier bei uns zu sein. In der bunten Menschenschar sind
viele Buben da, diese spitzen jetzt ihr Ohr und der Rest singt wie im Chor:
Refrain:

3. Willkommen hier in unserm Haus. Willkommen all ihr Leute
groß und klein, wie schön, daß ihr gekommen seid, um
heute hier bei uns zu sein. In der bunten Menschenschar sind
viele Mütter da, diese spitzen jetzt ihr Ohr und der Rest singt wie im Chor:
Refrain:

4. Willkommen hier in unserm Haus. Willkommen all ihr Leute
groß und klein, wie schön, daß ihr gekommen seid, um
heute hier bei uns zu sein. In der bunten Menschenschar sind
viele Väter da, diese spitzen jetzt ihr Ohr und der Rest singt wie im Chor:
Refrain:

5. Willkommen hier in unserm Haus. Willkommen all ihr Leute
groß und klein, wie schön, daß ihr gekommen seid, um
heute hier bei uns zu sein. In der bunten Menschenschar ist
auch Gott unter uns da, dieser spitzt jetzt schon sein Ohr denn wir alle sing'n im Chor:
Refrain:

Wir können zwar nicht jeden einzeln begrüßen, doch bringen wir gruppenweise gerne ein Begrüßungsständchen. Die jeweils angesprochene Gruppe steht natürlich auf und lauscht ihrem Ständchen. Dann noch ein donnernder Applaus, daß ihr wirklich gekommen seid und schon ist die nächste Gruppe dran. Achtet darauf, daß ihr niemanden vergeßt.
Vielleicht sind einige in eurer Runde, die sich bei keiner der ersten vier Strophen angesprochen gefühlt haben. Für diese gibt es dann doch bestimmt eine Extrastrophe, oder?

Wir bringen Frieden für euch alle

T: aus Israel / M: DP / Übertragung: Dieter Trautwein

205

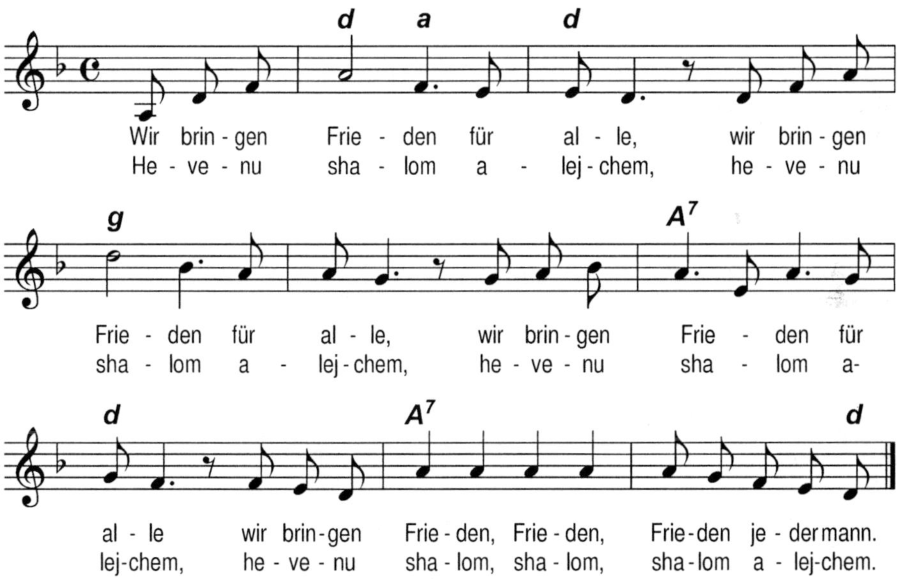

Niemand sagt, daß nach dem ersten Mal schon Schluß ist: Singt das Lied sooft hintereinander wie ihr Lust dazu habt. Toll klingt es, langsam zu beginnen und das Tempo immer mehr zu steigern. „Alejchem" wird gesprochen: „Alächem".

Besinnlich

Du willst nun immer bei uns sein

206

T: Gefion Forderer / M: Spiritual

2. Wenn ich denke, daß die Menschen zu mir böse sind,
zeig mir, wie ich gut sein kann, wenn ein
Freund ganz ohne Grund mit mir den Streit beginnt,
zeig mir wie ich gut sein kann.

3. Wenn ich essen kann und singen und viel schönes sehn,
zeig mir, wie ich danken kann, wenn die
andern freundlich sind und mir zur Seite stehn,
zeig mir, wie ich danken kann.

4. Wenn ich traurig bin und weine in der Einsamkeit,
zeig mir, wie ich beten kann, wenn bei
Jesus in der Kirche unsere Herz wird weit,
zeig mir, wie ich beten kann.

Für all dies woll'n wir unserm Gott

T: unbekannt / M: unbekannt
Quelle unbekannt

207

Kleines Senfkorn Hoffnung

208

Aus: „Weil du mich so magst" (IMP 1036) / T: Alois Albrecht / M: Ludger Edelkötter

2. Kleiner Funke Hoffnung, mir umsonst geschenkt,
werde ich dich nähren, daß du überspringst
daß du wirst zur Flamme, die uns leuchten kann,
Feuer schlägt in allen, allen, die im Finstern sind.

3. Kleine Münze Hoffnung, mir umsonst geschenkt,
werde ich dich teilen, daß du Zinsen trägst,
daß du wirst zur Gabe, die uns leben läßt,
Reichtum selbst für alle, alle, die in Armut sind.

4. Kleine Träne Hoffnung, mir umsonst geschenkt
werde ich dich weinen, daß dich jeder sieht,
daß du wirst zur Trauer, die uns handeln macht,
leiden läßt mit allen, allen, die in Nöten sind.

Das eine Brot wächst auf vielen Halmen

T: Lothar Zenetti / M: trad.

209

Alle Knospen springen auf

210

Aus: „Alle Knospen springen auf" (IMP 1007) u.a. / T: Wilhelm Willms / M: Ludger Edelkötter

2. Alle Menschen auf der Welt, fangen an zu teilen. Alle
Wunden nah und fern, fangen an zu heilen.
Menschen teilen, Wunden heilen.
Knospen blühen, Nächte glühen.

3. Alle Augen springen auf, fangen an zu sehen. Alle
Lahmen stehen auf, fangen an zu gehen.
Augen sehen, Lahme gehen.
Menschen teilen, Wunden heilen.
Knospen blühen, Nächte glühen.

4. Alle Stummen hier und da, fangen an zu grüßen. Alle
Mauern tot und hart, werden weich und fließen.
Stumme grüßen, Mauern fließen.
Augen sehen, Lahme gehen.
Menschen teilen, Wunden heilen.
Knospen blühen, Nächte glühen.

Gehe ein in deinen Frieden

T: Helmut König / M: aus Israel

211

Das Lied klingt tatsächlich am besten, wenn man die angegebene Trennung zwischen Männern und Frauen beachtet. Einfach mal versuchen.

Wer traurig ist, wird wieder froh

212

T: unbekannt / M: unbekannt
mündlich überliefert

2. Ein Kind kommt zu uns auf die Welt. Das Kind wird ein mächtiger König sein. Ein König, der treu zu uns hält. Und alle dürfen sich freu'n. Ein König des Friedens. Ein König der Freude. Wir wissen ja alle davon: Gott schickt seinen eigenen Sohn! Ein Licht, ein Licht, ein Licht leuchtet auf in der Dunkelheit. Ein Licht ein Licht, ein Licht leuchtet auf.

3. Viel stärker als Leid und als Not. Und in seinem Reich wird stets Friede sein. Viel stärker ais Krieg und als Tod. Und alle dürfen sich freu'n. Ein König des Friedens, ein König der Freude. Wir wissen ja alle davon: Gott schickt seinen eigenen Sohn! Ein Licht, ein Licht, ein Licht leuchtet auf in der Dunkelheit. Ein Licht ein Licht, ein Licht leuchtet auf.

4. Wer traurig ist, wird wieder froh. Verzweifelte werden getröstet sein. Verheißen hat Gott es uns so. Und alle dürfen sich freu'n. Wir warten und hoffen, wir hoffen und warten. Wir wissen ja alle davon: Gott schickt seinen eigenen Sohn! Ein Licht, ein Licht, ein Licht leuchtet auf in der Dunkelheit. Ein Licht ein Licht, ein Licht leuchtet auf.

Ein bunter Regenbogen

T: Rolf Krenzer / M: Peter Janssens

213

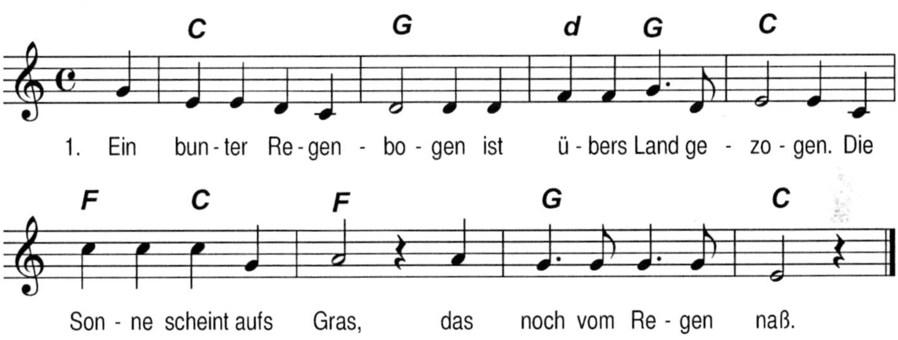

2. Ein bunter Regenbogen ist übers Land gezogen. Und alle bleiben stehn, um ihn sich anzusehn.

3. Ein bunter Regenbogen ist übers Land gezogen, damit ihr's alle wißt, daß Gott uns nicht vergißt.

Erde, kleines Schaukelschiff

214

2. Erde, großes Menschenschiff, nußschalenklein,
wer wird durch Gefahren groß unser Lotse sein?

3. Erde, gutes Mutterschiff, Arche, fragenvoll,
sag doch einer, wie und wann alles enden soll?

4. Erde, kleines Schaukelschiff, sieh, wer zu dir steigt,
frag ihn, ob er weiter weiß und die Richtung zeigt.

5. Erde, kleines Schaukelschiff, nußschalengroß,
treibt durch dunklen Weltenraum, der so uferlos.

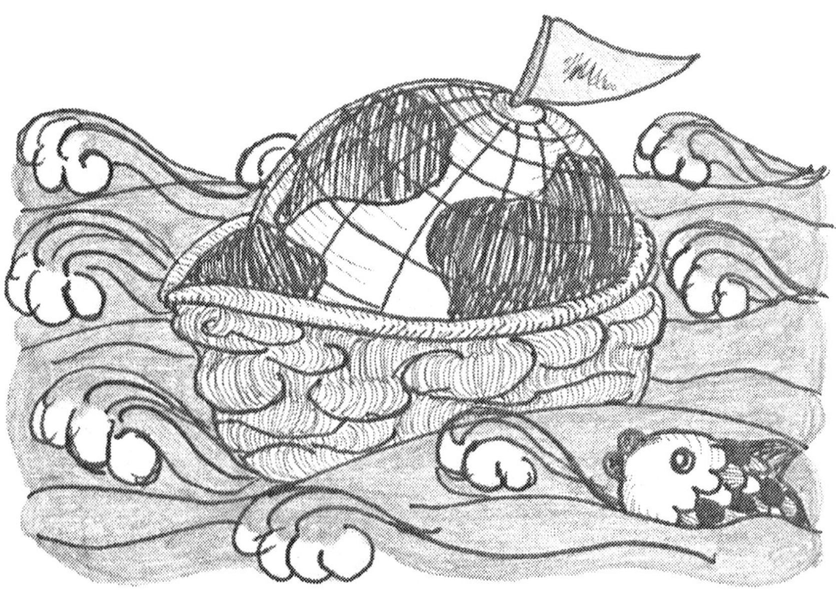

215 Der Tag ist zu Ende

T: Günther Kretschmar / M: Günther Kretschmar

1. Der Tag ist zu En - de. Gott, dir in die Hän - de
2. Nimm an un - ser Bit - ten, Gott, du kannst be - hü - ten

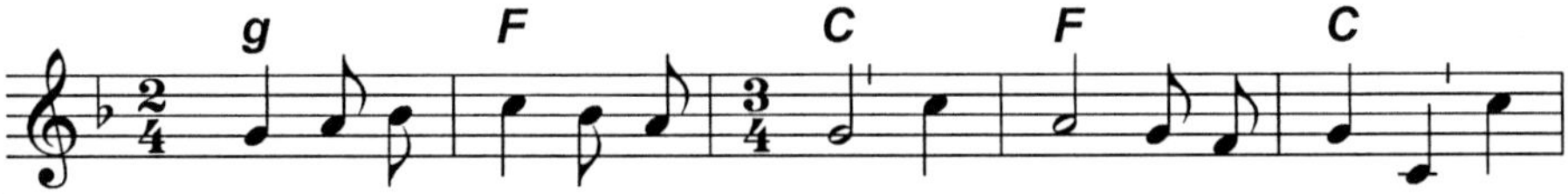

le - gen wir al - les, was war. Ver - gib al - les Bö - se, von
Freun-de, die fern sind und nah. Hilf du al - len Kran-ken und

Angst uns lö - se und schüt - ze uns vor al - ler Ge - fahr.
laß uns dan-ken, Herr Gott, für das, was heu - te ge - schah.

Still wird es auf allen Straßen

216

T: Mathilde Oltmann-Steil / M: Mathilde Oltmann-Steil

2. Still wird es in allen Bäumen.
Vöglein lassen's Singen sein, schlafen ein und
träumen noch vom Sonnenschein.

3. Still wird es in allen Wäldem.
Rehlein springt schon lang nicht mehr, und auch auf den
Feldern liegt die Dämm'rung schwer.

4. Wenn wir uns zur Ruhe legen,
lieber Gott, halt du die Wacht, schenke allen
deinen Segen. - Gute Nacht!

Ein neuer Tag ist da

T: unbekannt/ M: unbekannt
Quelle unbekannt

217

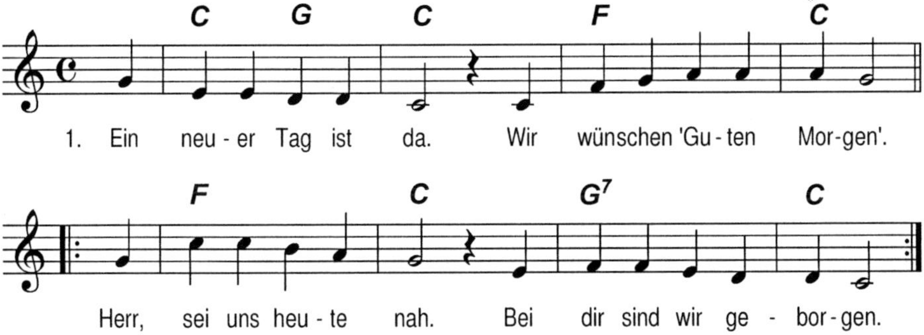

2. Ein neuer Tag ist da. Wir wollen froh beginnen.
   Herr, gib uns deine Kraft, so kann der Tag gelingen.

3. Ein neuer Tag ist da. Wir stehen auf und gehen.
   Herr, zeige uns den Weg und laß dein Licht uns sehen.

4. Ein neuer Tag ist da. Wir reichen uns die Hände.
   Herr segne unser Tun, das Böse von uns wende.

5. Ein neuer Tag ist da. Wir beten in der Stille,
   daß in der ganzen Welt geschehen mag dein Wille.

6. Ein neuer Tag ist da, ein neuer Tag zum Leben.
   Aus deiner Ewigkeit hast du ihn uns gegeben.

Du bist unsere Mitte

218

Aus: Religionspädagogische Praxis Arbeitsmappe, Handreichung für elementare Religionspädagogik, Jhg. 1981, Nr. II, „Den Kreis bilden - rund werden"

2. Auch uns're Erde, auf der wir alle leben,
rund ist sie, rund zieht sie ihre Bahn.
Rund gehn auch wir jetzt. Wir gehen im Kreise.
Wir fassen die Hände und sagen dann:

Du bist es, Herr, du bist unsre MItte.
Du bist das Leben, ja, du machst uns froh.
Du bist es, Herr, du bist unsre Mitte.
Du bist das Leben, du machst uns froh.

Während der Strophen stehen wir im Kreis (oder in zwei Kreisen, wenn nicht alle in einen passen), fassen uns an den Händen und wiegen uns leicht im Takt. Während des Refrains gehen wir im Kreise (Richtung vorher vereinbaren!).

Wo zwei oder drei

T: Matthäus 18,20 / M: Kommunität Gnadenthal

219

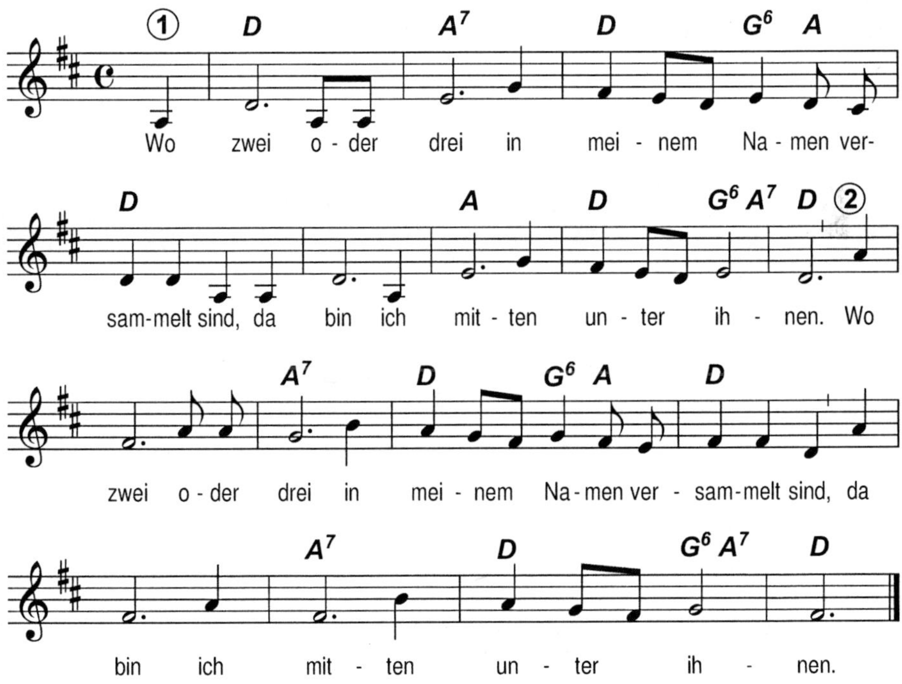

Komm, bau ein Haus

220

T: Friedrich Karl Barth, Peter Horst, Hans-Jürgen Netz / M: Peter Janssens

(Verse nächste Seite)

2. Lad' viele Kinder ein ins Haus, versammle sie
bei unsrem Baum, laß sie fröhlich tanzen,
wo keiner ihre Kreise stört. Laß sie dort lange
tanzen, wo der Himmel blüht.

3. Lad' viele Alte ein ins Haus, bewirte sie
bei unsrem Baum, laß sie dort frei erzählen,
von Kreisen, die ihr Leben zog. Laß sie dort lang er-
zählen, wo der Himmel blüht.

4. Komm wohn mit mir in diesem Haus, begieß' mit mir
diesen Baum, dann wir die Freude wachsen,
weil unser Leben Kreise zieht. Dann wird die Freude
wachsen, wo der Himmel blüht.

Es hat sich vielfach eingebürgert, während der Pausen im Refrain jeweils dreimal zu klatschen: Komm, bau ein Haus, das uns beschützt – CHA CHA CHA. Wir finden, daß das dem Charakter des Lieds nicht angemessen ist und die schön fließende Melodie viel zu abrupt unterbricht.

Leuchten wieder Kerzen

T: Rolf Krenzer / M: Siegfried Fietz / Aus: „Leuchte, leuchte Weihnachtsstern" Nr. 083

221

Laudato si

222

T: Winfried Pilz / M: überliefert

(Verse siehe nächste Seite)

2. Sei gepriesen für Licht und Dunkelheiten! Sei gepriesen für Nächte und für Tage! Sei gepriesen für Jahre und Sekunden! Sei gepriesen, denn du bist wunderbar, Herr.

3. Sei gepriesen für Wolken, Wind und Regen! Sei gepriesen du läßt die Quellen springen! Sei gepriesen du läßt die Felder reifen! Sei gepriesen, denn du bist wunderbar, Herr.

4. Sei gepriesen für deine hohen Berge! Sei gepriesen für Fels und Wald und Täler! Sei gepriesen für deiner Bäume Schatten!! Sei gepriesen, denn du bist wunderbar, Herr.

5. Sei gepriesen, du läßt die Vögel kreisen! Sei gepriesen, wenn sie am Morgen singen! Sei gepriesen für alle deine Tiere! Sei gepriesen, denn du bist wunderbar, Herr.

6. Sei gepriesen, denn du Herr schufst den Menschen! Sei gepriesen er ist dein Bild der Liebe! Sei gepriesen für jedes Volk der Erde! Sei gepriesen, denn du bist wunderbar, Herr.

7. Sei gepriesen du selbst bist Mensch geworden! Sei gepriesen für Jesus unsern Bruder! Sei gepriesen wir tragen seinen Namen! Sei gepriesen, denn du bist wunderbar, Herr.

8. Sei gepriesen er hat zu uns gesprochen! Sei gepriesen er ist für uns gestorben! Sei gepriesen er ist vom Tod erstanden!! Sei gepriesen, denn du bist wunderbar, Herr.

Prima auch ohne Liederbuch zu singen: Einige, die den Text vor sich haben oder auswendig können, singen abwechselnd Refrain und Strophen. Der Rest darf die ganze Zeit den Refrain durchsingen.

Ins Wasser fällt ein Stein

223

Originaltitel: Pass It on / T: Kurt Kaiser / M: Kurt Kaiser / Deutsch: Manfred Siebald

2. Ein Funke, kaum zu sehn, entfacht doch helle Flammen, und
die im Dunkeln stehn, die ruft sein Schein zusammen. Wo
Gottes große Liebe in einem Menschen brennt, da
wird die Welt vom Licht erhellt, da bleibt nichts, was uns trennt.

3. Nimm Gottes Liebe an. Du brauchst Dich nicht allein zu mühn, denn
seine Liebe kann in deinem Leben Kreise ziehn. Und
füllt sie erst dein Leben und setzt sie dich in Brand, gehst
Du hinaus, teils Liebe aus, denn Gott füllt dir die Hand.

Manchmal feiern wir

T: Alois Albrecht / M: Peter Janssens

224

2. Manchmal feiern wir mitten im Wort ein Fest der Auferstehung.
Sätze werden aufgebrochen und ein Lied ist da.
Sätze werden aufgebrochen und ein Lied ist da.

3. Manchmal feiern wir mitten im Streit ein Fest der Auferstehung.
Waffen werden umgeschmiedet und ein Friede ist da.
Waffen werden umgeschmiedet und ein Friede ist da.

4. Manchmal feiern wir mitten im Tun ein Fest der Auferstehung.
Sperren werden übersprungen und ein Geist ist da,
Sperren werden übersprungen und ein Geist ist da.

Ich lobe meinen Gott

225

T: Hans-Jürgen Netz / M: Christoph Lehmann

Aus: „Exodus“, 1979 / alle Rechte im tvd-Verlag, Düsseldorf

(Verse siehe nächste Seite)

2. Ich lobe meinen Gott, der mir den neuen Weg weist, damit ich
handle. Ich lobe meinen Gott, der mir mein
Schweigen bricht, damit ich rede.
Ehre sei Gott auf der Erde in allen Straßen und
Häusern, die Menschen werden singen, bis das
Lied zum Himmel steigt.
Ehre sei Gott und den Menschen Frieden!
Ehre sei Gott und den Menschen Frieden, Frieden auf Erden!

3. Ich lobe meinen Gott, der meine Tränen trocknet, daß ich
lache Ich lobe meinen Gott, der meine
Angst vertreibt, damit ich lebe.
Ehre sei Gott auf der Erde in allen Straßen und
Häusern, die Menschen werden singen, bis das
Lied zum Himmel steigt.
Ehre sei Gott und den Menschen Frieden!
Ehre sei Gott und den Menschen Frieden, Frieden auf Erden!

Wir singen alle Hallelu

T: Rolf Krenzer / M: trad.
Aus: „Ein Strumpf gehört an jedes Bein" /

226

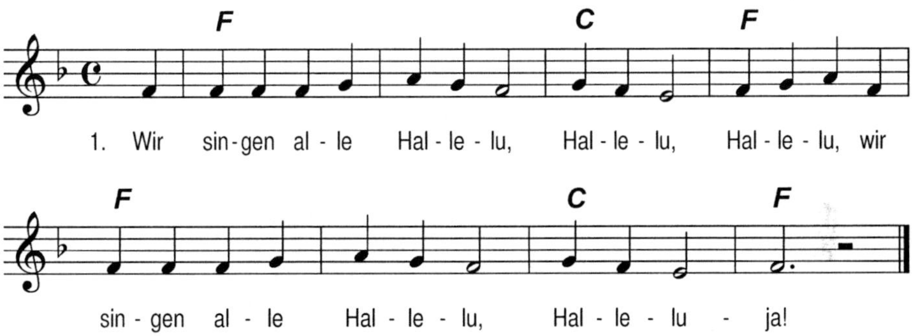

2. Wir tanzen alle Hallelu, Hallelu, Hallelu, wir
tanzen alle Hallelu, Halleluja!

3. Wir klatschen alle Hallelu Hallelu, Hallelu, wir
klatschen alle Hallelu, Halleluja!

4. Wir schnalzen alle Hallelu Hallelu, Hallelu, wir
schnalzen alle Hallelu, Halleluja!

5. Wir stampfen alle Hallelu, Hallelu, Hallelu, wir
stampfen alle Hallelu, Halleluja!

6. Wir patschen alle Hallelu, Hallelu, Hallelu, wir
patschen alle Hallelu, Halleluja!

7. Wir pfeifen alle Hallelu Hallelu, Hallelu, wir
pfeifen alle Hallelu, Halleluja!

Ich möcht' mit einem Zirkus zieh'n

227

Aus: „Hallo Du im Nachbarhaus" (IMP 1018) / T: Wilhelm Willms / M: Ludger Edelkötter

2. Ich möcht' der engen Welt entflieh'n mit meinen sieben Sachen, sechs Träume und ein Schaukelpferd und Zeit zum Sachen machen, sechs Träume und ein Schaukelpferd und Zeit zum Sachen machen.

3. Ich möcht' mit einem Zirkus zieh'n, mit Mädchen und mit Knaben. Weiß-rot sind sie und gelb und schwarz, so pechschwarz wie die Raben. Weiß-rot sind sie und gelb und schwarz, so pechschwarz wie die Raben.

4. Ich möcht' mit ihnen Hand in Hand auf einem Traumseil wandern und ohne abzustürzen still aus dieser Welt zur andern. Und ohne abzustürzen still aus dieser Welt zur andern.

3. Ich möcht mit einem Zirkus zieh'n mit vielen bunten Wagen, die meine Welt und deine Welt auf Rädern heimwärts tragen. Die meine Welt und deine Welt auf Rädern heimwärts tragen.

Ade nun zur guten Nacht

T: trad. / M: trad. **228**

2. Es trauern Berg und Tal, wo ich viel tausendmal bin
   drüber gegangen, das hat deine Schönheit gemacht, hat
   mich zum Lieben gebracht mit großem Verlangen.

3. Das Brünnlein rinnt und rauscht wohl unterm Holderstrauch, wo
   wir gesessen. Wie manchen Glockenschlag, da
   Herz bei Herzen lag, das hast vergessen.

Der Mond ist aufgegangen

229

T: Matthias Claudius / M: J.P.R. Schulz

2. Wie ist die Welt so stille und in der Dämm'rung Hülle so traulich und so hold.
   Als eine stille Kammer, wo ihr des Tages Jammer verschlafen und vergessen sollt.

3. Seht ihr den Mond dort stehen? Er ist nur halb zur sehen und ist doch rund und schön.
   So sind wohl manche Sachen, die wir getrost belachen, weil uns're Augen sie nicht sehn.

4. Wir stolzen Menschenkinder sind eitel arme Sünder, und wissen gar nicht viel.
   Wir spinnen Luftgespinste und suchen viele Künste und kommen weiter von dem Ziel.

5. Gott, laß uns dein Heil schauen, auf nichts Vergänglich's trauen, nicht Eitelkeit uns freu'n.
   Laß uns einfältig werden und vor dir hier auf Erden wie Kinder fromm und fröhlich sein.

6. So legt euch denn, ihr Brüder, in Gottes Namen nieder! Kalt ist der Abendhauch.
   Verschon uns, Gott, mit Strafen und laß uns ruhig schlafen und unsern kranken Nachbarn auch!

Geist aus Gott für uns're Erde

T: unbekannt / M: unbekannt
Quelle unbekannt

230

2. Du, der Quell lebend'ger Wasser, der Quell lebend'ger Wasser, du Geist aus Gott für uns're Erde. Wie bist du auch die Wüste, die vertrocknet? Wie bist du auch die Wüste, die vertrocknet?

3. Du, die Glut, die uns entzündet, die Glut, die uns entzündet, du Geist aus Gott für uns're Erde. Wie bist du auch die Einsamkeit und Kälte? Wie bist du auch die Einsamkeit und Kälte?

4. Du, die Kraft, die alle sammelt, die Kraft, die alle sammelt, du Geist aus Gott für uns're Erde. Wie bist du auch das Schwert, das alle scheidet? Wie bist du auch das Schwert, das alle scheidet?

5. Du, der Friede, den nichts aufschreckt, der Friede, den nichts aufschreckt, du Geist aus Gott für uns're Erde. Wie bist du auch der Kampf im Herz des Menschen? Wie bist du auch der Kampf im Herz des Menschen?

6. Du, die Liebe, die das All schafft, die Liebe, die das All schafft, du Geist aus Gott für uns're Erde. Wie bist du auch der Sturmwind, der entwurzelt? Wie bist du auch der Sturmwind, der entwurzelt?

Gute Nacht, Freunde

231

T: Alfons Yondrascheck / M: Alfons Yondrascheck

(Verse siehe nächste Seite)

2. Gute Nacht, Freunde, es wird Zeit für mich zu gehn.
Was ich noch zu sagen hätte, dauert eine Zigarette,
und ein letztes Glas im Stehn. Habt Dank für die
Zeit, die ich mit Euch verplaudert hab', und für Eure Geduld
wenn's mehr als eine Meinung gab, dafür daß Ihr nie frag-
tet, wann ich komm oder geh, die stets off'ne
Tür, in der ich jetzt steh!

3. Gute Nacht, Freunde, es wird Zeit für mich zu gehn.
Was ich noch zu sagen hätte, dauert eine Zigarette,
und ein letztes Glas im Stehn. Für die Freiheit, die als steter
Gast bei euch wohnt, habt Dank daß Ihr nie fragt,
was es bringt, was es lohnt. Vielleicht liegt es daran,
daß man von draußen meint, daß in Euren Zimmern
das Licht wärmer scheint!

Herr, bleibe bei uns

T: Lukas 24, 29 / M: Albert Thate
Aus: „Bruder Singer" (BA 1250) / © by Bärenreiter Verlag, Kassel

232

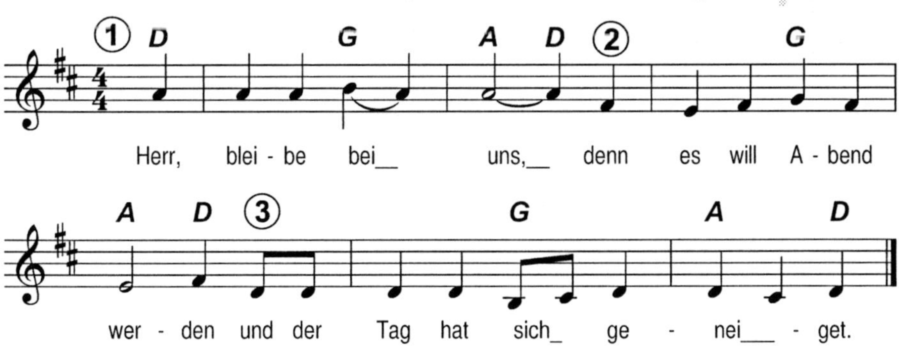

Alles muß klein beginnen

233

T: Gerhard Schöne / M: Gerhard Schöne

Quelle unbekannt

1) Hände reiben
2) Finger schnippen
3) Klatschen
4) Mir dem Fuß stampfen

(Verse nächste Seite)

2. Schau die feine Quelle zwischen Moos und Stein,
sammelt sich im Tale, um ein Bach zu sein. Würd' zum Fluß anschwellen, fließt zur Ostsee hin, braust dort ganz gewaltig, singt das Fischlein drin.
Alles muß klein beginnen, laß etwas Zeit verrinnen.
Es muß nur Kraft gewinnen und endlich ist es groß.

3. Schau, die leichte Flocke, wie sie tanzt und fliegt
bis zu einem Ästchen, das unterm Schnee sich biegt. Landet da die Flocke und durch ihr Gewicht bricht der Ast herunter, und der Rabe spricht:
Alles muß klein beginnen, laß etwas Zeit verrinnen.
Es muß nur Kraft gewinnen und endlich ist es groß.

4. Manchmal denk ich traurig: „Ich bin viel zu klein!
Kann ja doch nichts machen!" Und dann fällt mir ein: Erst einmal beginnen. Hab ich das geschafft, nur nicht mutlos werden, dann wächst auch die Kraft. Und dann seh ich staunend: Ich bin nicht allein. Viele Kleine, Schwache stimmen mit mir ein:
Alles muß klein beginnen, laß etwas Zeit verrinnen.
Es muß nur Kraft gewinnen und endlich ist es groß.

Zeit für Ruhe

234

Aus: „Weil du mich so magst" (IMP 1036) u.a. / T: Gerhard Krombusch / M: Ludger Edelkötter

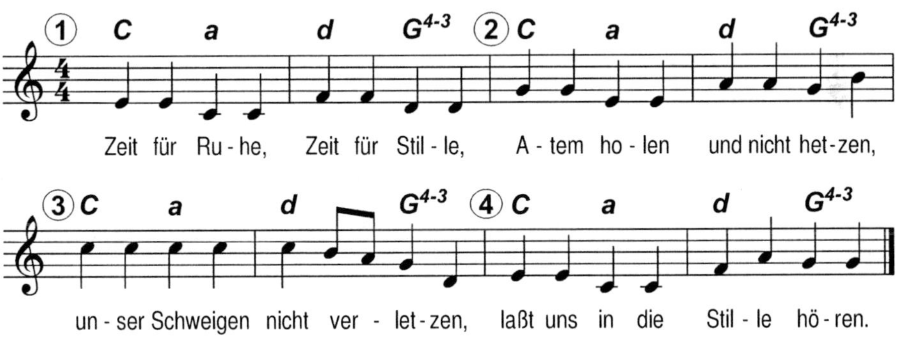

Abends vielleicht: Kerzen aufstellen, Licht aus und dann ganz langsam und leise diesen Kanon anstimmen ...

Das heißt aber nicht, daß dieser Wunsch nicht auch tagsüber angemessen ist und dieses Lied nicht auch dann seine Ruhe und Besinnlichkeit verbreiten dürfte.

Wir müssen lernen zu lachen

235

T: Johannes Ganz / M: Johannes Ganz

Quelle unbekannt

2. Ich höre zu - was Du mir erzählst. Du hast Vertrauen, fühlst Dich geborgen; ich nehm' Dich an - ganz so wie Du bist; versuche, Dich so zu versteh'n.

(Fortsetzung nächste Seite)

3. Ich werde frei - ganz frei von Angst, Du könntest meine Schwächen entdecken, ich schenke mich - ganz so wie ich bin, und Dein Verstehen macht mich frei.

4. Ich schau Dich an - ganz lang und still. Ich seh' den Vater in Deinem Leben. Er hat Dich so - nicht anders gedacht und darum nehme ich Dich an!

Es ist für uns eine Zeit angekommen

T: unbekannt / M: Schweizer Strendrehermarsch trad.

236

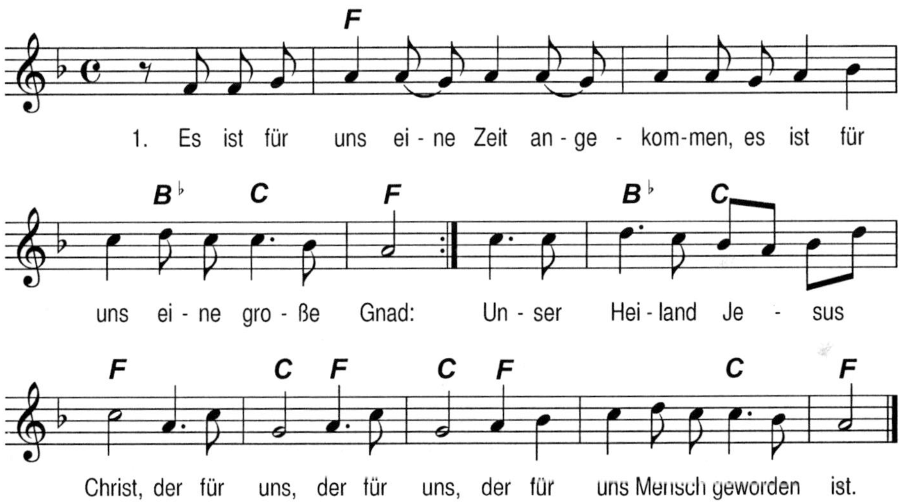

Halte zu mir, guter Gott

237

Aus: „Halte zu mir heute guter Gott" (IMP 1021) u.a. / T: Rolf Krenzer / M: Ludger Edelkötter

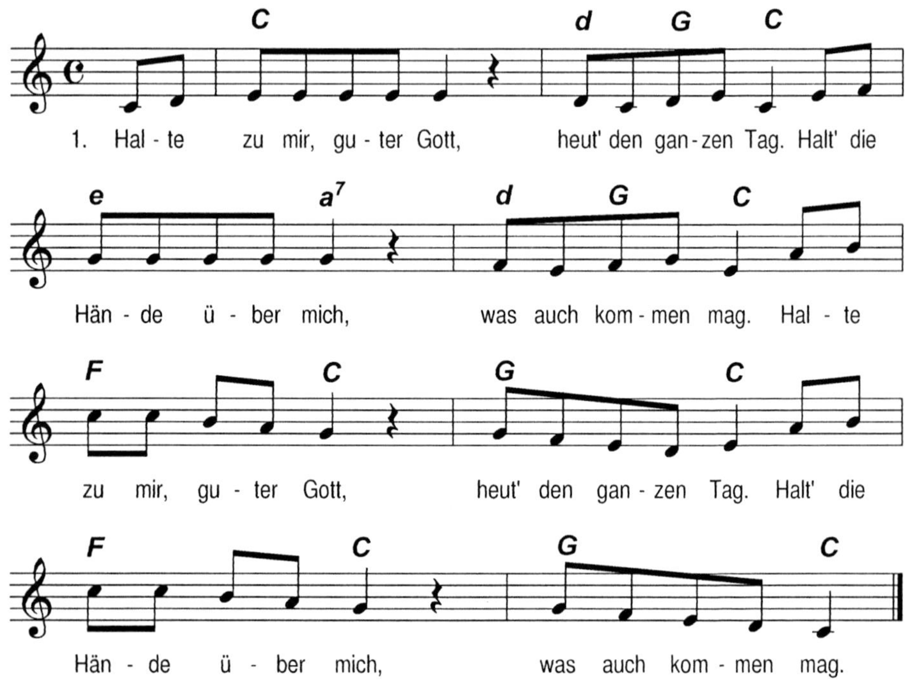

2. Du bist jederzeit bei mir. Wo ich geh' und steh', spür ich
   wenn ich leise bin, dich in meiner Näh'. Halte
   zu mir, guter Gott, heut den ganzen Tag. Halt' die
   Hände über mich, was auch kommen mag.

3. Gibt es Ärger oder Streit und noch mehr Verdruß, weiß ich
   doch, du bist nicht weit, wenn ich weinen muß. Halte
   zu mir, guter Gott, heut' den ganzen Tag. Halt' die
   Hände über mich, was auch kommen mag.

4. Meine Freude, meinen Dank, alles sag' ich dir. Du hältst
   zu mir, guter Gott, spür' ich tief in mir. Halte
   zu mir, guter Gott, heut' den ganzen Tag. Halt'die
   Hände über mich, was auch kommen mag.

Wir sagen euch an den lieben Advent

T: Maria Ferschi / M:Heinrich Rohr / Satz: Heinrich Rohr

238

2. Wir sagen euch an den lieben Advent.
Sehet die zweite Kerze brennt.
So nehmet euch eins um das andere an
wie auch der Herr an uns getan.
Freut euch ihr Christen, freuet euch sehr,
schon ist nahe der Herr.

3. Wir sagen euch an den lieben Advent.
Sehet die dritte Kerze brennt.
Nun tragt eurer Güte hellen Schein
weit in die dunkle Welt hinein.
Freut euch ihr Christen, freuet euch sehr,
schon ist nahe der Herr.

4. Wir sagen euch an den lieben Advent.
Sehet, die vierte Kerze brennt.
Gott selber wird kommen, er zögert nicht.
Auf, auf ihr Herzen, und werdet Licht.
Freut euch ihr Christen, freuet euch sehr,
schon ist nahe der Herr.

Im Advent, im Advent

239

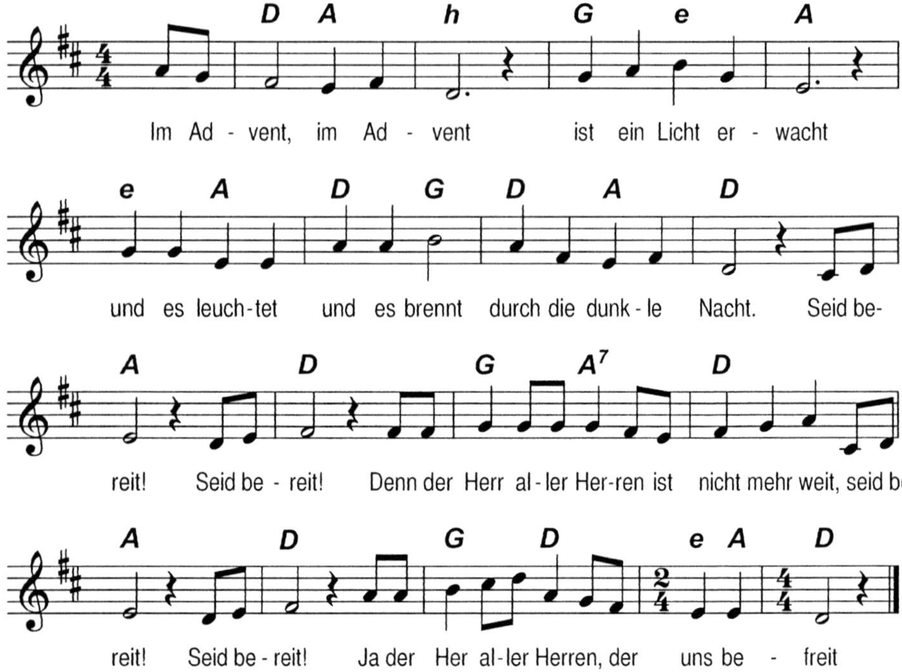

2. Im Advent, im Advent ist das Licht erwacht,
und es leuchtet und es brennt durch die dunkle Nacht. Seid be-
reit! Seid bereit! Denn der König des Friedens ist nicht mehr weit. Seid be-
reit! Seid bereit! Ja, der König des Friedens, der uns befreit.

3. Im Advent, im Advent ist das Licht erwacht,
und es leuchtet und es brennt durch die dunkle Nacht. Seid be-
reit! Seid bereit! Gottes Sohn, unser Bruder ist nicht mehr weit. Seid be-
reit! Seid bereit! Gottes Sohn, unser Bruder, der uns befreit.

4. Denn es geht im Advent um ein heller Schein.
Wenn er leuchtet, wenn er brennt, wird er in uns sein. Nicht mehr
weit, nicht mehr weit, Gottes Kind in der Krippe, das uns befreit. Nicht mehr
weit, nicht mehr weit, Gottes Kind in der Krippe. Drum seid bereit!

Mit diesem Adventslied hat es eine besondere Bewandnis: Auch am ersten Advent muß man nicht nach der ersten Strophe schon wieder aufhören!

Knospen springen auf (Barbara-Kanon)

T: Rolf Krenzer / M: Detlev Jöcker / Aus Buch und MC: „Weihnachten ist nicht mehr weit"

240

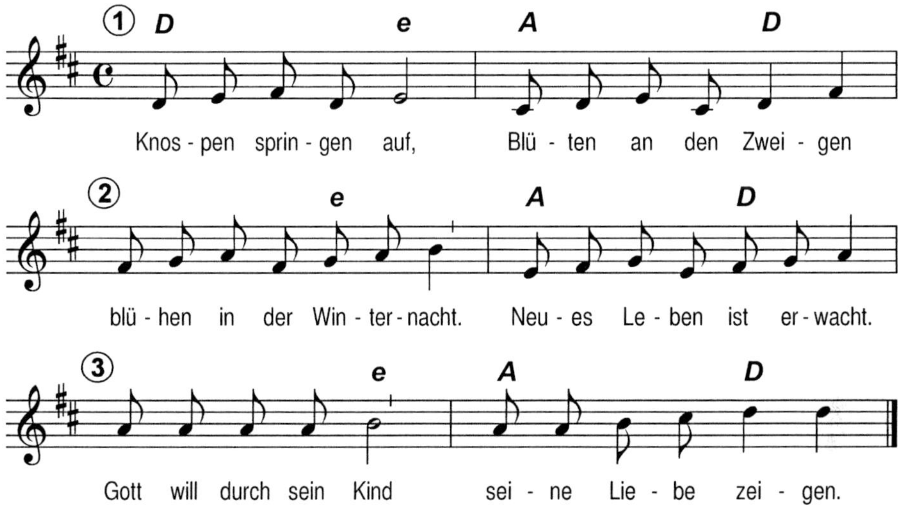

Sei gegrüßt, lieber Nikolaus

241

T: Rolf Krenzer / M: Detlev Jöcker / Aus Buch, CD und MC: „Hört ihr alle Glocken läuten"

2. Der Nikolaus ist hier. Hat jemand Angst vor mir? Wir rufen ganz laut: „Nein!" Dann komm ich gern herein! Sei gegrüßt, lieber Nikolaus! Wieder gehst du von Haus zu Haus. Alle Kinder lieben dich, warten schon und freuen sich, teilst du dann deine Gaben aus. Danke schön, danke schön, lieber Nikolaus.

(Fortsetzung nächste Seite)

3. Du bist ein lieber Mann! Das sieht dir jeder an! Siehst wie ein Bischof aus! wie Bischof Niko-
laus! Sei gegrüßt, lieber Nikolaus! Wieder gehst du von Haus zu Haus. Alle Kinder lieben dich, warten schon und freuen sich, teilst du dann deine Gaben aus.
Danke schön, danke schön, lieber Nikolaus.

4. Der Bischof Nikolaus teilt' einst die Gaben aus. Du machst es ebenso. Drum sind wir Kinder
froh. Sei gegrüßt lieber Nikolaus! Wieder gehst du von Haus zu Haus. Alle Kinder lieben dich, warten schon und freuen sich, teilst du dann deine Gaben aus.
Danke schön, danke schön, lieber Nikolaus.

5. Mußt du dann weitergeh'n und sagst auf Wiedersehn, gehn wir mit bis zur Tür, und alle winken
dir. Sei gegrüßt, lieber Nikolaus! Wieder gehst du von Haus zu Haus. Alle Kinder lieben dich, warten schon und freuen sich, teilst du dann deine Gaben aus.
Danke schön, danke schön, lieber Nikolaus.

242

T: Peter Strauch / M: Peter Strauch / Satz: Gerhard Schnitter

Geh unter der Gnade

T: Manfred Siebald / M: Manfred Siebald / Satz: Gordon Schultz
Aus: „Ich will Dir danken" / Rechte bei Hänssler-Verlag, Neuhausen-Stuttgart

243

Herr, ich sehe deine Welt

244

T: Peter Strauch / M: Peter Strauch / Satz: Gordon Schultz

Aus: „Singt mit uns" / Rechte bei Hänssler-Verlag, Neuhausen-Stuttgart

Unser tägliches Brot gib uns heute

T: unbekannt / M: unbekannt
Quelle unbekannt **245**

Im Kreis

Gestik: *Arme nach oben ausstrecken, beim „Amen" senken. Dazwischen jeweils benennen, was unser tägliches Brot ist: z.B. Vertrauen usw.*

BEWEGUNG

Ein neu Gebot das gebe ich euch

246

T: trad. / M: trad.

Aus der Tiefe rufe ich zu dir

247

T: Uwe Seidel / M: Oskar Gottlieb Blarr

Besinnlich

Wenn das Brot, das wir teilen

248

T: Prof. Dr. Claus-Peter März / M: Kurt Grahl

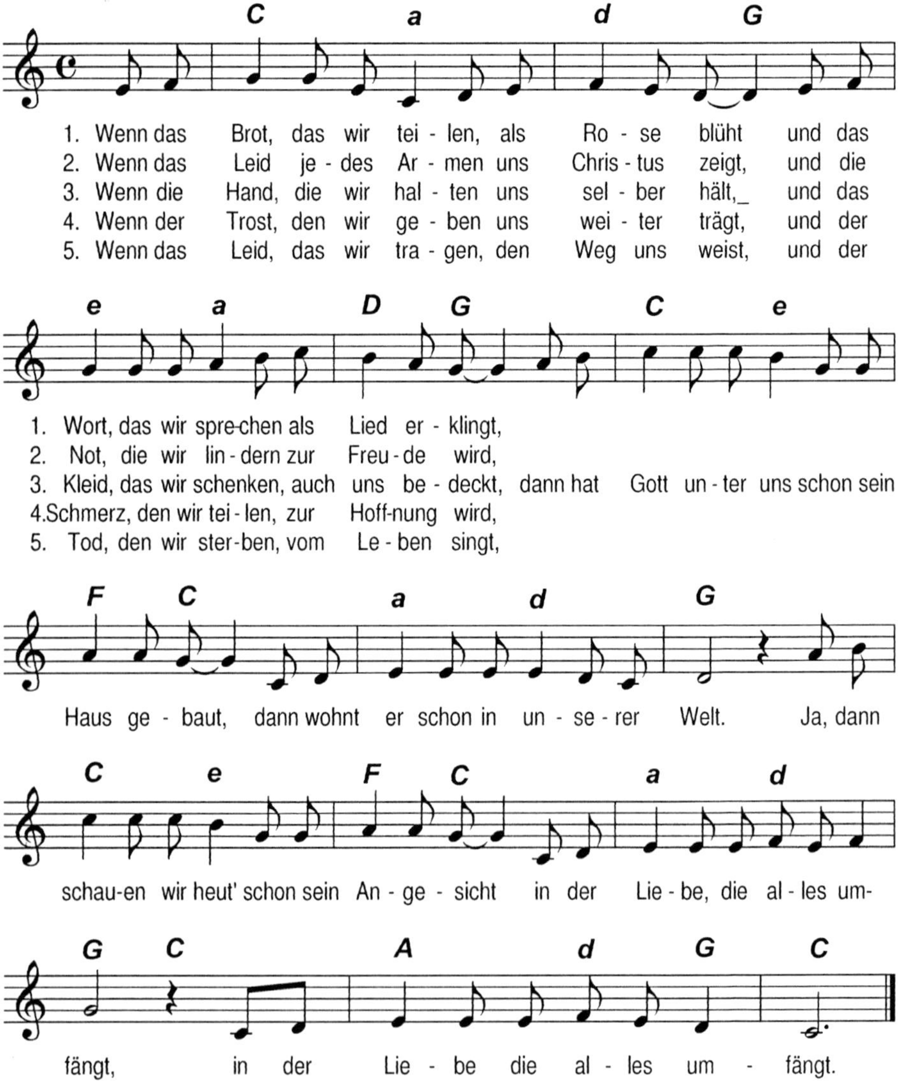

Laßt euch anstiften zur Freude

T: unbekannt / M: unbekannt
mündlich überliefert

249

2. Laßt euch anstiften zur Hoffnung, laßt uns Hoffnungsstifter sein! Und es finden hier und heute viele Leute wieder Hoffnung, und kein Mensch ist mehr allein, denn Gott selbst wird bei uns sein.

3. Laßt uns anstiften zum Frieden, laßt uns Friedensstifter sein! Und es finden hier und heute viele Leute wieder Frieden, und kein Mensch ist mehr allein, denn Gott selbst wird bei uns sein..

4. Stiftet an mit hellem Leuchten! Tragt es in die Welt hinein! Als das Kind im Stall geboren, so verloren, kam ein Leuchten mit ihm in die Welt herein, denn Gott selbst wird bei uns sein.

5. Laßt euch anstiften zur Liebe, denn dann findet Frieden statt! Weil im Stall das Kind, das kleine, ganz alleine zu der Liebe alle angestiftet hat. Und so findet Frieden statt.

Alle meine Quellen entspringen in Dir

250

T: Sr. Leonore Heinzl / M: Sr. Leonore Heinzl

Quelle nicht bekannt

2. Alle meine Quellen entspringen in Dir, in dir mein guter Gott! Du bist das Wasser, das mich tränkt und meine Sehnsucht stillt! Du bist der Geist der in uns lebt, der uns reinigt, der uns heilt und hilft. Ströme von lebendigem Wasser brechen hervor!

3. Alle meine Quellen entspringen in Dir, in dir mein guter Gott! Du bist das Wasser, das mich tränkt und meine Sehnsucht stillt! Du bist das Wort das mit uns geht, das uns trägt und uns die Richtung weist. Ströme von lebendigem Wasser brechen hervor!

(Fortsetzung nächste Seite)

4. Alle meine Quellen entspringen in Dir, in dir mein guter Gott! Du bist das Wasser, das mich tränkt und meine Sehnsucht stillt! Du bist der Glaube der uns prägt, der uns stark macht, offen und bereit. Ströme von lebendigem Wasser brechen hervor!

5. Alle meine Quellen entspringen in Dir, in dir mein guter Gott! Du bist das Wasser, das mich tränkt und meine Sehnsucht stillt! Du bist die Liebe, die befreit, die vergibt, wenn uns das Herz anklagt. Ströme von lebendigem Wasser brechen hervor!

6. Alle meine Quellen entspringen in Dir, in dir mein guter Gott! Du bist das Wasser, das mich tränkt und meine Sehnsucht stillt! Du bist das Licht in der Dunkelheit, du erleuchtest unsern Lebensweg. Ströme von lebendigem Wasser brechen hervor!

7. Alle meine Quellen entspringen in Dir, in dir mein guter Gott! Du bist das Wasser, das mich tränkt und meine Sehnsucht stillt! Du bist das Lamm das sich erbarmt, das uns rettet, uns erlöst und liebt. Ströme von lebendigem Wasser brechen hervor!

Geh den Weg, den der Herr

T: Waltraud Schneider / M: Waltraud Schneider
Quelle unbekannt

251

Kreis, Hände halten

1. *4 Schritte (auf 2 Takte) vorwärts*
2. *2 seitliche Schritte (sei – ran / seit – ran) nach rechts, dann nach links.*

Dann wieder von vorn.

Gott gibt allen seine Hand

252

T: Rolf Krenzer / M: Peter Janssens

2.. Gott gibt allen seine Hand. Gott will jeden finden.
Gottes Sohn zieht durch das Land, um davon zu künden. Immer mehr, immer mehr ziehen hinter Jesus her, immer mehr, immer mehr, ziehen hinter Jesus her. In dem Schiff zwei Männer stehn. Jesus lädt sie ein: „Schiffer, wollt ihr mit mir gehn, meine Freunde sein?".

3. Gott gibt allen seine Hand. Gott will jeden finden.
Gottes Sohn zieht durch das Land, um davon zu künden. Immer mehr, immer mehr ziehen hinter Jesus her, immer mehr, immer mehr, ziehen hinter Jesus her. Sieht er dort den Zöllner stehn, lädt er ihn auch ein: „Zöllner willst du mit mir gehn, um mein Freund zu sein?"

(Fortsetzung nächste Seite)

4. Gott gibt allen seine Hand. Gott will jeden finden. Gottes Sohn zieht durch das Land, um davon zu künden. Immer mehr, immer mehr ziehen hinter Jesus her, immer mehr, immer mehr, ziehen hinter Jesus her. So läßt Jesus keinen stehn Er lädt jeden ein: „Sag mir, willst du mit mir gehn, um mein Freund zu sein?"

5. Gott gibt allen seine Hand. Gott will jeden finden. Gottes Sohn zieht durch das Land, um davon zu künden. Immer mehr, immer mehr ziehen hinter Jesus her, immer mehr, immer mehr, ziehen hinter Jesus her. Zwölf jetzt immer mit ihm gehn. Er ist nicht allein. Wollen fest zusammenstehn, immer bei ihm sein.

6. Gott gibt allen seine Hand. Gott will jeden finden. Gottes Sohn zieht durch das Land, um davon zu künden. Immer mehr, immer mehr ziehen hinter Jesus her, immer mehr, immer mehr, ziehen hinter Jesus her. Seht, zwölf Freunde mit ihm gehn. Jünger, schwach und klein, wollen fest zusammenstehn, lieben ihn allein.

Ausgang und Eingang

253

T: Joachim Schwarz / M: Joachim Schwarz
Aus: „Singen und Sagen" / Rechte: Mechtild Schwarz-Verlag, Faßberg

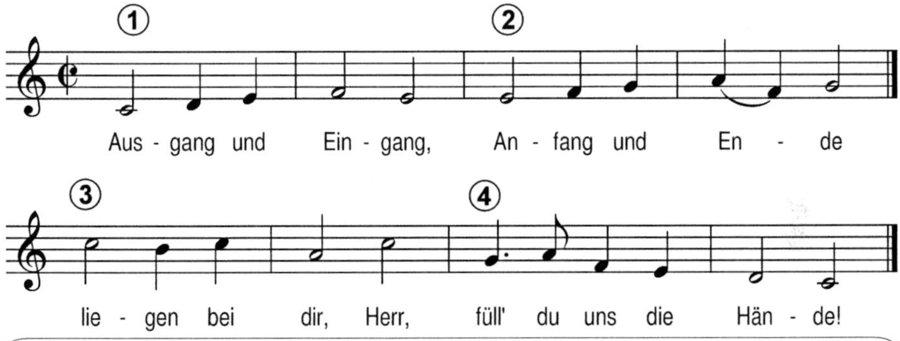

Takt 1-4: Eine Hand beschreibt mehrmals eine liegende Acht, das Zeichen der Ewigkeit.

Takt 5-6: Beide Hände geöffnet nach oben halten.

Takt 7-8: Hände senken und zu einer Schale formen.

PILGERSCHRITT:
3 Schritte nach vorne, rechts beginnend, dann wiegen (Gewicht auf den hinteren, linken Fuß verlagern, dann wieder auf den rechten).

Stehn wir früh am Morgen auf

254

T: unbekannt / M: unbekannt

Quelle unbekannt

2. Wenn wir einmal traurig sind, drückt uns unser Schuh, beten wir zu unserm Herrn, und er hört uns zu. Unser
Freund heißt Jesus Christ, weil er immer bei uns ist. Montag, Dienstag, Mittwoch, Donnerstag und Freitag, ja
Samstag und dann Sonntag. Immer ist er da.

3. War der Tag voll Sonnenschein, Freude immerzu, beten wir zu unserm Herrn und er hört uns zu. Unser
Freund heißt Jesus Christ, weil er immer bei uns ist. Montag, Dienstag, Mittwoch, Donnerstag und Freitag, ja
Samstag und dann Sonntag. Immer ist er da.

4. Wenn wir alle Freunde sind, fällt es uns nicht schwer: ich helf dir und du hilfst mir. So will's unser Herr. Unser
Freund heißt Jesus Christ, weil er immer bei uns ist. Montag, Dienstag, Mittwoch, Donnerstag und Freitag, ja
Samstag und dann Sonntag. Immer ist er da.

Jerusalem

255

T: GOCAM, Gemeinschaft Emanuel / M: GOCAM, Gemeinschaft Emanuel
Quelle unbekannt

Mit meinem Gott spring ich über Mauern

256

T: Herbert Adam / M: Herbert Adam

Quelle unbekannt

(Verse siehe nächste Seite)

2. Sieh dir mal den David an: Ein kleiner Bub,
was fängt der schon an. Doch er vertraut,
setzt alles ein und er wird am Ende der Sieger sein.

3. Sieh dir nur die Apostel an: Einfache Menschen, so wie jedermann. Sie haben Angst
und sperr'n sich ein, doch Gottes Geist reißt die Mauern ein.

Für die Sonne wolln wir singen

257

Aus: „Für das Leben wollen wir singen", 1987 / T: Rolf Krenzer / M: Peter Janssens

Da berühren sich Himmel und Erde

258

T: Thomas Laubach / M: Christoph Lehmann

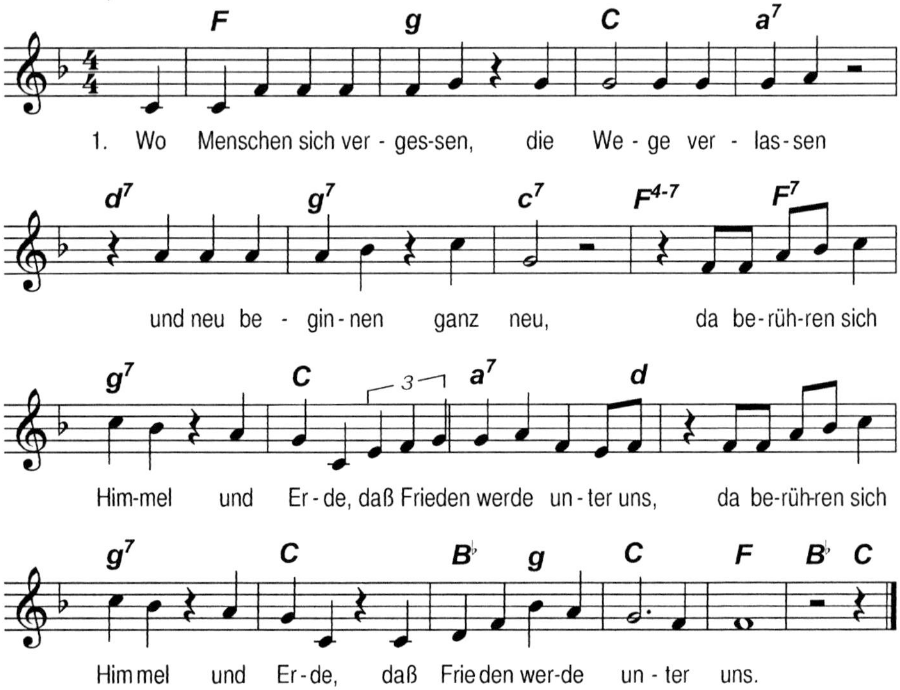

2 Wo Menschen sich verschenken, die Liebe bedenken
und neu beginnen, ganz neu, da berühren sich …

3 Wo Menschen sich verbünden, den Haß überwinden
und neu beginnen, ganz neu, da berühren sich …

Hoffen wider alle Hoffnung

T: Heinz Martin Lonquich, Köln / M: Heinz Martin Lonquich, Köln

259

Besinnlich

Eine Handvoll Erde

260

T: Reinhard Bäcker / M: Detlev Jöcker

2. Auf der Erde kannst du stehen – stehen weil der Grund dich hält
und so bietet dir die Erde einen Standpunkt in der Welt.
In die Erde kannst du pflanzen – pflanzen einen Hoffnungsbaum,
und er schenkt dir viele Jahre einen bunten Blütentraum.
Eine Handvoll Erde …

3. Auf der Erde darfst du leben – leben ganz und jetzt und hier,
und du kannst das Leben lieben, denn der Schopfer schenkt es dir.
Uns're Erde zu bewahren – zu bewahren, das, was lebt,
hat Gott dir und mir geboten, weil er seine Erde liebt.
Eine Handvoll Erde …

Danke, danke liebe Sonne

T: Heinz Beckers / Aus Buch, CD und MC: „Denkt Euch nur, der Frosch war krank"

261

2. Danke, danke liebe Sonne, für die Wärme, für das Licht.
   Danke, danke liebe Sonne, zeigst dein strahlendes Gesicht.
   Alle Tiere mögen dich, denn du scheinst nicht nur für mich.

3. Danke, danke liebe Sonne, für die Wärme, für das Licht.
   Danke, danke liebe Sonne, zeigst dein strahlendes Gesicht.
   Alle Blumen werden schön, wenn sie dich am Himmel sehn.

4. Danke, danke liebe Sonne, für die Wärme, für das Licht.
   Danke, danke liebe Sonne, zeigst dein strahlendes Gesicht.
   Alle Früchte reifen schnell, scheinst du oft so strahlend hell.

Du hast uns deine Welt geschenkt

262

T: Rolf Krenzer / M: Detlev Jöcker

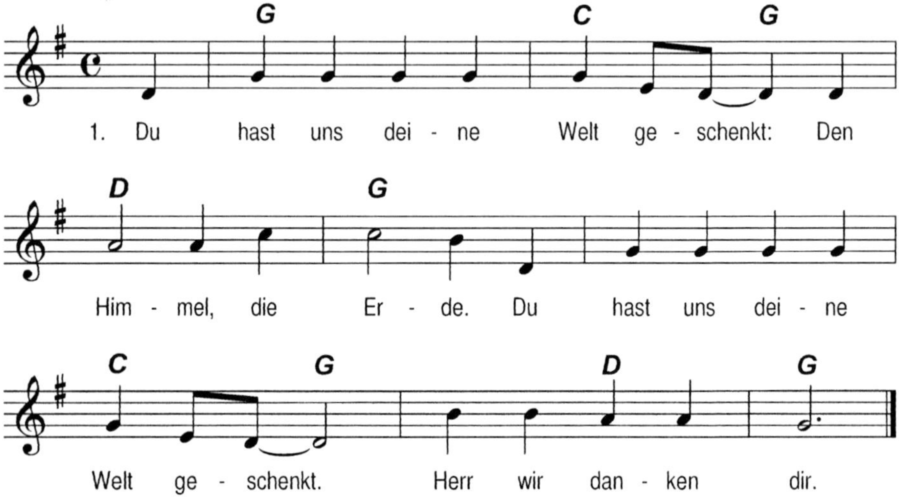

2. Du hast uns deine Welt geschenkt; die
Länder - die Meere. Du hast uns deine
Welt geschenkt. Herr wir danken dir.

3. Du hast uns deine Welt geschenkt; die
Sonne - die Sterne. Du hast uns deine
Welt geschenkt. Herr wir danken dir.

4. Du hast uns deine Welt geschenkt; die
Blumen - die Bäume. Du hast uns deine
Welt geschenkt. Herr wir danken dir.

5. Du hast uns deine Welt geschenkt; die
Berge - die Täler. Du hast uns deine
Welt geschenkt. Herr wir danken dir.

6. Du hast uns deine Welt geschenkt; die
Vögel - die Fische. Du hast uns deine
Welt geschenkt. Herr wir danken dir.

7. Du hast uns deine Welt geschenkt; die
Tiere - die Menschen. Du hast uns deine
Welt geschenkt. Herr wir danken dir.

8. Du hast uns deine Welt geschenkt: Du
gabst mir das Leben. Du hast mich in die
Welt gestellt. Herr ich danke dir.

9. Du hast uns deine Welt geschenkt: Du
gabst uns das Leben. Du hast uns in die
Welt gestellt. Herr wir danken dir.

Deine Welt ist meine Welt

T: Rolf Krenzer/ M: Detlev Jöcker / Aus Buch, CD und MC: „Deine Welt ist meine Welt"

263

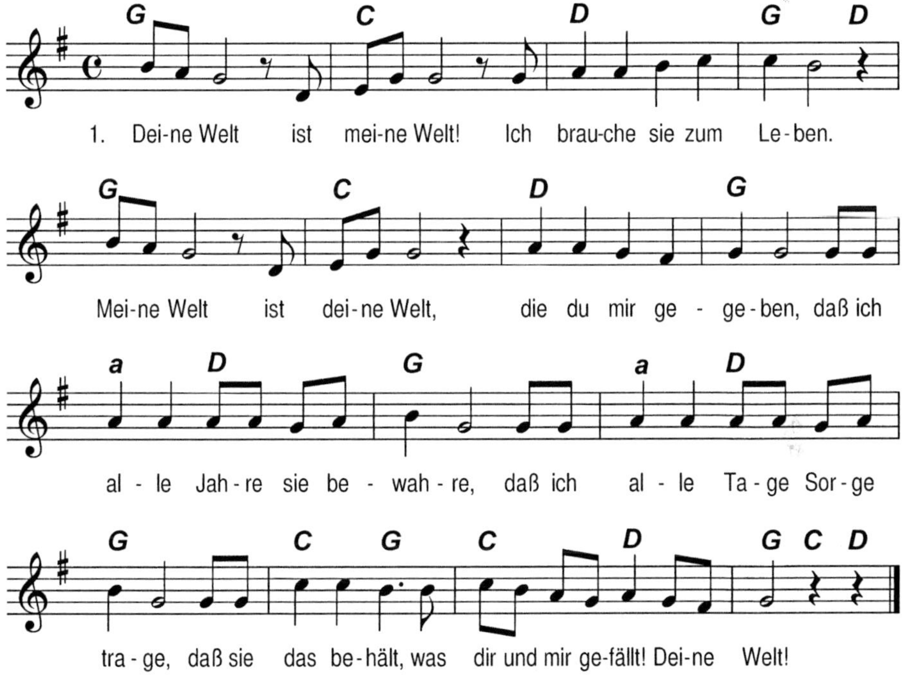

2. Deine Welt ist meine Welt. Ich brauche sie zum Leben.
Meine Welt ist deine Welt, die du mir gegeben, daß ich
sie gut pflege, sorgsam hege, daß ich sie gut nutze, nicht beschmutze, daß sie das behält, was dir und mir gefällt! Deine Welt!

3. Deine Welt ist meine Welt. Ich brauche sie zum Leben.
Meine Welt ist deine Welt, die du mir gegeben, daß ich
auf dich höre, nichts zerstöre, und mich ihr verpflichte, nicht vernichte, daß sie das behält, was dir und mir gefällt! Deine Weit!

4. Deine Welt ist meine Welt. Ich brauche sie zum Leben.
Meine Welt ist deine Welt, die du mir gegeben, daß ich
alle Jahre sie bewahre, daß ich alle Tage Sorge
trage, daß sie das behält, was dir und mir gefällt! Deine Welt!

Ich brauch' dich. Du brauchst mich

264

T: Wolfgang Broedel / M: Wolfgang Broedel

Quelle unbekannt

Dein Geist weht wo er will

265

Aus: „Weil Du mich so magst" (IMP 1036) / T: Rolf Poeplau / M: Ludger Edelkötter

2. Dein Geist weht wo er will, er spricht in uns're Stille, in allen Sprachen redet er, verkündet Gottes Wille.

3. Dein Geist weht wo er will, ist Antrieb für die Liebe, die Hoffnung hat er aufgeweckt, wo sonst nur Trauer bliebe.

4. Dein Geist weht wo er will, er ist wie ein Erfinder, aus Erde hat er uns gemacht, als seines Geistes Kinder.

Die Wunder von damals müssen's nicht sein

266

T: Lothar Zenetti / M: Heinz Martin Lonquich, Köln

𝅗𝅥. = 69 / Sehr rasch und schwungvoll

Rhythmische Begleitformel: ♩ ♪ ♪ ♪ ♪ | ♩ ♩ ♩ :||

2. Auch Zungen von Feuer müssen's nicht sein,
Sprachen, die jauchzend entstehen,
nur gib uns ein Wort, darin Wahrheit ist,
daß wir, was recht ist, verstehen,
ja, gib uns den Geist, deiner Wahrheit Geist,
daß wir einander verstehen!

(Fortsetzung nächste Seite)

3. Ein Brausen vom Himmel muß es nicht sein,
Sturm über Völkern und Ländern,
nur gib uns den Atem, ein kleines Stück
unserer Welt zu verändern,
ja, gib uns den Geist, deinen Lebensgeist,
uns und die Erde zu ändern!

4. Der Rausch der Verzückung muß es nicht sein,
Jubel und Gestikulieren,
nur gib uns ein wenig Begeisterung,
daß wir den Mut nicht verlieren,
ja, gib uns den Geist, deinen heil'gen Geist,
daß wir den Mut nicht verlieren!

Das Lied soll sehr rasch, die Viertelnoten müssen durchwegs kurz gesungen werden.

Die Sterne steh'n hoch

267

Aus: „Halte zu mir heute guter Gott" (IMP 1021) / T: Rolf Krenzer / M: Ludger Edelkötter

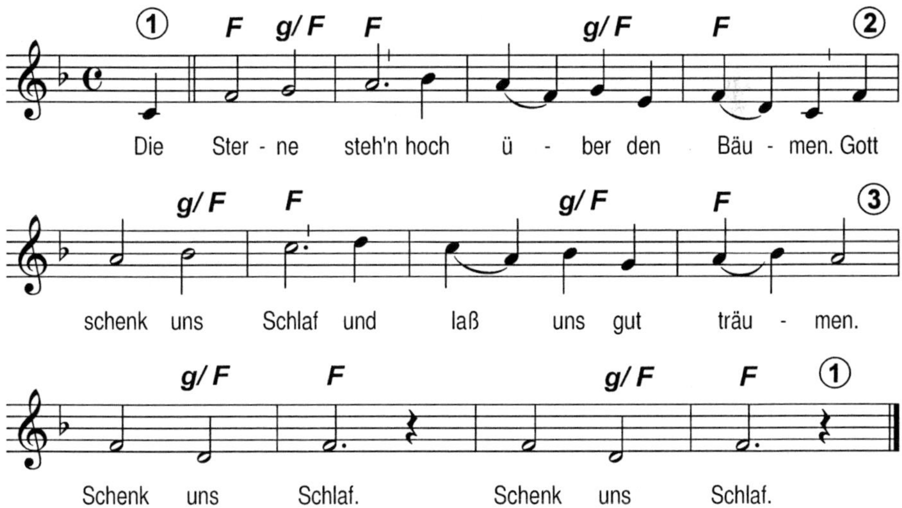

Meine engen Grenzen

268

T: Eugen Eckert / M: Winfried Heurich

1. Mei - ne en - gen Gren - zen,
2. Mei - ne gan - ze Ohn - macht,
3. Mein ver - lor - nes Zu - traun,
4. Mei - ne tie - fe Sehn - sucht

mei - ne kur - ze Sicht___ brin - ge ich vor dich.___
was mich beugt und lähmt, brin - ge ich vor dich.___
mei - ne Ängst - lich - keit___ brin - ge ich vor dich.___
nach Ge - bor - gen - heit___ brin - ge ich vor dich.___

Wand - le sie in Wei - te, Herr, er - bar - me dich.
Wand - le sie in Stär - ke, Herr, er - bar - me dich.
Wand - le sie in Wär - me, Herr, er - bar - me dich.
Wand - le sie in Hei - mat, Herr, er - bar - me dich.

Am hellen Tag kam Jesu Geist

T: Dieter Trautwein / M: Dieter Trautwein / Aus: „111 Kinderlieder"

269

Am hel - len Tag kam Je - su Geist.

Al - le wis - sen jetzt, was Freu - de heißt!

Al - le wis - sen jetzt, was Freu - de heißt!

1. Tü - ren sind ver - rie - gelt, Au - gen blik - ken bang.
2. Pet - rus und die an - dern tre - ten mu - tig vor,
3. "Je - sus, den ihr tot glaubt, lebt und spricht durch uns.
4. Je - sus än - dert Men - schen. Wer ihn kennt, ver - gibt.
5. Men - schen al - ler Völ - ker sam - melt Je - su Geist

1. Men - schen fürch - ten Men - schen. Kei - ner wird mehr froh.
2. spre - chen vie - le Spra - chen, daß es je - der hört:
3. Seht, wie er uns frei macht von der schlim - men Angst!"
4. Ju - den, Deut - sche, Rus - sen sind sich nicht mehr Feind!
5. zu der ei - nen Kir - che, die es wei - ter sagt:

Liebte Gott der Herr uns nicht

270

T: A. M. Cocagnac, O.P. / Deutsche Textübertragung: Helmut Oeß / M: A. M. Cocagnac, O.P.

2. Liebte Gott der Herr uns nicht, hätt' er
nicht die Erd' erschaffen. Liebte Gott der Herr uns nicht, hätt' er
nicht all das getan: All das, da er sprach zu
uns das Wort der Liebe. All das, was er
sprach, hat Arme reich gemacht.

3. Liebte Gott der Herr uns nicht, hätt' er
nicht die Erd' erschaffen. Liebte Gott der Herr uns nicht, hätt' er
nicht all das getan: All das in der Nacht der
Angst in einem Garten. All das in der
Nacht, da er verraten ward.

(Fortsetzung nächste Seite)

4. Liebte Gott der Herr uns nicht, hätt' er
nicht die Erd' erschaffen. Liebte Gott der Herr uns nicht, hätt' er
nicht all das getan: All das für die Welt am
Kreuz auf einem Hügel. Am Kreuz breitet
er die Arme für uns aus.

5. Liebte Gott der Herr uns nicht, hätt' er
nicht die Erd' erschaffen. Liebte Gott der Herr uns nicht, hätt' er
nicht all das getan: All das nach der Nacht am
hellen Ostermorgen, als er von dem
Tod als Sieger auferstand.

Kann denn das Brot

271

Aus: „Weiß Du wo der Himmel ist" (IMP 3001) u.a. / T: Wilhelm Willms / M: Ludger Edelkötter

1. Kann denn das Brot so klein für uns das Le - ben sein?
2. Kann denn ein Be - cher Wein für uns der Him - mel sein?
3. Kann denn ein Mensch al - lein für uns die Zu - kunft sein?
4. Kann denn ein Kind so klein für uns die Ret - tung sein?

1. Kann denn das Brot so klein für uns das Le - ben sein?
2. Kann denn ein Be - cher Wein für uns der Him - mel sein?
3. Kann denn ein Mensch al - lein für uns die Zu - kunft sein?
4. Kann denn ein Kind so klein für uns die Ret - tung sein?

Komm herab, o heilger Geist

272

T: Maria Luise Thurmair, Markus Jenny 1971 / Rechte bei Christophorus-Verlag, Freiburg

M: Anette Böhme / Rechte bei Autorin

2. Komm, der alle Armen liebt,
komm, der gute Gaben gibt.
Komm, der jedes Herz erhellt.

3. Was befleckt ist, wasche rein,
Dürrem gieße Leben ein,
heile du, wo Krankheit quält.

4. Höchster Tröster in der Zeit,
Gast, der Herz und Sinn erfreut,
köstlich Labsal in der Not.

(Fortsetzung nächste Seite)

5. Wärme du, was kalt und hart,
löse, was in sich erstarrt,
lenke, was den Weg verfehlt.

6. In der Unrast schenkst du Ruh',
hauchst in Hitze Kühlung zu,
spendest Trost in Leid und Tod.

7. Gib dem Volk, das dir vertraut,
das auf deine Hilfe baut
deine Gaben zum Geleit.

8. Komm, o du glückselig' Licht,
fülle Herz und Angesicht,
dring' bis auf der Seele Grund.

9. Laß es in der Zeit besteh'n,
deines Heils Vollendung seh'n,
und der Freuden Ewigkeit.

10. Ohne dein lebendig Weh'n,
kann im Menschen nichts besteh'n,
kann nichts heil sein, noch gesund.

Schenk uns Zeit [Kanon]

T: Rolf Krenzer / M: Detlev Jöcker / Aus Buch und MC: „Solange die Eede lebt"

273

Nach einem langen Tag mit vielen Erlebnissen, guten und unangenehmen, sehnen wir uns alle nach etwas Zeit für uns selbst: Augen schließen, Raum etwas abdunkeln und dann in aller Ruhe diesen Kanon anstimmen.

Heilig

274

T: Liturgie / M: Kurt Grahl

Ebony Musikverlag

Gott schuf die Erde

275

T: unbekannt / M: unbekannt
Quelle unbekannt

2. Gott schuf die vielen tausend Tiere. Ein
jedes einzig und sehr schön, damit wir Menschen Sorge
tragen, daß sie nicht schutzlos untergeh'n. Für die
eine Erde setzen wir uns ein, daß sie gerettet werde, Herr
laß uns nicht allein.

Dicke rote Kerzen

276

T: unbekannt / M: unbekannt
trad,

2. Schneiden, Hämmern, Basteln überall im Haus.
Man begegnet hin und wieder schon dem Nikolaus.
Ja, ihr wißt Bescheid! Macht euch jetzt bereit: Bis
Weihnachten, bis Weihnachten ist nicht mehr weit!

3. Lieb verpackte Päckchen überall versteckt
und die frisch geback'nen Plätzchen wurden schon entdeckt.
Heute hat's geschneit! Macht euch jetzt bereit: Bis
Weihnachten, bis Weihnachten ist nicht mehr weit!

4. Menschen finden wieder füreinander Zeit.
Und es klingen alte Lieder durch die Dunkelheit.
Bald ist es soweit! Macht euch jetzt bereit: Bis
Weihnachten, bis Weihnachten ist nicht mehr weit!

Kleine weiße Friedenstaube

T: unbekannt / M: unbekannt
Quelle unbekannt

277

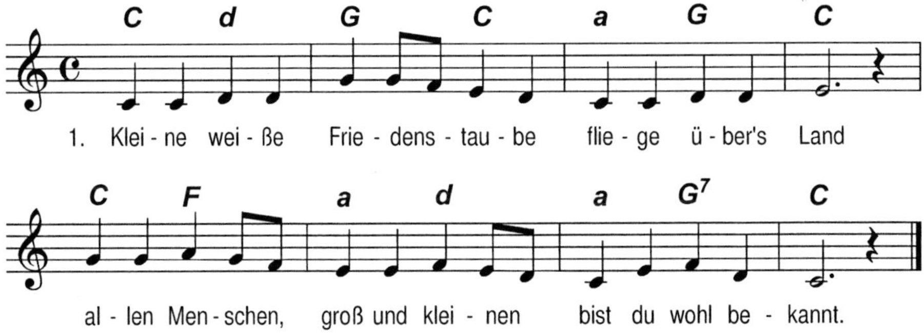

2. Du sollst fliegen, Friedenstaube, allen sag es hier,
daß nie wieder Krieg wir wollen, Frieden wollen wir.

3. Fliege über's große Wasser, über Berg und Tal;
bringe allen Menschen Frieden, grüß sie tausendmal.

4. Und wir wünschen für die Reise Freude und viel Glück,
kleine Friedenstaube, komm recht bald zurück.

Über den Wolken

278

T: Reinhard Meyf / M: Reinhard Mey

Gute Nacht, gute Ruh'

279

T: Georg Goetsch / M: Altenglisch

Aus: „Tanzkanons" (BA 1250) / © by Bärenreiter-Verlag, Kassel

Ein Lied ohne Gitarrenbegleitung, mit gutem Grund:
Versucht, mit der Gruppe diesen Kanon wirklich ganz leise und langsam anzustimmen. Das Dirigieren mit einer Hand ist hier Pflicht, damit das Tempo euch nicht davonläuft.

Gloria, Ehre sei Gott

280

T: Kathi Stimmer-Salzeder / M: Kathi Stimmer-Salzeder

Aus: „Lied der Hoffnung" 3, Gesamtband 1992, 84544 Aschau a.Inn / © Kathi Stimmer-Salzeder

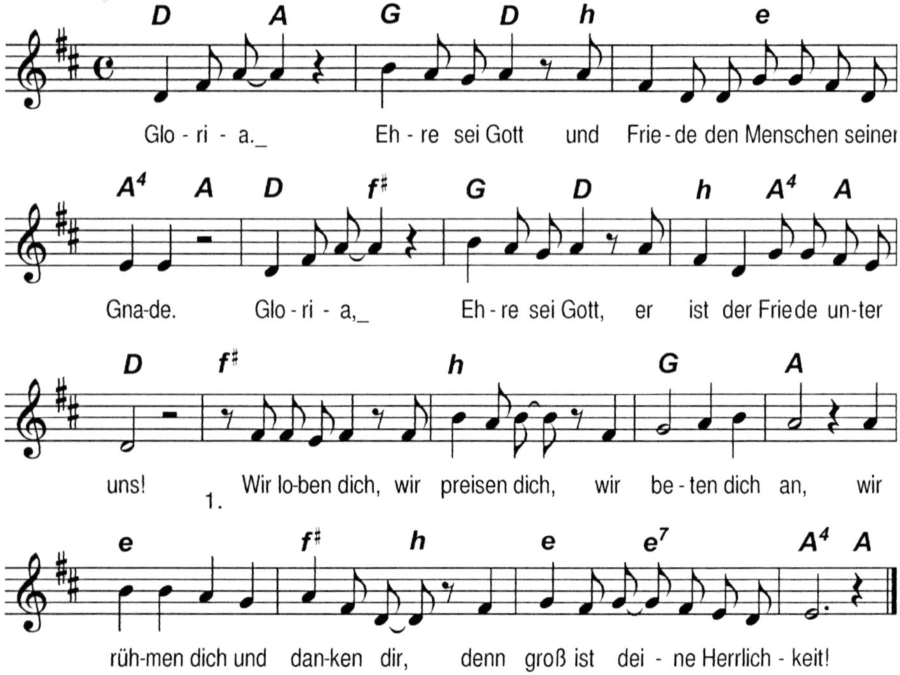

2. Gloria. Ehre sei Gott und Friede den Menschen seiner
Gnade. Gloria. Ehre sei Gott, er ist der Friede unter
uns. Du bist der Herr, der Heilige, der Höchste allein. Du
nimmst hinweg die Schuld der Welt, erbarm' dich unser, Gotteslamm!

Schweig nicht, handle

281

T: Gabi Melcher/ M: Peter Janssens

Ich will gegen das Geläut der Leute

282

T: Wilhelm Willms / M: Peter Janssens

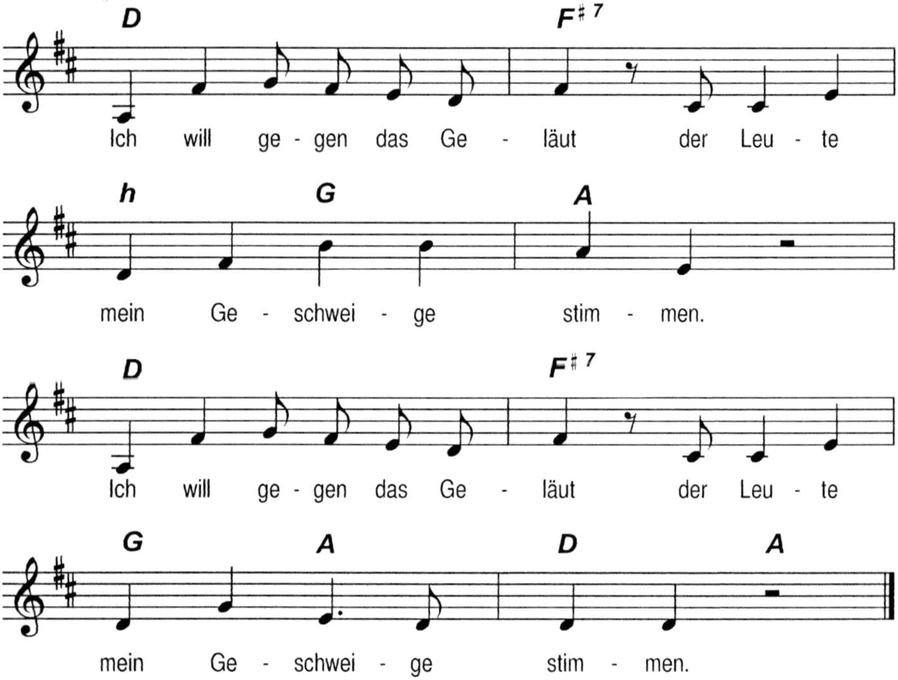

2. Ich will gegen das Gedröhn der Bomben
meine Träume summen.
Ich will gegen das Gedröhn der Bomben
meine Träume summen.

3. Ich will gegen das Geleucht der Lichter
meinen Dunkelheiten trauen.
Ich will gegen das Geleucht der Lichter
meinen Dunkelheiten trauen.

4. Ich will für die große Flut der Tränen
eine Freudenmauer bauen.
Ich will für die große Flut der Tränen
eine Freudenmauer bauen.

Te deum

283

T: Hermann Schulze-Berndt / M: Peter Janssens

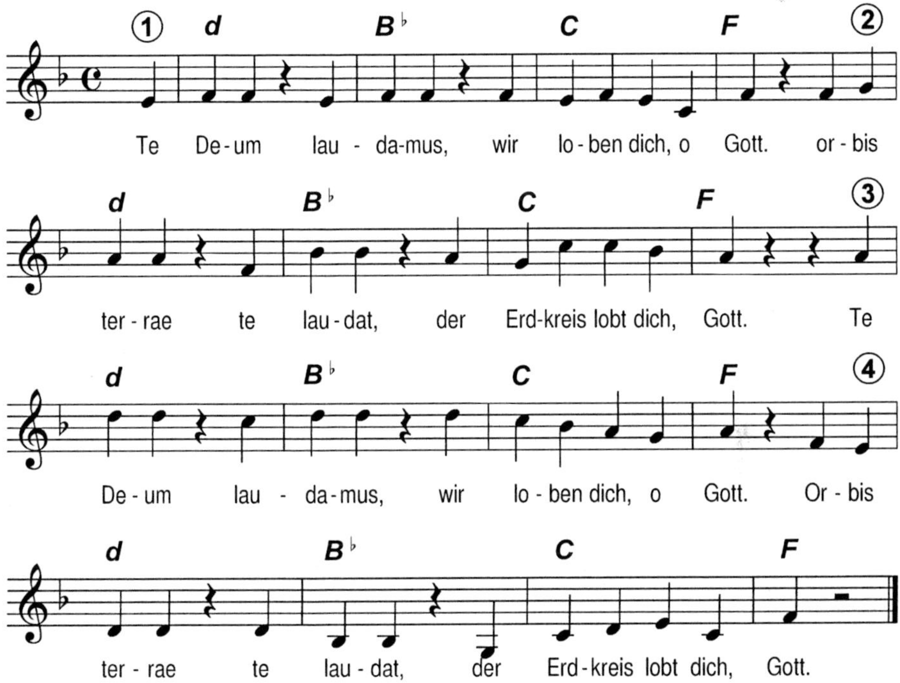

Geht zu den Ställen heute Nacht

284

Aus: „Uns ist ein Licht aufgegangen (IMP 1014) u.a. / T: Josef Reding / M: Ludger Edelkötter

2. Geht zu den Armen heute Nacht, die
nirgends ein zu Hause haben!
Verlaßt den Glanz, kommt aus der Pracht und
bringt den Hungernden die Gaben.

3. Geht zu dem Kinde heute Nacht, dem
weder Bett noch Tisch zu eigen.
Geht zu dem Kinde heute Nacht, es
wird euch Gottes Antlitz zeigen.

Wenn jeder gibt, was er hat

285

T: Wilhelm Willms / M: Peter Janssens

2. Wenn jeder gibt, was er hat, dann
werden alle satt. Wenn jeder
gibt, was er hat, dann werden alle satt.
Wir spinnen, träumen, schauen, wir
fangen an zu bauen. Wir
spinnen, träumen, schauen, wir fangen an zu bauen.

3. Wenn jeder gibt, was er hat, dann
werden alle satt. Wenn jeder
gibt, was er hat, dann werden alle satt.
Wir teilen, was wir haben, wir bringen uns're Gaben. Wir
teilen, was wir haben, wir bringen uns're Gaben.

4. Wenn jeder gibt, was er hat, dann
werden alle satt. Wenn jeder
gibt, was er hat, dann werden alle satt. Klei-
ne Gabe, gute Hand, sättigt Tausende im Land.
Spinnen, träumen, schauen, wir fangen an zu bauen.
Spinnen, träumen, schauen, wir fangen an zu bauen.

Einmal wurd es am Himmel hell

286

T: Wilhelm Willms / M: Peter Janssens

2. Einmal schlug Adam die Augen auf, hier und da,
einmal sprach Adam mit Eva ein Wort, hier und da,
einmal schlich sich die Schlange ein, hier und da, einmal
schlug Kain Abel tot, hier und da, hier und da.

3. Einmal kam überall die Flut, hier und da,
einmal wird kommen das Morgenrot, hier und da,
einmal wird einer auferstehen, hier und da, einmal
wird Kain Abel verstehen, hier und da, hier und da.

4. Einmal werden wir Menschen sein, hier und da,
einmal werden wir dich seh'n, hier und da,
einmal wird einer auferstehen, hier und da, einmal
werden wir Gott seh'n, hier und da, hier und da.

Meines Herzens Dunkel

T: Helmut Schlegel / M: Winfried Heurich

Aus CD: „Lieder der Hoffnung und des Glaubens" SU 9983 /

287

Du gibst den Spatzen gutes Brot

T: unbekannt / M: unbekannt

mündlich überliefert

288

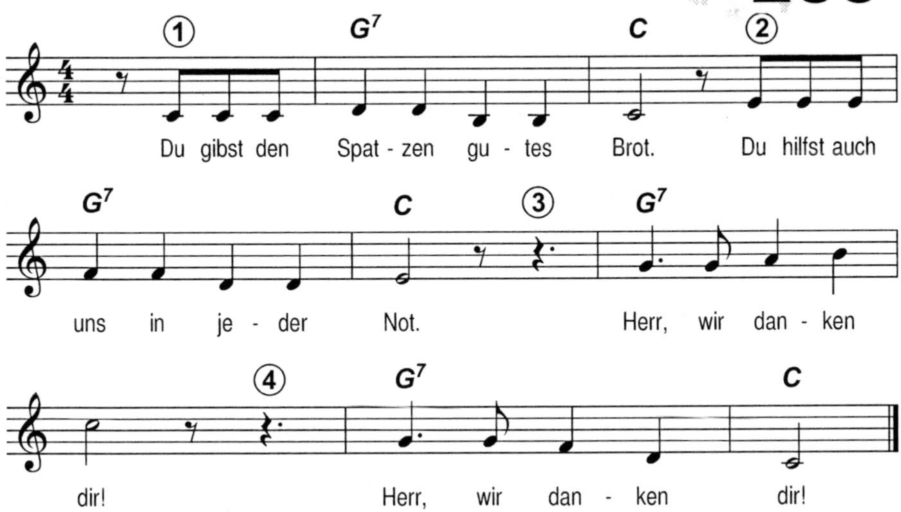

Das Licht einer Kerze

289

Aus: „Ich schenk dir einen Sonnenstrahl" , 1985 / T: Rolf Krenzer / M: Peter Janssens

2. Wir zünden die Kerzen, jetzt am Adventskranz an
und ihr helles Leuchten, sagt es allen dann:
Laßt uns alle hoffen, hier und überall,
hoffen voll Vertrauen auf das Kind im Stall.

3. Es leuchten die Kerzen so hell mit ihrem Licht.
Gott hält sein Versprechen, er vergißt uns nicht.
Laßt uns ihm vertrauen, hier und überall.
Zeichen seiner Hoffnung ist das Kind im Stall.

4. Die Kerzen hell strahlen durch alle Dunkelheit.
Gott schenkt uns den Frieden, macht euch jetzt bereit.
Gott ist immer bei uns, hier und überall.
Darum laßt uns loben unsern Herrn im Stall.

Wir haben hier etwas beim Text gemogelt, damit man von diesem Lied auch schon am ersten Advent alle vier Strophen singen kann...

Wandelt euch

290

Aus: „Ich suche einen Sinn heraus", 1975 / T: Wilhelm Willms / M: Peter Janssens

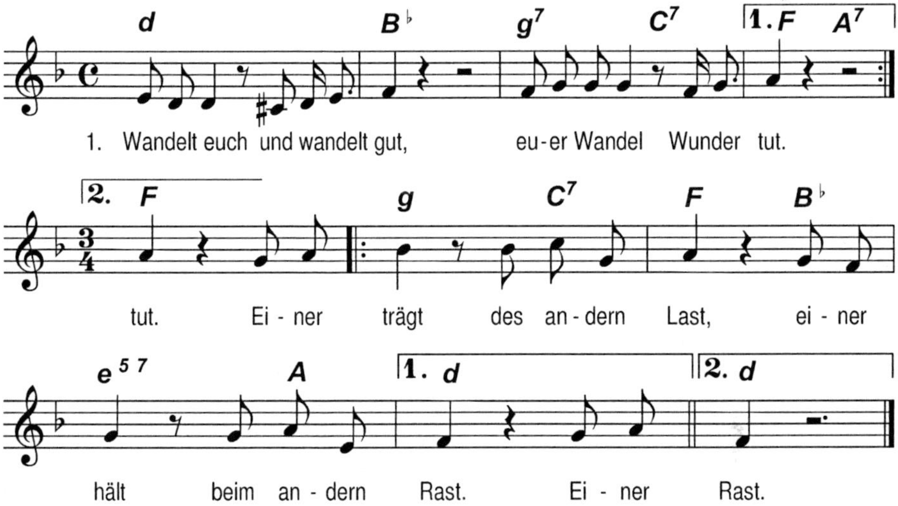

2. Last des Lebens, Last zu zweit, halbe Last und halbes Leid.
   Einer trägt des andern Last, einer
   hält beim andern Rast.

3. Last zu tragen, was ich bin, Last des andern, mein Gewinn.
   Einer trägt des andern Last, einer
   hält beim andern Rast.

4. Maß ist voll von Bitterkeit, Wandlung kommt nicht vor der Zeit.
   Einer trägt des andern Last, einer
   hält beim andern Rast.

5. Füllt die Krüge, schöpft und fragt, bester Wein ist zugesagt.
   Einer trägt des andern Last, einer
   hält beim andern Rast.

Das Weizenkorn muß sterben

291

T: Lothar Zenetti / M: Johann Lauermann

2. So gab der Herr sein Leben, verschenkte sich wie Brot. Wer dieses Brot genommen, verkündet seinen Tod. Geheimnis des Glaubens: im Tod ist das Leben.

3. Wer dies Geheimnis feiert, soll selber sein wie Brot, so läßt er sich verzehren von aller Menschennot. Geheimnis des Glaubens: im Tod ist das Leben.

4. Als Brot für viele Menschen hat uns der Herr erwählt, wir leben füreinander, und nur die Liebe zählt. Geheimnis des Glaubens: im Tod ist das Leben.

Adoramus te domine

292

T: Gesang aus Taizé / M: Jacques Berthier / Satz: Jacques Berthier

Polnisches Friedenslied

293

T: Krenzer, Rolf / M: Krenzer, Rolf
Aus: „Hast du unseren Hund gesehen" / Ernst Kaufmann Verlag, Lahr

2. In jedem Menschen herren Unrast
und Unruh ohn' Ende,
selbst wenn wir ständig versuchen, Friede für alle zu
schaffen. Friede soll mit euch sein, Friede für alle Zeit!
Nicht so, wie ihn die Welt euch gibt, Gott selber wird es sein.

3. Laß uns in deiner Hand finden
was du für alle verheißen.
Herr, fülle unser Verlangen, gib du uns selber den
Frieden. Friede soll mit euch sein, Friede für alle Zeit!
Nicht so, wie ihn die Welt euch gibt, Gott selber wird es sein.

Ein Lied für die Sonne

294

T: Rolf Krenzer / M: Detlev Jöcker

2. Ein Lied für die Sterne, den Mond, meinen Bruder. Du ließest sie leuchten für mich. Du schenktest den Himmel, unendliche Schönheit, mein Herr, dafür preise ich dich!

3. Dem Wind, meinem Bruder, will freudig ich singen, der Luft, die frei atmen mich läßt. Ich danke dir, Herr, für den Wind, meinen Bruder, der mir durch die Haare jetzt bläst.

4. Ein Lied für das Wasser, die freundliche Schwester, die alles, was Leben hat, tränkt. Ein Lied für das Feuer, den leuchtenden Bruder, der Wärme und Zuversicht schenkt.

5. Ein Lied für die Erde, die Schwester, die Mutter, die uns stets ernährt und erhält. Ich danke dir Schöpfer, für Früchte und Blumen und diene dir, Herr, in der Welt.

6. Ein Lied für das Leben, den Bruder, den Vater. Du stellst mich mitten hinein. Ich wache und schlafe. Ich denke und träume und fühle mein eigenes Sein.

7. Ein Lied für den Bruder am Ende des Lebens. Ein Lied meinem Bruder, dem Tod. Er nimmt Hast und Angst weg, schenkt Ruhe und Frieden und führt mich zu dir, großer Gott.

8. Ich lobe und preise und danke und diene so recht und so schlecht ich's vermag. Ich singe dem Höchsten, dem Herrn, meinem Schöpfer, voll Demut mein Lied Tag für Tag.

Du bist da, wo Menschen leben

T: Detlev Jöcker / M: Detlev Jöcker / Aus Buch, CD und MC: „Das Liederbuch zum Umhängen I"

295

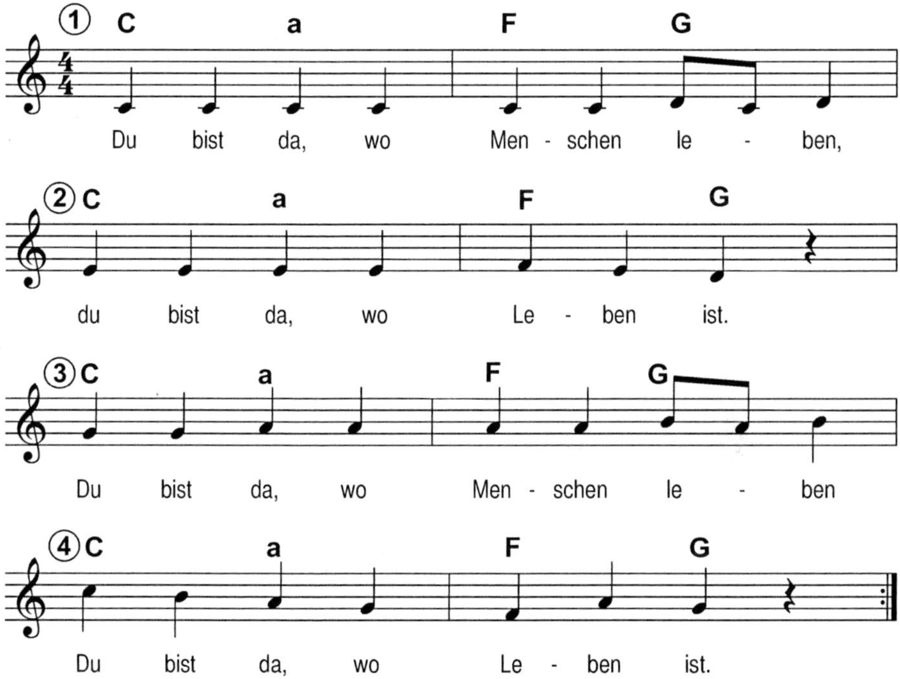

2. Du bist da, wo Menschen hoffen,
du bist da, wo Hoffnung ist.
Du bist da, wo Menschen hoffen,
du bist da, wo Hoffnung ist.

3. Du bist da, wo Menschen lieben,
du bist da, wo Liebe ist.
Du bist da, wo Menschen lieben,
du bist da, wo Lieb e ist.

4. Halleluja, halleluja
hallelu halleluja
hallelu halleluja.

Miteinander komm'n wir der Sache nah

296

T: Dieter Süverkrüp / M: trad.

2. Zu manchen Tätigkeiten bedarf es eines
Zweiten: So etwa zum Begleiten, zum
Tratschen und zum Streiten.
Auch das Zusammen-Singen soll zweisam besser
klingen. Erst recht in Liebesdingen, läßt
sich zu zweit mehr bringen. Oliolio-
la! Wir sind miteinander da, zusammen und ge-
meinsam, nicht einsam und alleinsam.
Olioliola! Miteinander geht es ja. Wenn wir zusammen
kommen, komm'n wir der Sache nah.

(Fortsetzung nächste Seite)

3. Sodann das Fußballspielen geht immer nur mit
vielen - wie auch das Volksfest feiern (und
das nicht nur in Bayern).
Auch Demonstrationen, wenn sie den Aufwand
lohnen, erfordern eine Menge an
menschlichem Gedränge. Oliolio-
la! Wir sind miteinander da, zusammen und ge-
meinsam, nicht einsam und alleinsam.
Olioliola! Miteinander geht es ja. Wenn wir zusammen
kommen, komm'n wir der Sache nah.

4. Im wesentlichsten Falle, da brauchen wir uns
alle auf diesem Erdenballe, da-
mit er nicht zerknalle.
Schiebt alle Streitigkeiten für eine Weil' auf
Seiten, und laßt uns drüber streiten der-
einst in Friedenszeiten. Oliolio-
la! Wir sind miteinander da, zusammen und ge-
meinsam, nicht einsam und alleinsam.
Olioliola! Miteinander geht es ja. Wenn wir zusammen
kommen, komm'n wir der Sache nah.

5. Befällt uns das Verzagen, so müssen wir's ver-
jagen. Vielleicht zusammen singen, ein
Faß zuende bringen.
Laßt uns zusammen juchzen, und wenn es sein muß
schluchzen. Der Mensch braucht jede Menge ganz
menschliches Gedränge. Oliolio-
la! Wir sind miteinander da, zusammen und ge-
meinsam, nicht einsam und alleinsam.
Olioliola! Miteinander geht es ja. Wenn wir zusammen
kommen, komm'n wir der Sache nah.

Wohl kein anderes Lied wurde so häufig für eigene Textdichtungen benutzt wie dieser Song. Wir wollen diese kreative Vorlage daher auch niemandem vorenthalten.

Blumentanz

297

T: Rolf Krenzer / M: Peter Janssens

2. Diesen schönen Apfel hab ich dir mitgebracht.
Diesen Apfel schenk ich dir, weil du mir zuge-
lacht. Ich schenke dir den Apfel mit seinem Duft und Glanz
und lad dich ein und lad dich ein zu einem Erntetanz.
Rundherum, ja rundherum, der Erntetanz ist schön.
Rundherum, ja rundherum, der Erntetanz ist schön.

Bleib bei uns, Herr, mit all deiner Gnade

T: Hans-Georg Pappe / M: Hartmut Wortmann

Aus: „Kinder loben Gott" / © Lahn-Verlag, Limburg

298

Bleib bei uns, Herr, mit all deiner Gnade, bleib bei
uns bis ans Ende der Zeit. Viele Tage und Stunden, Sekunden, Gedanken: Du stehst zur Hilfe bereit.
Mach uns alle doch frei, frei von Haß und von Neid, gib uns Kraft, deine Jünger zu sein! Daß wir zu allen gut und zur Hilfe bereit, um der Liebe zu öffnen den Weg.

Wer sich auf Gott verläßt

299

T: Rolf Krenzer / M: Detlev Jöcker

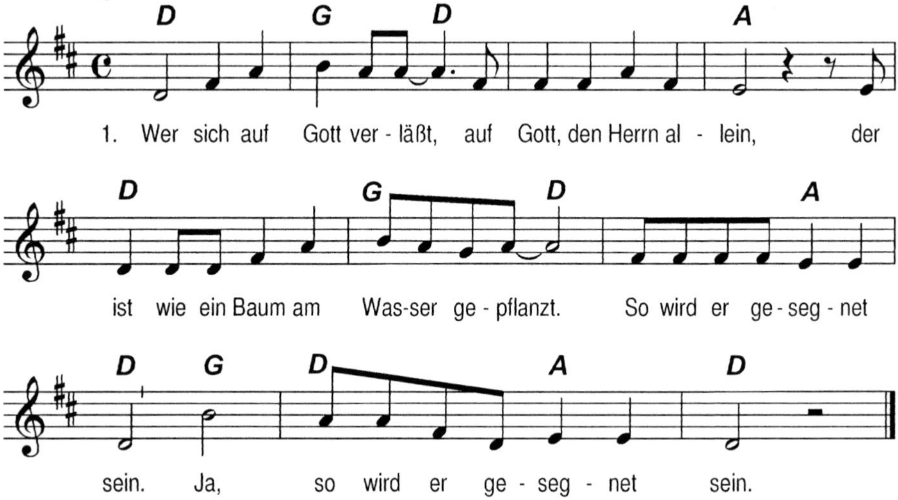

2. Wer sich auf Gott verläßt, auf Gott den Herrn allein, der
ist wie ein frisches Blatt an dem Baum. So wird er gesegnet
sein. Ja, so wird er gesegnet sein!

3. Wer sich auf Gott verläßt, auf Gott den Herrn allein, der
ist wie ein Vogelkind in dem Nest. So wird er gesegnet
sein. Ja, so wird er gesegnet sein!

4. Wer sich auf Gott verläßt, auf Gott den Herrn allein, der
ist wie die Blume, die zart erblüht. So wird er gesegnet
sein. Ja, so wird er gesegnet sein!

5. Wer sich auf Gott verläßt, auf Gott den Herrn allein, der
ist wie die Sonne strahlend und hell. So wird er gesegnet
sein. Ja, so wird er gesegnet sein!

6. Wer sich auf Gott verläßt, auf Gott den Herrn allein, der
ist wie ein Licht, das scheint durch die Nacht. So wird er gesegnet
sein. Ja, so wird er gesegnet sein!

7. Wer sich auf Gott verläßt, auf Gott den Herrn allein, der
ist wie ein Kind bei den Eltern im Arm. So wird er gesegnet
sein. Ja, so wird er gesegnet sein!

8. Wer sich auf Gott verläßt, auf Gott den Herrn allein, der
ist wie ein Korn, das aufgeht und wächst. So wird er gesegnet
sein. Ja, so wird er gesegnet sein!

Sende, Herr Jesu, uns deinen Heil'gen Geist!

T: Kommunität Gnadenthal / M: Kommunität Gnadenthal
Aus: „Lieder-Mosaik" / Rechte bei Präsenz-Verlag, Gnadenthal

300

Herr, laß auf Erden

T: Horst Weber / M: Horst Weber
Aus: „DIE MAULTROMMEL" / Fidula-Verlag Boppard/Rhein und Salzburg

301

Freut euch alle

302

T: Klaus Künne / M: Josef Monter

Aus: MOSAIK 171 „Kindergottesdienst" / Fidula-Verlag Boppard/Rhein und Salzburg

2. Freut euch alle, singt und spielt, singt und spielt, singt und spielt.
   Freut euch alle, singt und spielt: Jesus ist unser Bruder.
   Bruder von dir, Bruder von mir, Bruder von uns allen.

3. Freut euch alle, singt und spielt, singt und spielt, singt und spielt.
   Freut euch alle, singt und spielt: Jesus liebt alle Menschen.
   Er liebt dich, er liebt mich, er liebt alle Menschen.

4. Freut euch alle, singt und spielt, singt und spielt, singt und spielt.
   Freut euch alle, singt und spielt: Gott ist unser Vater.
   Vater von dir, Vater von mir, Vater von uns allen.

Ein Licht leuchtet auf

Aus: „Kinderlieder - Krippenspiele" (IMP 1027) / T: Rolf Krenzer / M: Ludger Edelkötter

303

Wir haben das Lied meistens in der Adventszeit eingesetzt. Aber auch in einer Abendrunde, in der nur einige Kerzen den Raum in stimmungsvolle Atmosphäre tauchen, ist der Kanon am richtigen Platz. Das Licht steht hier für Gott.

Gottes Wort ist wie Licht in der Nacht

304

T: unbekannt / M: unbekannt
Quelle unbekannt

Der Weg nach Bethlehem

305

T: Heinrich Rohr / M: Heinrich Rohr
Rechte bei Margarethe Rohr

(Verse nächste Seite)

2. Der Weg, der geht durch enge Gassen,
wo einer einsam und verlassen - der Weg nach Bethlehem.

3. Der Weg geht über viele Stufen,
wo einer ist, der uns gerufen - der Weg nach Bethlehem.

4. Der Weg geht, wo der Stern will funkeln,
für alle, die da sind im Dunkeln - der Weg nach Bethlehem.

5. Der Weg, der geht durch niedre Türen,
er will zur Krippe uns hinführen - der Weg nach Bethlehem.

6. Und leuchten aberhundert Kerzen,
der Weg, der geht durch unsre Herzen - der Weg nach Bethlehem.

Wißt ihr, was die Bienen träumen?

306

T: Lore Kleikamp / M: Detlev Jöcker

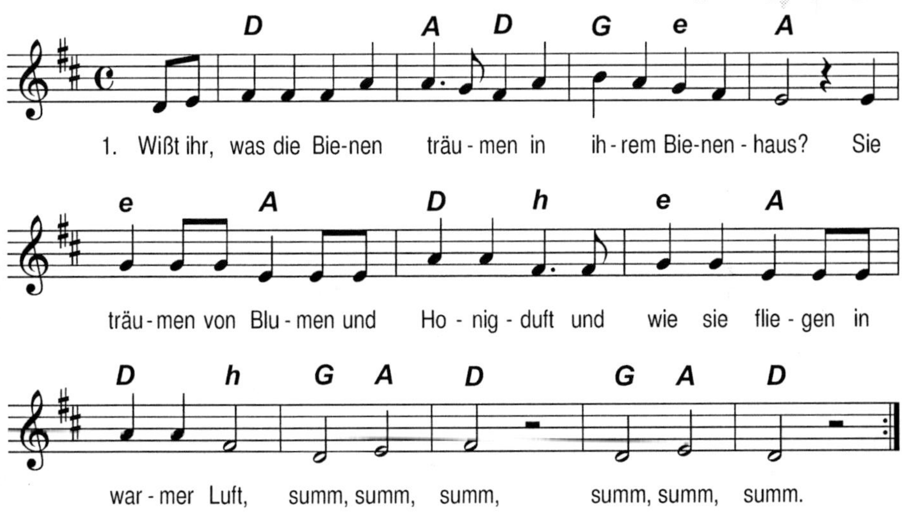

2. Wißt ihr, was die Vögel träumen in ihrem weichen Nest? Sie träumen von Sommer und Sonnenschein, von Würmern und von Käferlein, piep, piep, piep, piep, piep, piep.

3. Wißt ihr, was die Frösche träumen im Mondenschein am See? Sie träumen, daß jeder auf dieser Welt sie für die besten Sänger hält, quak, quak, quak, quak, quak, quak.

4. Wißt ihr, was die Eulen träumen, wenn es dunkel ist? Sie träumen am Tage, nicht in der Nacht. Wenn alle schlafen, dann rufen sie sacht, uhu, uhu, uhu, uhu, uhu, uhu.

Du bist du

307

Originaltitel: I got you / T: Paul Janz / M: Paul Janz / Deutsch: Jürgen Werth

Besinnlich

Sozialkritisch

Mache dich auf und werde Licht [Kanon]

T: Jes. 60.1 / M: Kommunität Gnadenthal
Rechte bei Präsenz-Verlag, Gnadenthal

308

Ein Funke ist genug

309

Originaltitel: It only takes a spark (Pass it on) T & M: Kurt Kaiser / Deutsch: Klaus Lüchtenfeld

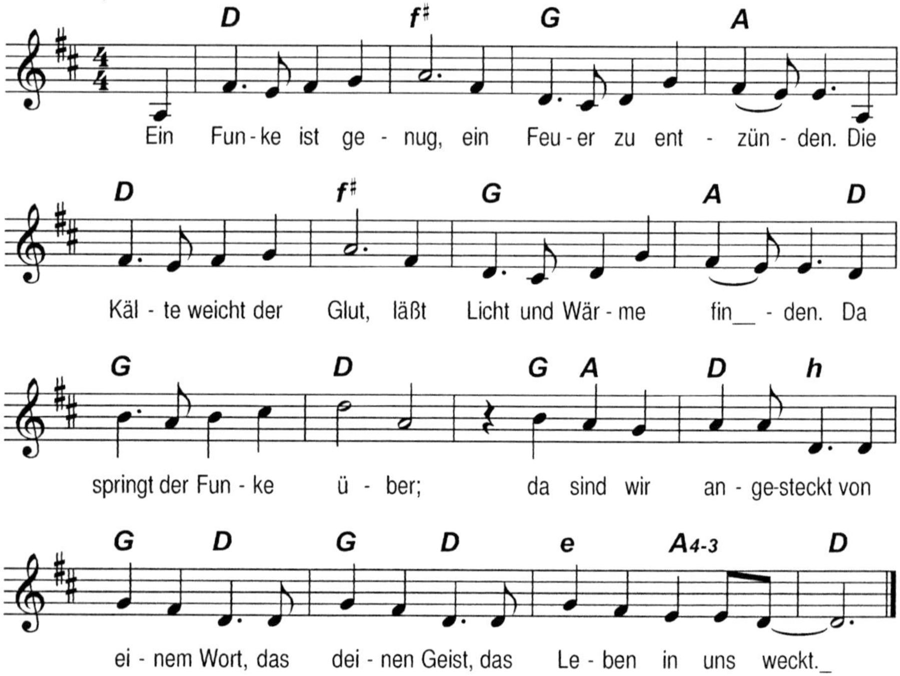

2 Ein Samenkorn genügt, das Leben fortzutragen. Die Wüste weicht dem Wald, wo Sand und Steine lagen, da springen junge Knospen auf: erwacht ein Blütentraurn von einem Baum, der Früchte trägt in unserm Lebensraum.

3 Ein erster Schritt genügt, die Spuren neu zu legen. Die Grenze weicht dem Weg: Bewegung wird bewegen. Da gehen Augen über, da tun sich Ohren auf, ein neuer Geist, ein neues Spiel in unserm Lebenslauf.

Gottes Liebe ist so wunderbar

T: trad. / M: trad. **310**

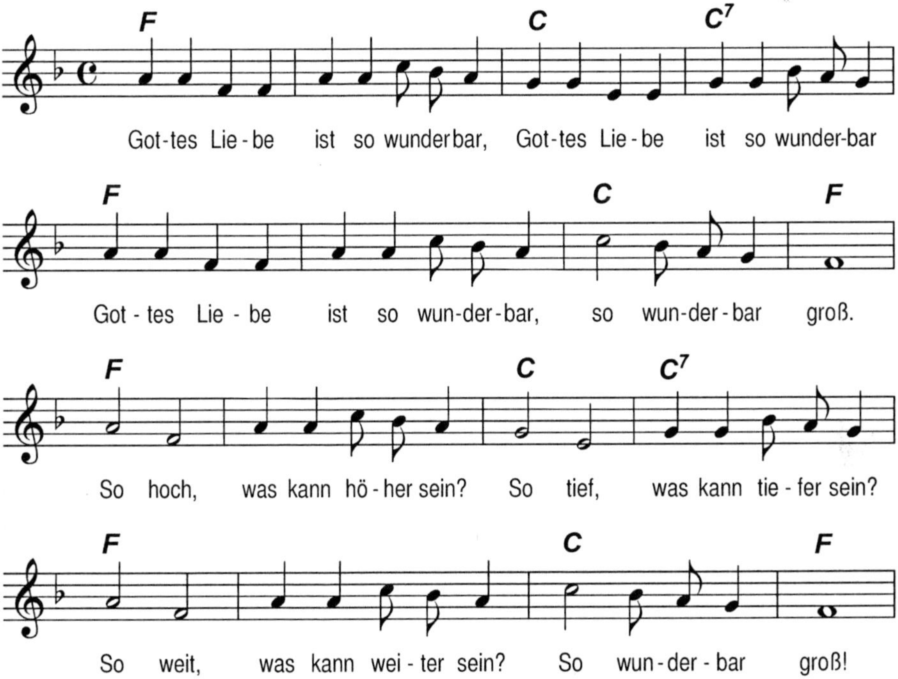

2. Gottes Güte ist so wunderbar, Gottes Güte ist so wunderbar,
Gottes Güte ist so wunderbar, so wunderbar groß.
So hoch, was kann höher sein? So tief, was kann tiefer sein?
So weit, was kann weiter sein? So wunderbar groß!

3. Gottes Gnade ist so wunderbar, Gottes Gnade ist so wunderbar,
Gottes Gnade ist so wunderbar, so wunderbar groß.
So hoch, was kann höher sein? So tief, was kann tiefer sein?
So weit, was kann weiter sein? So wunderbar groß!

4. Gottes Treue ist so wunderbar, Gottes Treue ist so wunderbar,
Gottes Treue ist so wunderbar, so wunderbar groß.
So hoch, was kann höher sein? So tief, was kann tiefer sein?
So weit, was kann weiter sein? So wunderbar groß!

5. Gottes Hilfe ist so wunderbar, Gottes Hilfe ist so wunderbar,
Gottes Hilfe ist so wunderbar, so wunderbar groß.
So hoch, was kann höher sein? So tief, was kann tiefer sein?
So weit, was kann weiter sein? So wunderbar groß!

In Deinem Haus

311

T: Manfred Siebald / M: Manfred Siebald / Satz: Klaus Heizmann
Aus: „Singt mit uns" / Rechte bei Hänssler-Verlag, Neuhausen-Stuttgart

2. In Deinem Haus bin ich gern, Vater, weil du die
Sonne bist und nicht nur ein Stern, Vater, der mich vergißt.
In Deinem Haus will ich bleiben, Vater. Füll Du mich völlig aus, und
nichts soll mich vertreiben, Vater, aus Deinem Haus.
Nimm Du aus meinen Sinnen die alte Sattheit fort. Ich will ganz
leer beginnen, mich umgestalten lassen durch Dein Wort.

(Fortsetzung nächste Seite)

3. In Deinem Haus hör ich gern, Vater, was Du zu sagen hast. Auch das will ich hören, Vater, was mir nicht paßt. In Deinem Haus will ich bleiben, Vater; füll Du mich völlig aus, dann kann mich nichts vertreiben, Vater, aus Deinem Haus. Ich gebe Dir mein Leben, die Sorgen und das Glück. Willst Du mir's wiedergeben, behalt, was dir an mir mißfallt, zurück!

4. Mein ganzes Leben soll Dein Haus sein, Vater, Dein Haus, das Du für Dich nach Deinen Plänen baust, mein Vater, und nicht für mich. In diesem Haus sollst Du bleiben, Vater. Füll Du es völlig aus und nichts soll dich vertreiben, Vater, aus diesem Haus.

Ob wir zwei oder drei

T:unbekannt / M: unbekannt
Quelle unbekannt

312

2. Ob wir zwei oder drei oder viele sind ist einerlei beim Reden, Sinnen und beim Lachen und was wir sonst noch alles machen. Ob wir nun Beten, Klagen, Loben oder auch mal richtig toben.

Meine Augen sind erwacht

313

T: G. Tsekouras / M:Bernd Schlaudt

Quelle unbekannt

2. Meine Ohren sind erwacht, wollen nach der
langen Nacht: hören, wie der Vogel singt,
wie sein Morgenlied erklingt, wie sein Morgenlied erklingt.

3. Meine Füße sind erwacht, wollen nach der
langen Nacht: laufen, springen, hüpfen, geh'n,
lustig sich im Tanze dreh'n, lustig sich im Tanze dreh'n.

4. Meine Hände sind erwacht, wollen nach der
langen Nacht: spielen, froh und hilfreich sein,
allen Menschen, groß und klein, allen Menschen, groß und klein.

Du bist der ICH-BIN-DA

314

Aus: „Weil du mich so magst" (IMP 1036) / T: Rolf Krenzer / M: Ludger Edelkötter

2. Du bist gestern und morgen nah und verborgen. Du bist der ICH-BIN-DA.
3. Du bist laut und ganz leise, Hunger und Speise. Du bist der ICH-BIN-DA.
4. Du bist Arche und Steuer, Wasser und Feuer. Du bist der ICH-BIN-DA.
5. Du bist Sehnsucht und Friede, Treue und Liebe. Du bist der ICH-BIN-DA.
6. Laßt uns loben und preisen, ihm Ehre erweisen. Hal-le-lu-ja.
7. Hallelu - halleluja halle - halleluja Hal-le-luja.

Gottes Kraft geht alle Wege

315

T: Alfred Delp / M: Franz-Reinhard Daffner

(Kraftvoll, nicht zu schnell)

Jesus zieht in Jerusalem ein

316

T: Krenzer, Rolf / M: Krenzer, Rolf

Aus: „Hast du unseren Hund gesehen" / Ernst Kaufmann Verlag, Lahr

Je - sus zieht in Je - ru - sa - lem ein, Ho - si - an - na!

1. Al - le Leu - te fan - gen auf der Stra - ße an zu schrei'n: Ho - si-
2. Seht, er kommt ge - rit - ten, auf dem E - sel sitzt der Herr. Ho - si-
3. Kommt und legt ihm Zwei - ge von den Bäu - men auf den Weg! Ho - si-
4. Kommt und brei - tet Klei - der auf der Stra - ße vor ihm aus! Ho - si-
5. Al - le Leu - te ru - fen laut und lo - ben Gott, den Herrn: Ho - si-
6. Kommt und laßt uns bit - ten, statt das "kreu - zi - ge" zu schrei'n: Komm, Herr

an - na, Ho - si - anna - , Ho - si - an - na in der Höh'! Ho - si-
6. Je - su, komm, Herr He - su, komm, Herr Je - su auch zu uns! Komm Herr

an - na, Ho - si - an - na, Ho - si - an - na in der Höh'!
6. Je - su, komm, Herr Je - su, komm, Herr Je - su, auch zu uns!

Dankeschön

317

Aus: „Kommt alle und seid froh", 1982 / T: Rolf Krenzer / M: Peter Janssens

2. Du schenkst uns deine Gaben, daß wir zu essen haben. Ja,
alles kommt von dir. Drum danken wir dafür.
Danke schön sagen wir. Guter Gott, danke schön,
guter Gott, danke schön sagen wir dafür.

3. Du läßt den Regen fallen und hell die Sonne strahlen. Ja,
alles kommt von dir. Drum danken wir dafür.
Danke schön sagen wir. Guter Gott, danke schön,
guter Gott, danke schön sagen wir dafür.

4. Den Tag hast du erschaffen, die Nacht zum guten Schlafen. Ja,
alles kommt von dir. Drum danken wir dafür.
Danke schön sagen wir. Guter Gott, danke schön,
guter Gott, danke schön sagen wir dafür.

5. Die Pflanzen auf den Feldern, die Bäume in den Wäldern. Ja,
alles kommt von dir. Drum danken wir dafür.
Danke schön sagen wir. Guter Gott, danke schön,
guter Gott, danke schön sagen wir dafür.

6. Du läßt die Vögel singen. Auch unser Lied soll klingen. Ja,
alles kommt von dir. Drum danken wir dafür.
Danke schön sagen wir. Guter Gott, danke schön,
guter Gott, danke schön sagen wir dafür.

Danke für das Brot

318

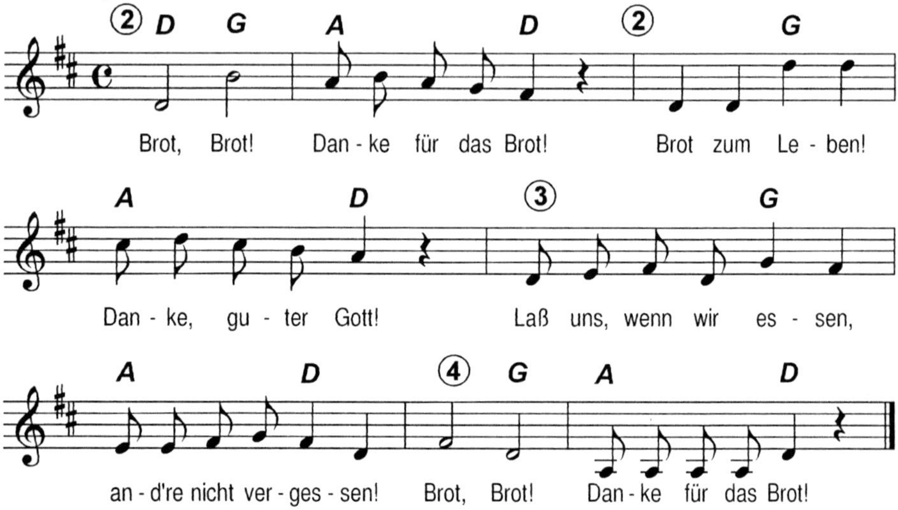

Einsam bist du klein

319

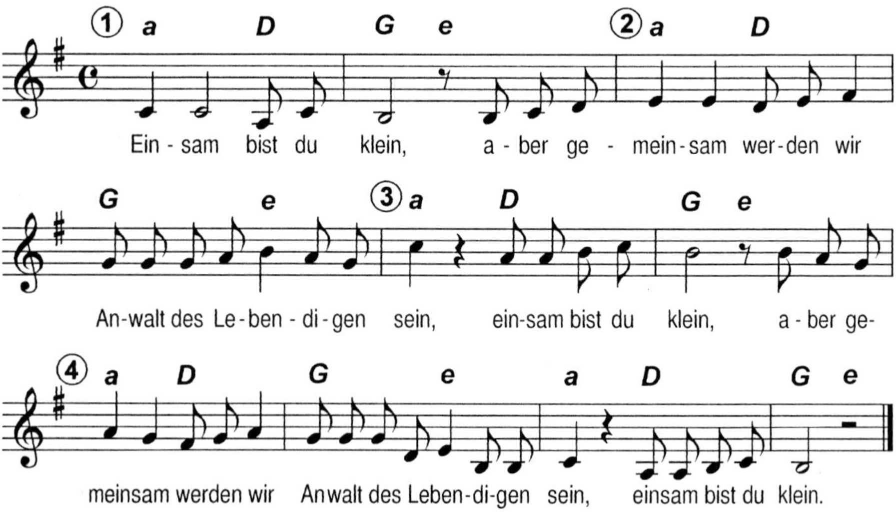

Geh'n wir in Frieden

320

T: Friedrich Karl Barth, Peter Horst / M: Peter Janssens
Aus: „Ich liebe das Leben", 1981 /

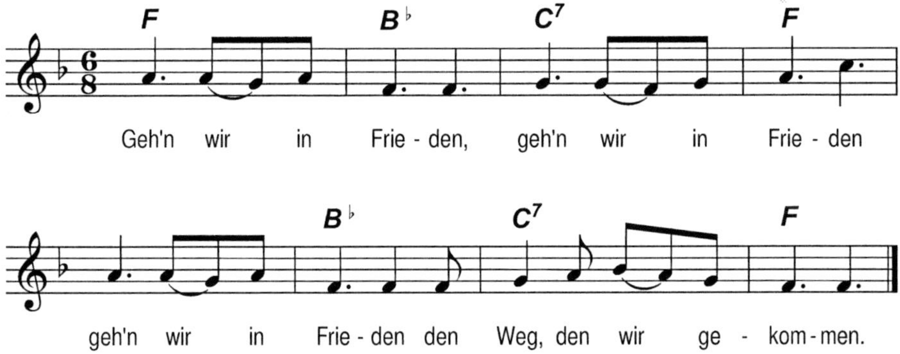

Wir preisen deinen Tod

321

T: Christine Gaud / M: Michael Wackenheim / Übersetzung: Diethard Zils
Aus: „Mein Kanonbuch" 1986 /

Vater, du hast uns einen Namen geschenkt

322

T: Johannes Ganz / M: Johannes Ganz

2. Vater, du hast uns einen Namen geschenkt, noch bevor die Erde entstand. Vater du hast uns deine Liebe immer geschenkt,
weil deine Kinder wir sind, weil deine Kinder wir sind.
Uns're Sehnsucht hast du schon gekannt, unser Wesen hast du schon benannt,
uns'res Lebens Sinn hast du geseh'n, deinen Geist ließ'st über uns du weh'n noch bevor du Abraham beriefst.

(Fortsetzung nächste Seite)

3. Vater, du hast uns einen Namen geschenkt, noch bevor die Erde entstand. Vater, du hast uns deine Liebe immer geschenkt, weil deine Kinder wir sind, weil deine Kinder wir sind. Jeden Tag sind deine Zeichen da, jeden Tag bist du uns spürbar nah. Jeden Tag schenkst du Gelegenheit, machst für deinen Auftrag uns bereit, hilfst uns, uns'ren Namen klar zu seh'n.

Flug der Vögel

T: Rolf Krenzer / M: Peter Janssens

323

Wer bringt dem Menschen

324

T: Hans Jürgen Netz / M: Oskar Gottlieb Blarr

Aus: „Neue Gemeindelieder" (BE 809) /

Wir träumen einen Traum

T: Günter Hildebrandt / M: Peter Janssens

325

Besinnlich

Sozialkritisch

Ein guter Tag

326

T: Wilfried Röhrig / M:Wilfried Röhrig

(Verse nächste Seite)

2. Ich wünsch dir einen guten Tag, viele liebe Worte
daß sie dich erfreu'n wie der Sonnenschein. Dein ein guter Tag mit
vielen lieben Worten läßt auch unsern Gott
mit uns fröhlich sein.

3. Ich wünsch dir einen guten Tag, viele gute Taten,
daß man zu dir sagt: „Danke, das ist fein!" Denn ein guter Tag
mit vielen guten Taten läßt auch unsern Gott
mit uns fröhlich sein.

4. Ich wünsch dir einen guten Tag, dazu Gottes Segen,
daß du immer weißt, ohne ihn kann nichts gedeih'n. Denn ein guter Tag er-
füllt von seinem Segen, läßt auch unsern Gott
mit uns fröhlich sein.

Wie man schlafen geht

T: Eva Bartoschek-Rechlin / M: Richard Rudolf Klein

327

1. Wißt ihr, wie die E - le - fan - ten a - bends geh'n zur
2. Wißt ihr, wie die klei - nen Vö - gel a - bends geh'n zur
3. Wißt ihr, wie die Men-schen - kin - der a - bend's geh'n zur

Ruh'? Kaum kommt der Mond mit sei - nem Schein, zieht
Ruh'? Wenn schon der Mond in's Nest - chen sieht, piepst
Ruh'? Kaum schaut der Mond durch's Fen - ster - lein, plumpst

je - der sei - nen Rüs - sel ein und macht die Au - gen zu.
je - des noch ein A - bend - lied und macht die Au - gen zu.
je - des in sein Bett hin - ein und macht die Au - gen zu.

Mein Schaf hat sich verlaufen

328

T: Rolf Krenzer / M: Peter Janssens

Mein Sohn hat sich verlaufen.
Wer hat ihn geseh'n? Es soll doch meinem Jungen nichts
Böses gescheh'n. Ich suche meinen Jungen. Er kennt sich doch nicht aus. Wenn ich ihn endlich finde
bring' ich ihn nach Haus!

Es liegt ein Lied

Aus: Religionspädagogische Praxis, Handreichung für elementare Religionspädagogik, Jhg. 1990, Nr. III, S. 61, „Es liegt ein Lied"

329

T: Franz Kett / M: Franz Kett /

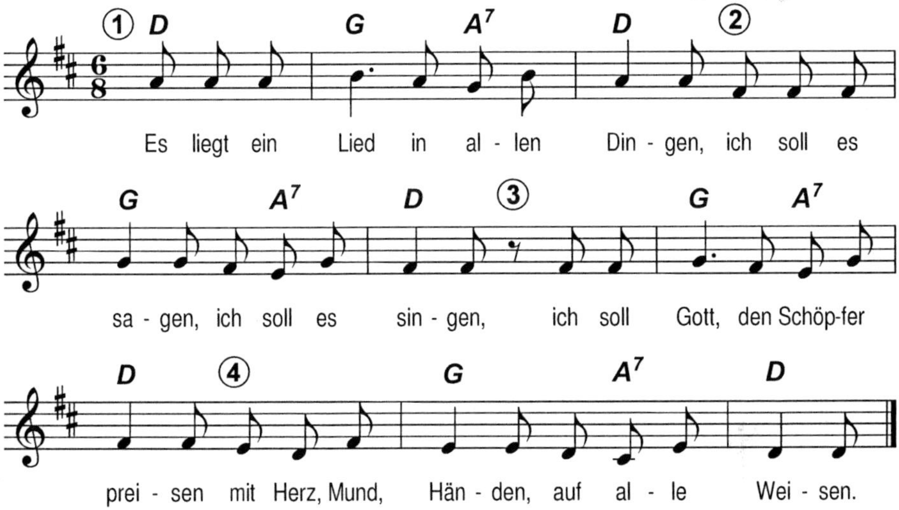

Gloria, gloria, in excelsis Deo

330

T: Bibeltext / M: Jacques Berthier

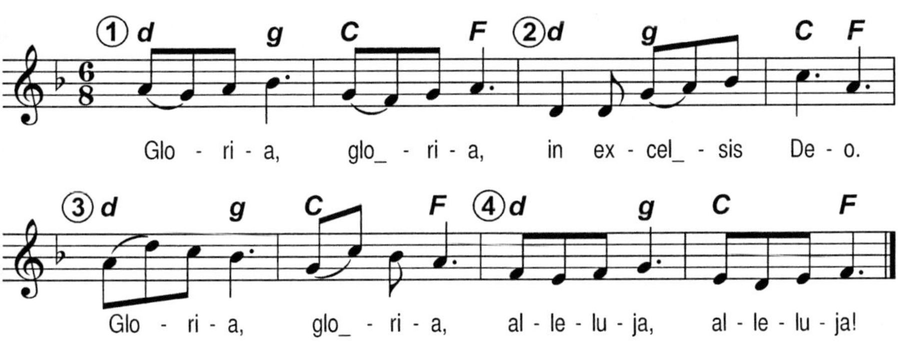

Ob dick, ob dünn

331

T: Wilfried Röhrig / M: Wilfried Röhrig

(Verse nächste Seite)

Sozialkritisch

2. Hanne ist im Bildermalen ein richtiges Genie.
Thomas kann ganz toll erzählen, voller Phantasie.
Lisa merkt, wenn in der Klasse jemand traurig ist.
Hans teilt gern sein Frühstücksbrot, wenn jemand das vergißt.

3. Jens hilft gerne seiner Mami, ohne daß er muß .
Franz gibt seiner kranken Oma jeden Tag 'nen Kuß.
Sabine ist 'ne Superfreundin, auf sie ist Verlaß.
Ines ist stets gut gelaunt, mit ihr macht Spielen Spaß.

Lieber Gott, wir sind hier

T: Gefion Forderer / M: Christian Beck
Aus: „100 einfache Texte zum Kirchenjahr"

332

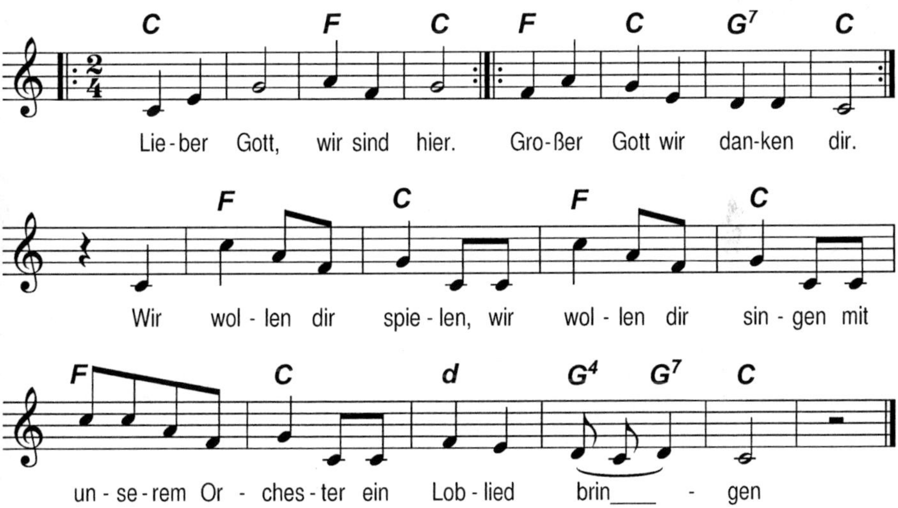

… mit unseren Gitarren
… mit unseren Flöten
… mit Klatschen und Stampfen
… etc.

Wer hat wohl noch ein Musikinstrument auf Lager?

Abschied nehmen

333

T: Wilfried Röhrig / M: Wilfried Röhrig

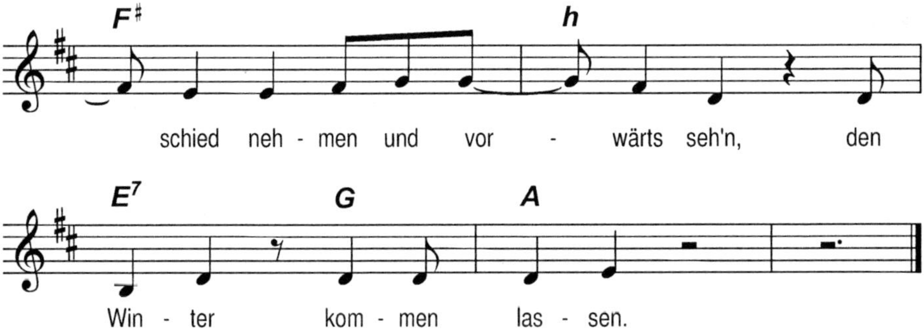

2. Wenn wir dicke Mützen tragen, unser
Atem Spuren zieht, wenn schon früh die Lichter brennen und jeder schnell ins Warme flieht. Wenn wir gerne drinnen spielen und durchs Fenster Sterne sehn, Bücher lesen, Lieder singen und im Traum auf Reisen gehn, ist die Zeit gekommen für dich und mich, das Laute loszulassen, heißt es Ruhe finden und Nähe spür'n, Gemeinschaft wachsen lassen.

3. Wenn uns Kleider nicht mehr passen, wenn ein Zahn verlorengeht, wenn wir neue Lehrer kriegen, wenn ein Freund uns nicht mehr versteht. Wenn Bekannte ganz weit wegziehen, wenn ein Kind den Papa verliert, uns're Oma ganz schwer krank wird, wenn ein Vogel plötzlich stirbt, ist die Zeit gekommen für dich und mich, Vergang'nes loszulassen, heißt es Trauer fühlen und weitergeh'n, die Hoffnung keimen lassen.

Wie in einer zärtlichen Hand

T: Bernd Schlaudt / M: unbekannt
Quelle unbekannt

334

Jetzt ist die Zeit

335 Aus: „Worauf es ankommt, wenn er kommt" (IMP 1011) u.a. / T: Alois Albrecht / M: Ludger Edelkötter

2. Der Herr wird nicht fragen: Was hast du gewußt?
Was hast du Gescheites gelernt? Seine Frage wird lauten:
Was hast du bedacht, wem hast du genützt um meinetwillen?

3. Der Herr wird nicht fragen: Was hast du beherrscht?
Was hast du dir unterworfen? Seine Frage wird lauten:
Wem hast du gedient, wen hast du umarmt um meinetwillen?

4. Der Herr wird nicht fragen: Was hast du bereist?
Was hast du dir leisten können? Seine Frage wird lauten:
Was hast du gewagt, wen hast du befreit um meinetwillen?

(Fortsetzung nächste Seite)

2. Der Herr wird nicht fragen: Was hast du gewußt?
Was hast du Gescheites gelernt? Seine Frage wird lauten:
Was hast du bedacht, wem hast du genützt um meinetwillen?

3. Der Herr wird nicht fragen: Was hast du beherrscht?
Was hast du dir unterworfen? Seine Frage wird lauten:
Wem hast du gedient, wen hast du umarmt um meinetwillen?

4. Der Herr wird nicht fragen: Was hast du bereist?
Was hast du dir leisten können? Seine Frage wird lauten:
Was hast du gewagt, wen hast du befreit um meinetwillen?

Ihr Kinder hier im Saale

T: Franz Kett / M: Franz Kett

336

2. Er lag im dunklen Felsengrab der Mann der von sich selber sagt: Ich bin das Leben, bin das Licht, wer an mich glaubt, wird sterben nicht. Halleluja, halleluja, Jesus lebt.

3. Doch als am Ostermorgen dann drei Frauen kam'n am Grabe an, lag fortgerollt der Stein, so schwer, und auch das Grab, es war jetzt leer. Halleluja, halleluja, Jesus lebt.

4. Ein Engel sprach: Wen suchet ihr? Euer Herr und Heiland, der lag hier. Er stand vom Tode auf, er lebt, den Jüngern es verkünden geht. Halleluja, halleluja, Jesus lebt.

5. Ihr Kinder hier im Saale singt, daß laut es hallt und daß es klingt. Er lebt, der Heiland Jesus Christ, vom Tod er auferstanden ist. Halleluja, halleluja, Jesus lebt.

Paß auf, kleine Hand

337

T: unbekannt / M: unbekannt

Quelle unbekannt

2. Paß auf, kleiner Fuß, wohin du trittst. Paß
auf kleiner Fuß, wohin du trittst denn der Vater im Himmel schaut
immer auf dich denn der Vater im Himmel hat dich lieb.

3. Paß auf, kleiner Mund, was du sprichst. Paß
auf kleiner Mund, was du sprichst, denn der Vater im Himmel schaut
immer auf dich, denn der Vater im Himmel hat dich lieb.

4. Paß auf, kleines Ohr, was du hörst. Paß
auf, kleines Ohr, was du hörst, denn der Vater im Himmel schaut
immer auf dich, denn der Vater im Himmel hat dich lieb.

5. Paß auf, kleines Auge, was du siehst. Paß
auf, kleines Auge, was du siehst, denn der Vater im Himmel schaut
immer auf dich, denn der Vater im Himmel hat dich lieb.

Guter Geist, kehr bei uns ein

Aus: Religionspädagogische Praxis, Handreichung für elementare Religionspädagogik, Jhg. 1993, Nr. I, S. 35, „Das Kirchenjahr erleben"

338

2. Schenke uns den Geist der Freude, frohes Lachen und Humor, denn wo wir lachen, fröhlich sind, da kommst du selber vor.

3. Schenke uns den Geist der Güte, Liebe und Barmherzigkeit, denn wo wir lieben, gütig sind, da bist du nicht mehr weit.

Tanzvorschlag: Aufstellung im Kreis mit einer Kerze in der Hand.
Guter Geist, kehr bei uns ein: Licht emporheben
Guter Geist, kehr bei uns ein: Licht wieder in Ausgangsstellung
Du sollst in unser Mitte sein: Jeder zweite geht zur Mitte
Du sollst ja unser Herz erfreun: Die, die im Kreis bleiben, drehen sich um ihre Achse
Guter Geist, kehr bei uns ein: Die aus der Mitte treten wieder in den Kreis zurück
Schenke uns den Geist der Liebe: Alle wenden sich einander paarweise zu, lächeln sich an
Und deine gute Kraft: Leichtes Stampfen mit den Füßen
Denn du allein, du bist es: Zusammen wieder den Kreis bilden
Der in uns Leben schafft: Das Licht mit beiden Händen vor sich halten.

Was hat sich wohl der Esel gedacht

339

T: Manfred Siebald / M: Manfred Siebald / Klaviersatz: Johannes Nitsch

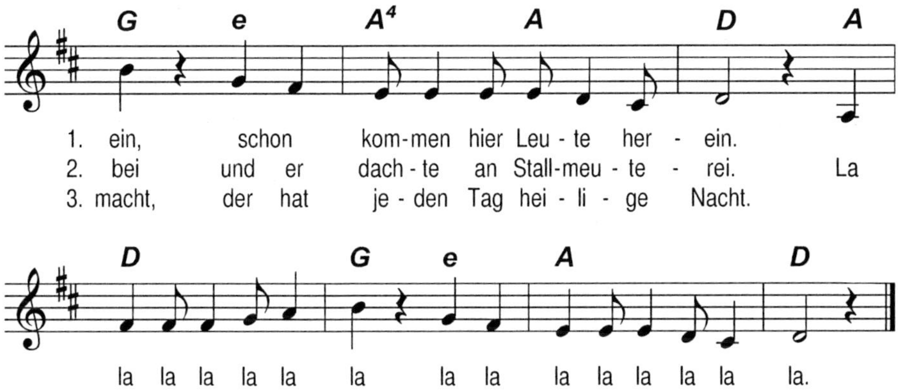

Fünf Brote und zwei Fische

340

Aus: „Biblische Spiellieder Äthiopien" (IMP 1009) / T: Rudolf-Otto Wiemer / M: Ludger Edelkötter

2. Er läßt, der Not zu wehren, der Not in aller Welt, die Brote sich vermehren, die er in Händen hält.

3. Er sagt: Ihr sollt den steilen Weg gehen bis ins Ziel, sollt mit dem Bruder teilen, aus wenig machen viel.

4. Er sagt: Geh, sei mein Bote, zieh aus an meiner Statt, zwei Fische und fünf Brote und alle werden satt.

Gib uns Weisheit

341

T: unbekannt / M: unbekannt
mündlich aus der DDR überliefert

2. Gib uns Weisheit, gib uns Mut, für die Wahrheit einzustehen und die Not um uns zu sehen. Gib uns Weisheit, gib uns Mut!

3. Gib uns Weisheit, gib uns Mut, für die Zeit in der wir leben, für die Liebe, die wir geben. Gib uns Weisheit, gib uns Mut!

4. Gib uns Weisheit, gib uns Mut, für die vielen kleinen Schritte. Herr, bleib du in uns'rer Mitte! Gib uns Weisheit, gib uns Mut!

Träume träumen

T: unbekannt / M: unbekannt
mündlich überliefert

342

Ich freu' mich, daß ich leben darf

343

Aus: Franz Kett / Klaus Gräske, „Gott befreit durch Jesus Christus" – Teil 2, Kindergottesdienste, Don Bosco Verlag München, 2. Auflage 1987 / T: Franz Kett / M: Franz Kett

2. Ich freu' mich, daß ich leben darf, daß
man mir Leben schenkte.
Daß meine Augen sehen können, meine Ohren hören;
daß ich riechen, schmecken kann, mit meinen Händen greifen.
Für all dies woll'n wir unserm Gott
unser Danke sagen.

(Fortsetzung nächste Seite)

3. Ich freu' mich, daß ich leben darf, daß
man mir Leben schenkte.
Daß ich lachen, weinen kann und laut vor Freude singen;
daß ich helfen, trösten kann und and're Menschen lieben.
Für all dies woll'n wir unserm Gott
unser Danke sagen.

4. Ich freu' mich, daß ich leben darf, daß
man mir Leben schenkte.
Daß meine Lippen reden können, und mein Herz kann fühlen;
daß ich riechen, schmecken kann, mit meinen Händen greifen.
Für all dies woll'n wir unserm Gott
unser Danke sagen.

Hallelu, hallelu

T: Günther Kutz / M: Günther Kutz

344

engl.:	praise y the Lord ...	Suah.:	Tumsifuni...
frz.:	Gloire au Seigneur...	kilim.:	Rumishenyi...
lat.:	Gloria deo ...	Heroro:	Hivirike omuhona ...
griech.:	doxa theou...	Ovambo:	Hambelleld omna ...
russ.:	chawli christa...	finn.:	Kiittäkää häraa ...
port.:	Gloria Senhor ...	Djoula:	Alla boa ...

Kyrie, Kyrie eleison

345

T: Gesang aus Taizé / M: Jacques Berthier / Satz: Jacques Berthier

Rechteinhaber: Les Presses de Taizé / Deutsche Rechte bei Verlag Herder, Freiburg

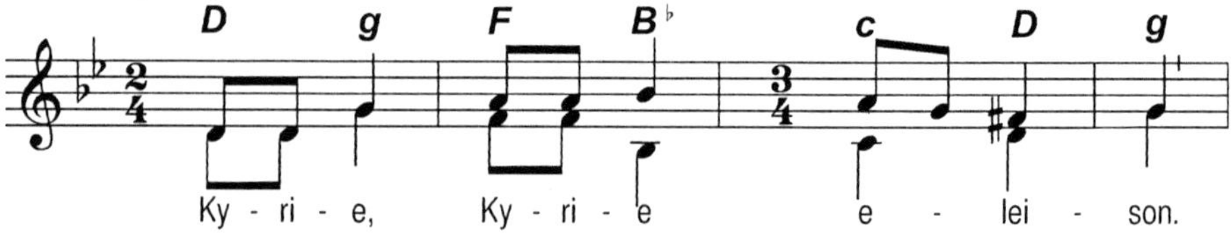

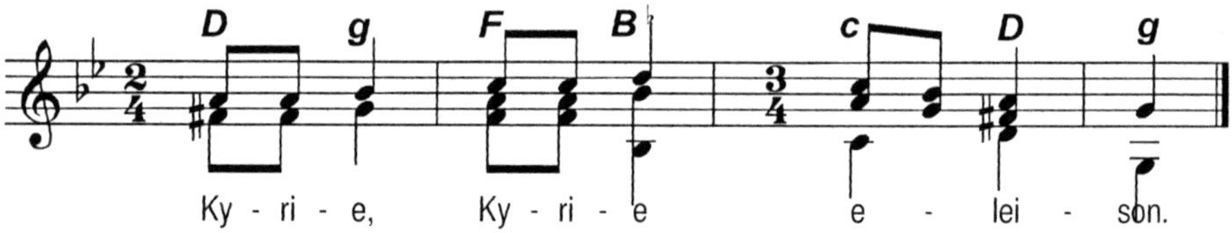

Nimm an das Brot

346

T: J. Quadflieg / M: J. Quadflieg

Quelle unbekannt

2. Wir bringen dir mit Fröhlichkeit, das Brot von dem wir leben.

3. Gelobt sei Gott in Ewigkeit, der uns den Wein gegeben.

4. Herr Jesus halt nun gnädiglich mit uns dein Mahl am heil'gen Tisch.

Gott, der die Sonne

347

T: Sr. Proteria, Sr. Colestine, Kindergarten Rosenheim / M: mündlich überliefert

Aus: Kindl, „Auf ihr Kinder lobet den Herren", Liederbuch /

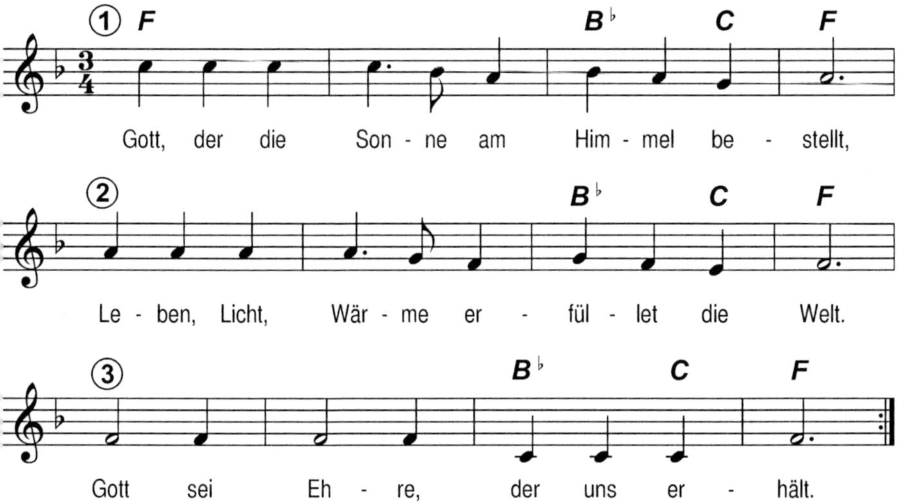

Gottes Lamm

348

T: Elisabeth Neiser / M: Elisabeth Neiser

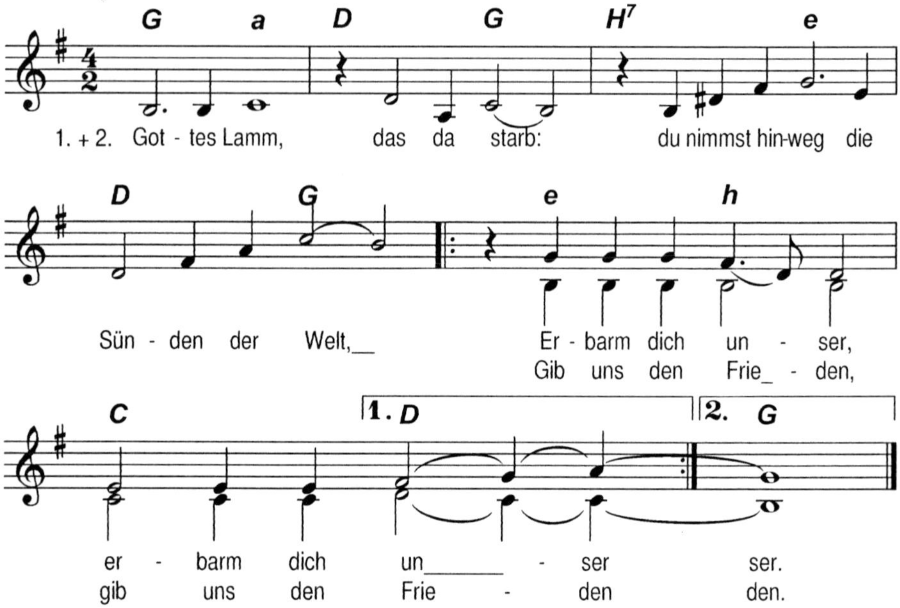

Kyrie

349

T: Liturgie / M: trad.
Quelle unbekannt

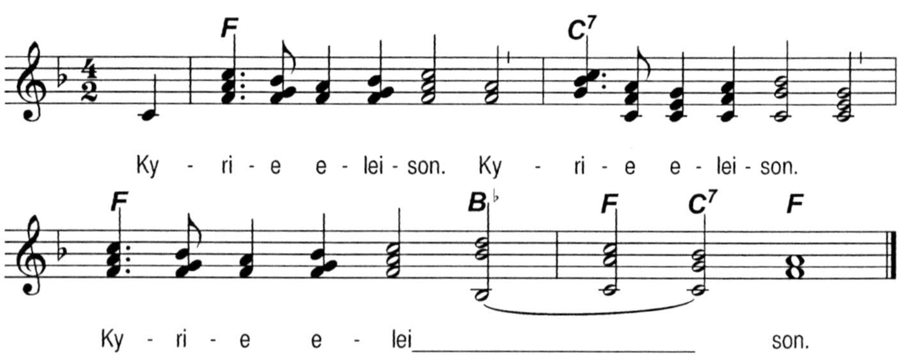

Gottes Liebe ist wie die Sonne

350

Satz: Hans-Jürgen Weidtke 1984, Rechte: Blaukreuz-Verlag Wuppertal
M: Ostertagung 1970, Paul Ernst Ruppel Rechte: Verlag Singende Gemeinde, Wuppertal

2. Trinke ihre Strahlen,
   nimm sie in dich auf.

3. Hinter grauen Wolken,
   scheint sie strahlend hell,

4. Sie kann dich verändern,
   heute, wenn du willst.

5. Sie will dir begegnen,
   am Kreuz des Herren Christ.

6. Gib ihr deine Antwort,
   vertrau dich ganz ihr an.

7. Niemals wird eine Wolke
   zwischen dir und Gottes Liebe sein.

8. Gib diese Liebe weiter
   grad an den, der dich nicht lieben will.

Hilfe!

So viele gute Lieder, aber immer, wenn ich eines brauche, fällt mir nicht das richtige ein und dann macht womöglich niemand richtig mit ...

Deshalb: 4 Indizes und einige Bemerkungen, die den Gebrauch dieses Buches erleichtern wollen.

Zur „Arbeit" mit dem Familienliederbuch ist uns wichtig: einmal, daß man schnell findet, was man für den gegebenen Anlaß braucht, zum anderen, daß die Kreativität angeregt und nicht in Schienen gelenkt wird. So lebendig, mannigfaltig, ideenreich, wie Familientagungen sind, so lebendig muß auch der Umgang mit dem Liederbuch sein.

Was vielleicht gut ist zu wissen (Thema „Mitmachen"!!)

- daß Leiter auch die beste Bewegungs- oder Tanzanleitung nicht ablesen, sondern vorher auswendig (inwendig) einüben müssen.
- daß bei Bewegungsliedern der Text eingeübt und dann die Liederbücher weggelegt werden müssen.
- daß es manchmal mehr Spaß macht, wenn nur einige den Text singen und die Gruppe dann beim Refrain kräftig mit einstimmt.
- daß das, was Leiter (bzw. die Eltern) an Sicherheit und Temperament hineingeben, auf die Gruppe übergeht. Der Platz in der Mitte ist eine wichtige Funktion (nicht affektiert aber deutlich führend), auch wenn das bescheidenen Leuten schwer fällt.
- daß Kinder jemand wollen, mit dem sie sich identifizieren können. Was sie gar nicht wollen, (oder was ihnen nicht gut tut) wenn sie in ihrer „Kindlichkeit" benutzt zu werden, z.B. für einen Kreistanz oder ein Spiel in der Mitte, ohne daß auch einige Erwachsene mitmachen, vor allem die eigenen Eltern.
- daß mancher gerne ganz mitmacht, sich „gehen läßt", andere sich lieber zurückhalten.
- daß das „Programm" Ausgelassenheit (Regression) aber auch Nachdenklichkeit und Erkenntnis (Progression) aussprechen sollte.

(Fortsetzung nächste Seite)

Was vielleicht auffällt:

- daß nicht besonders von „Gottesdienstliedern" die Rede ist (außer ganz speziell zu Eucharistie/Abendmahl). Wir möchten keine Trennung machen zwischen Glaubensliedern, die immer wieder ihren Platz im Lauf des Tages und bei allen Anlässen haben und solchen besonders im Gottesdienst: Es sind weitgehend die gleichen. Familienarbeit lebt in einem Prozeß. Man kann sagen, in einem gemeinsamen Raum, auch da, wo getrennte Funktionen sind. Außerdem wollen wir vermeiden daß Lieder schematisch im Gottesdienst „eingesetzt" werden (für den „Einzug" für die „Gabenbereitung" usw.) und an ursprünglicher Tiefe verlieren.
- „Große Runde" bezeichnet die Zusammenkunft von Erwachsenen und Kindern aller Altersstufen (0 – 99). Mit „Meditation" ist nicht Meditation im eigentlichen Sinne gemeint, sondern alle möglichen Anlässe ruhigen Nachdenkens (vor allem unter Erwachsenen bzw. Jugendlichen).
- daß auch sonst viele unserer Begriffe Notlösungen sind. Es handelt sich nicht um ein wissenschaftliches Werk mit Exaktheits- und Absolutheitsanspruch, sondern um den Versuch, die Praxis zu fördern.
- daß es vier Indizes sind und dazu noch die „*" und die „⇨" Ist das nicht zu umständlich? Der Grund dafür: Lieder haben viele Funktionen: sie sollen zum Thema und zum Anlaß passen, die Stimmung treffen, den Sinn vertiefen, aber auch die Dynamik der Gruppengemeinschaft beeinflussen. Ein PC kann zu all diesen Fragen das passende Lied aussuchen, hier im Buch sind es die vier verschiedene Indizes. Man wird einmal mehr von einem, einmal mehr vom anderen ausgehen, je nach der momentanen Fragestellung. Und beim Durchschauen werden hoffentlich Antworten sowie ganz neue Anregungen entstehen.

Viel Spaß beim Benutzen! Und wenig Ärger!

INDEX I • Stichworte

Was steht drin?

INDEX I • Stichworte

Was steht drin?

INDEX II • Ziel und Wirkung

Was sagt es aus? (✶)
Wofür ist es gut? (⇨)

INDEX II • Ziel und Wirkung

Was sagt es aus? (✶)
Wofür ist es gut? (⇨)

INDEX II • Ziel und Wirkung

Was sagt es aus? (✶)
Wofür ist es gut? (⇨)

INDEX III • Stimmung

Welche Gefühlslage?

INDEX IV • Zeit / Ort / Methode

Wann / Wo? Wie verwendbar?
Methode (⇨)

INDEX IV • Zeit / Ort / Methode

Wann / Wo? Wie verwendbar?
Methode (⇨)

INDEX IV • Zeit / Ort / Methode

Wann / Wo? Wie verwendbar?
Methode (⇨)

INDEX V • Inhaltsverzeichnis

Alphabetisch

INDEX V • Inhaltsverzeichnis

Alphabetisch

INDEX V • Inhaltsverzeichnis

Alphabetisch

INDEX V • Inhaltsverzeichnis

Alphabetisch

INDEX V • Inhaltsverzeichnis

Alphabetisch

INDEX V • Inhaltsverzeichnis
Alphabetisch

Alphabetisch

Noch Fragen?

Markus Dick: (01 72) 6 51 56 65
Andreas Simon: (01 72) 6 10 51 59
Fax: (0 61 31) 88 37 00

Email: **TAMUBASI**@t-online.de
Internet: http://home.t-online.de/home/tamubasi

2 - 8 Jahre	2 - 8 Jahre

Volker Rosins Liederbuch mit 60 wirklich neuen Liedern, die erweitert sind durch einfache Instrumentationsvorschläge, Spielideen und Bewegungsanregungen. Jedes Lied enthält darüber hinaus die Akkordbezifferungen für Gitarre sowie etliche Illustrationen.
Die Themen sind fröhlich und berücksichtigen die Lebensumwelt der Kinder.

Best.-Nr. 4500 **DM 54,80**
MC dazu:
Best.-Nr. 4517 **DM 19,80**

„Volkers bunte Liederkiste" ist gefüllt mit neuen und tollen Liedern aus den „neuen Kinderliedern(und den Ergänzungen dazu). Lustige Themen, pfiffige Geschichten, augenzwinkernde Songs und flotte Musik warten darauf, ausgepackt zu werden. Viel Listiges und Lustiges gibt es zu entdecken. Zum Singen, Spielen, Musizieren und Tanzen.

Best.-Nr. 4512 **DM 24,80**

○ Bitte senden Sie an folgende Adresse Informationen über Ihre gruppenpädagogische Literatur

○ Bitte senden Sie an folgende Anschrift die nachstehend aufgeführten Artikel aus Ihrem Verlagsprogramm:

Name ____

Straße ____

Postleitzahl __________ Ort ____________________________

Stückzahl	Artikel-Nr.	Bezeichnung	Preis

____
Ort, Datum und Unterschrift

Versandanschrift:

Firma, Name, Vorname

Straße

PLZ, Ort

Eventuelle Mitteilung für den Empfänger: